AF252962

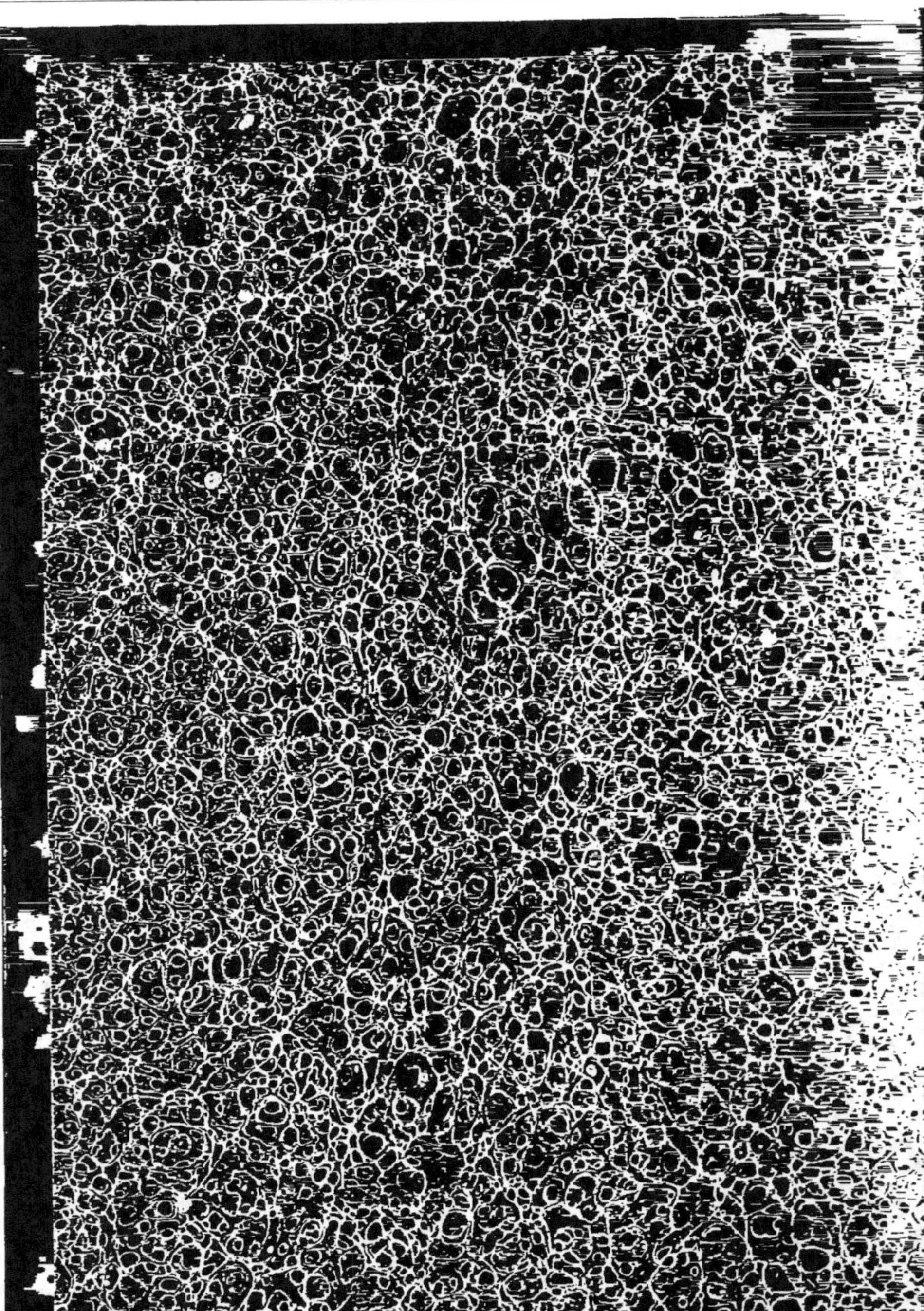

G 1489.
Pak.4.

13951

ABRÉGÉ

DE

L'HISTOIRE ANCIENNE.

TOME IV.

ABRÉGÉ

DE

L'HISTOIRE ANCIENNE,

DE ROLLIN,

PAR M. L'ABBÉ TAILHIÉ, PRÊTRE.

SIXIÈME ÉDITION,

Soigneusement revue, corrigée et augmentée d'une Table géographique, par l'Auteur ; avec les figures et indices nécessaires.

TOME QUATRIÈME.

A LYON,

CHEZ PERISSE FRÈRES, LIBRAIRES,
rue Mercière, n.° 33.

A PARIS,

AU DÉPÔT CENTRAL DE LIBRAIRIE,
rue du Pot-de-Fer St.-Sulpice, n.° 8,

1834.

HISTOIRE
ANCIENNE.

LIVRE SEIZIÈME.

L'histoire des successeurs d'Alexandre, dont il me reste à parler dans cet ouvrage, renferme l'espace de deux cent quatre-vingt-treize années, depuis la mort d'Alexandre, et le commencement du règne de Ptolémée, fils de Lagus, en Egypte, jusqu'à la mort de Cléopâtre, où l'Egypte devint, sous l'empereur Auguste, une province de l'empire romain.

Cette histoire va présenter à nos yeux tous les crimes qu'une ambition effrénée entraîne ordinairement après elle : jalousie, mauvaise foi, trahison, ingratitude, abus criant du souverain pouvoir, cruauté, impiété; en un mot, l'oubli de tous les sentimens naturels de probité et d'honneur, et le violement de toutes les lois divines et humaines. Qu'il est disgracieux, pour un écrivain, de n'avoir plus à montrer la nature humaine, que par des endroits qui déshonorent, et ne peuvent causer qu'un fonds de dégoût au lecteur, et exciter son indignation ! Quel moyen en effet de répandre de l'agrément dans une narration qui n'offre qu'une infinité de vices et de forfaits, et qui met dans la nécessité de développer avec soin, et en détail, les actions et les caractères d'hommes qui ne sont nés que pour le malheur du genre humain, et dont la postérité devrait ignorer jusqu'au nom ! Le lecteur sent assez la difficulté qu'il y a de lui rendre agréable et amusante la lecture d'une histoire si remplie de crimes et d'horreurs monstrueuses.

CHAPITRE PREMIER.

CE chapitre renferme les disputes et les guerres entre les généraux d'Alexandre, depuis la mort de ce prince jusqu'à la bataille d'Issus en Phrygie, qui décida de leur sort. Cet espace est de vingt-trois ans, qui sont les vingt-trois premières années de Ptolémée Soter, fils de Lagus, depuis l'an du monde 3681 jusqu'à l'an 3704.

ARTICLE PREMIER.

Troubles qui suivirent la mort d'Alexandre.

NOUS avons vu combien, à la première nouvelle qui se répandit de la mort d'Alexandre, il s'excita de mouvemens et de troubles dans l'armée. Quand ces premiers sentimens de tristesse et d'alarme eurent fait place à la réflexion, on songea sérieusement à donner un successeur à Alexandre, et en effet l'unique remède à tant de maux, était de choisir quelqu'un capable de remplir une place si éminente, de porter un si grand poids, et de maintenir partout l'ordre et la paix. Mais il était écrit que le royaume d'Alexandre, après sa mort, serait partagé, qu'il serait déchiré, et qu'il ne passerait point, comme c'est la coutume, à un de ses descendans (1).

Cependant, après beaucoup d'agitations et de troubles, les principaux officiers s'étant abouchés dans une conférence dont on était convenu, il fut arrêté, d'un commun consentement, qu'Aridée, frère bâtard d'Alexandre, serait roi. On convint dans la même assemblée que si Roxane, qui était grosse de six ou huit mois, avait un fils, il serait joint à Aridée, et mis sur le trône avec lui. Perdiccas, à qui Alexandre, en mourant, avait laissé son anneau, fut chargé de la personne du prince, comme une espèce de tuteur, et fut établi régent du royaume. Peu de temps après, Roxane accoucha d'un fils, qu'on appela Alexandre, et il fut reconnu pour roi. Mais l'un et l'autre n'en avaient que le nom; l'autorité était toute entière entre les mains des grands seigneurs et des généraux, qui avaient partagé entre eux les provinces, ou plutôt avaient confirmé le partage qu'en avait fait Alexandre, lorsqu'il se vit près de mourir.

Ce partage n'était que l'ouvrage des hommes, et il ne sera pas de longue durée. Celui qui dispose de tous les empires, et qui est le seul roi des siècles, en avait fait un autre; il avait aussi assigné à chacun sa portion, et en avait marqué l'étendue et les bornes. Il n'y aura que cette disposition qui subsistera. Le partage arrêté dans l'assemblée fut la

Aridée choisi pour roi.

Perdiccas établi tuteur.
Diod. l. 18.
p. 387 388.
Justin. l. 13.
c. 4.
Quint. Curt.
l. 10. *c.* 10.

(1) Regnum ejus lacerabitur... Regnum ejus conteretur, sed non in posteros ejus. *Dan.* 11. 4.

source de bien des divisions et des guerres , comme la suite nous le fera connaître.

Nous avons déjà remarqué comme Sysigambis, se voyant sans ressource par la mort d'Alexandre , se laissa mourir de faim. La mort de cette princesse fut suivie de près de celle de ses deux petites-filles, Statira, veuve d'Alexandre , et Dripétis veuve d'Ephestion. Roxane , qui appréhendait que Statira ne se trouvât enceinte d'Alexandre aussi-bien qu'elle , engagea les deux sœurs à la venir voir, et elle s'en défit secrètement par le secours de Perdiccas, seul confident d'un aussi noir attentat.

An. M. 3681.
Av. J.C. 323.
Diod. l. 18.
p. 591. 592.Il est temps d'entrer dans le détail des actions des successeurs d'Alexandre. La nouvelle de la mort de ce prince étant arrivée à Athènes, y avait excité de grandes rumeurs, et causé une joie presque universelle. Le peuple , qui depuis long-temps portait avec peine le joug que la Macédoine avait imposé à la Grèce, ne parlait que de liberté, ne respirait que guerre , et se livrait sans mesure aux emportemens d'une joie folle et excessive. Phocion , qui était d'un caractère sage et modéré , et qui craignait que la nouvelle ne se trouvât pas véritable , tâchait de calmer les esprits , et d'arrêter ces saillies fougueuses , qui ne laissaient point de lieu à la réflexion et au conseil. Ses remontrances furent inutiles. La guerre fut résolue, et il fut Révolte des
Grecs.arrêté qu'on députerait vers tous les peuples de la Grèce, pour les exhorter à entrer dans la ligue. Cette guerre fut appelée *la guerre Lamiaque*, du nom de la ville de Lamia, où

Antipater fut défait, dans un premier combat, par les Grecs unis ensemble pour la liberté de la Grèce, à la réserve des Thébains.

Démosthène, qui était alors en exil à Mégare, mais qui, dans son malheur, conservait toujours un zèle vif et ardent pour les intérêts de sa patrie, et la défense de la liberté commune, se joignit aux ambassadeurs d'Athènes, et les ayant merveilleusement secondés par la force de son éloquence, il engagea dans la ligue Sicyone, Argos, Corinthe, et les autres villes du Péloponnèse. Le peuple d'Athènes, admirant un zèle si généreux, fit sur-le-champ un décret pour le rappeler de son exil. On lui envoya à Egine une galère à trois rangs de rames. Quand il fut entré au port de Pyrée, tous les citoyens sortirent en foule pour aller au-devant de cet illustre exilé, le reçurent avec toutes les démonstrations possibles d'affection et de joie, et en même temps de repentir de l'injure qu'on lui avait faite.

Rappel de Démosthène. *Plut. in Demosth* p. 858 *Justin. l.* 13. c. 5.

La plupart des anciens redoutaient extrêmement les suites d'une guerre, où il leur paraissait qu'on s'était engagé avec trop de précipitation, et sans en avoir examiné les conséquences avec toute l'attention et toute la maturité que demandait une entreprise de cette importance. Mais les orateurs, qui trouvaient leur avantage dans les troubles publics, et à qui, comme disait Philippe, la guerre tenait lieu de paix, et la paix de guerre, entraînaient le peuple dans leurs sentimens, par une éloquence flatteuse, qui ne lui montrait dans l'avenir que victoires et triomphes. On leva donc une armée consi-

Diod. l. 18. p. 594. 599.

dérable, et l'on équipa une flotte très-nombreuse.

Expédition d'Antipater dans la Grèce

Antipater, pendant tous les mouvemens qu'il avait su qu'on se donnait dans la Grèce, ne s'était pas endormi, et avait envoyé en Phrygie vers Léonat, et en Cilicie vers Cratère, pour les presser de venir à son secours. En les attendant, il se mit en marche avec treize mille Macédoniens seulement, et six cents chevaux. Il s'avança vers la Thessalie,

Il est vaincu dans un premier combat.

suivi de sa flotte, qui longeait les côtes de la mer. Comme l'armée des Athéniens et des alliés était beaucoup plus nombreuse que celle de Macédoine, Antipater n'en put soutenir le choc, et fut vaincu dans une première bataille. N'osant en hasarder une seconde, et ne pouvant se retirer en sûreté dans la Macédoine, il se renferma dans Lamia, petite ville de Thessalie, pour attendre le secours qui lui devait venir d'Asie, et s'y fortifia. Léosthène, général athénien, en forma le siége. L'attaque de Lamia fut très-vive, et la résistance non moins vigoureuse.

An. M. 3682.
Av. J. C. 322.

Cependant Léonat s'était mis en marche ; et lorsqu'il fut arrivé auprès de Lamia, il alla droit à l'ennemi, avec vingt mille hommes d'infanterie, et deux mille cinq cents chevaux. L'armée des alliés était composée de vingt-deux mille hommes de pied, et de trois mille cinq cents chevaux. L'action fut très-vive. Léonat, couvert de blessures, tomba mort sur le champ de bataille, et fut emporté par les siens dans le camp. Les Grecs ayant emporté leurs morts, érigèrent un trophée, et se retirèrent.

On ne parlait à Athènes que des glorieux Plut. in Phoc. exploits de Léosthène, qui ne survécut pas P. 752. long-temps à sa gloire. Toute la ville était dans la joie, et ne cessait de célébrer des fêtes et d'offrir des sacrifices, pour remercier les Dieux de tous les avantages qu'elle remportait. Antipater fut obligé de se rendre par capitulation, et il paraît que Léosthène exigea de lui qu'il se rendît à discrétion. Ce dernier mourut quelques jours après, de la blessure qu'il avait reçue au siége. Antipater étant sorti de Lamia, se joignit aux débris de l'armée de Léonat, et prit le commandement des troupes. Enfin Cratère, qu'on attendait Diod. l. 13. depuis long-temps, arriva en Thessalie, et P. 599. s'arrêta près du fleuve Pénée. Il céda le commandement à Antipater, et voulut bien servir sous lui. Il se donna une bataille assez considérable près de Cranon, où les Grecs Les Grecs vaincus. furent battus; de manière néanmoins qu'ils ne perdirent pas beaucoup de monde dans cette défaite.

Le lendemain de la bataille, Antiphile et Ménon, les deux généraux grecs, envoyèrent des députés à Antipater pour lui faire des propositions d'accommodement. Antipater répondit qu'il voulait traiter séparément avec chacune des villes, comptant qu'il en viendrait à bout plus facilement, et il ne se trompa pas. En effet, il ne se fut pas plus tôt présenté devant les villes des alliés, qu'ils se débandèrent et abandonnèrent lâchement la liberté; chacun ne songeant qu'à son accommodement particulier.

Antipater, profitant de cette disposition,

Antipater se rend maître d'Athènes.
Plut. in Phoc.
p. 753. 754.

marcha incontinent avec son armée vers Athènes, qui se trouvait abandonnée de tous ses alliés, et par conséquent hors d'état de se défendre contre un ennemi puissant et victorieux. Avant qu'il y entrât, Démosthène et tous ceux de son parti, qu'on pouvait regarder comme les premiers des Athéniens, et comme les défenseurs d'une liberté mourante, sortirent de la ville ; et le peuple, pour se décharger sur eux du reproche de lui avoir déclaré la guerre, et pour gagner ses bonnes grâces, le condamna à mort, sur le décret que Démade en dressa. Le lecteur n'a pas oublié que c'est ce même peuple qui venait de rappeler Démosthène, par un décret si honorable, et de le recevoir en triomphe.

Par un second décret, le même Démade fit ordonner qu'on enverrait à Antipater, qui était pour lors à Thèbes, des ambassadeurs avec de pleins-pouvoirs pour traiter avec lui de la paix. Le vainqueur déclara qu'il fallait que les Athéniens s'en remissent entièrement à lui, comme lui-même, lorsqu'il fut assiégé dans la ville de Lamia, s'était entièrement remis de la capitulation à Léosthène leur général.

Phocion alla rapporter cette réponse à Athènes, qui fut obligée d'accepter la condition, quelque dure qu'elle fût. Il s'en retourna donc à Thèbes avec les autres ambassadeurs. Après qu'il eut parlé, Antipater leur fit cette réponse : « Qu'il était prêt à faire » amitié et alliance avec les Athéniens, à ces » conditions : qu'ils lui livreraient Démosthè- » ne et Hypéride; qu'ils rétabliraient le gou-

» vernement sur l'ancien pied, où les char-
» ges étaient données aux riches; qu'ils re-
» cevraient garnison dans le port de Muny-
» chia; qu'ils paieraient tous les frais de la
» guerre, et outre cela, une grosse amende
» dont on conviendrait. »

Tous les ambassadeurs étaient fort contens de ces conditions, qu'ils regardaient comme fort douces, vu l'état où ils se trouvaient. Xénocrate seul en jugea autrement. *Elles sont douces,* dit-il, *pour des esclaves; mais très-dures pour des hommes libres!* Les Athéniens furent donc obligés de recevoir dans Munychia la garnison macédonienne, qui se comporta fort modérément, et ne fit aucun tort aux habitans. Antipater fit tomber tout le poids de sa colère sur Démosthène, Hypéride, et quelques autres Athéniens qui les avaient suivis. Quand il sut qu'ils s'étaient dérobés à sa vengeance par la fuite, il envoya après eux des gens pour les reprendre. On lui renvoya Hypéride, Aristonicus de Marathon, et Himéré, frère de Démétrius de Phalère. Antipater les fit tous mourir : on dit même qu'il fit couper la langue à Hypéride. Pour Démosthène, qui s'était retiré dans l'île de Calaurie, il avala du poison, qu'il portait toujours sur lui, et expira au pied de l'autel du temple de Neptune, où il s'était réfugié.

Peu de temps après, les Athéniens, pour lui marquer leur estime et leur reconnaissance, lui firent ériger une statue de bronze, et ordonnèrent, par un décret, que d'âge en âge, l'aîné de sa famille serait nourri dans le Prytanée aux dépens du public. Et au bas

Plut. in Demosth. p.858. 862.

Fuite et mort de Démosthène.

de la statue, ils firent graver cette inscrip
tion, qui était conçue en deux vers élégia-
ques : *Démosthène, si tu avais eu autant
de force que de bon sens, jamais Mars
le macédonien n'aurait triomphé de la
Grèce.*

Diod. l. 18. p. 602. Du reste, Antipater gouverna avec beaucoup de justice et de douceur les Athéniens,
pourvut des premières charges et des principaux emplois ceux qui lui parurent les plus
honnêtes gens et les plus vertueux. Après une
campagne si glorieuse, le vainqueur reprit la
route de Macédoine pour y faire la cérémonie
du mariage de Phila sa fille, avec Cratère. Cette fête se passa avec la pompe la plus auguste
et la plus brillante. Phila était une princesse
dont la rare beauté faisait la moindre partie de
son mérite. Elle réunissait à une grande douceur et à une grande modestie, un génie supérieur, une prudence admirable, qui la
rendaient capable des plus grandes affaires.
On dit qu'Antipater son père, l'un des plus
habiles politiques de son temps, n'entreprenait rien sans la consulter, toute jeune qu'elle
était.

ARTICLE II.

Convoi d'Alexandre.

An. M. 3683. Av. J. C. 321. Diod. l. 18. p. 608. 610. Vers ce temps-là se fit le convoi d'Alexandre, deux ans après sa mort. Aridée, ayant
été chargé de la pompe funèbre de ce prince,
avait employé deux ans à disposer tout ce
qui pouvait la rendre la plus riche et la plus
éclatante qu'on eût encore vue. Lorsque toutes choses furent prêtes pour cette lugubre,

mais superbe cérémonie, l'on donna les ordres pour commencer la marche. On vit partir de Babylone un magnifique chariot, dont l'invention et le dessin se faisaient autant admirer que les richesses immenses qu'on y découvrait. Le corps du chariot portait sur deux essieux qui entraient dans quatre roues faites à la mode des Perses, dont les moyeux et les rayons étaient dorés, et les jantes revêtues de fer. Les extrémités des essieux étaient d'or, représentant des muffles de lions qui mordaient un dard. Le chariot avait quatre timons, et à chaque timon étaient attelés quatre rangs de quatre mulets chacun; en sorte qu'il y avait, pour tirer ce chariot, soixante et quatre mulets. On avait choisi les plus forts et de la plus haute taille. Ils avaient des couronnes d'or et des colliers enrichis de pierres précieuses avec des sonnettes d'or.

Sur ce chariot s'élevait un pavillon tout d'or, qui avait douze pieds de large sur dix-huit de long, soutenu par des colonnes d'ordre ionique, embellies de feuilles d'acanthe. Il était orné au dedans de pierres précieuses disposées en forme d'écailles. Tout autour régnait une frange d'or en réseau, dont les filets avaient un doigt d'épaisseur, où étaient attachées de grosses sonnettes qui se faisaient entendre de fort loin.

Dans la décoration du dehors on voyait quatre bas-reliefs. Le premier représentait Alaxandre assis dans un char, et tenant à sa main un sceptre superbe, environné d'un côté d'une troupe de Macédoniens armés à leur manière, et de l'autre, d'une pareille troupe

de Persans armés à leur manière. Devant
eux marchaient les écuyers du roi.

Dans le second, on voyait des éléphans har-
nachés de toutes pièces, portant sur le devant des Indiens, et sur le derrière des Macédoniens armés comme dans un jour d'action.

Dans le troisième, étaient représentés des
escadrons de cavalerie en ordre de bataille.

Le quatrième montrait des vaisseaux tout
prêts à combattre. A l'entrée de ce pavillon
étaient des lions d'or qui semblaient le garder.

Aux quatre coins étaient posées des statues
d'or massif, représentant des Victoires, avec
des trophées d'armes à la main.

Sous le pavillon, on avait placé un trône
d'or d'une figure carrée, et orné de têtes d'a-
nimaux, qui avaient sur leur cou des cercles d'or d'un pied et demi de largeur, d'où
pendaient des couronnes brillantes des plus
vives couleurs, telles qu'on en portait dans
les pompes sacrées. Au pied de ce trône était
posé le cercueil d'Alexandre, tout d'or, et
travaillé au marteau. On l'avait rempli à demi d'aromates et de parfums, tant afin qu'il
exhalât une bonne odeur, que pour la con-
servation du cadavre. Il y avait sur ce cercueil une étoffe de pourpre brochée d'or. Entre le trône et le cercueil étaient les armes
du prince, telles qu'il les portait pendant sa
vie !

Le pavillon en dehors était aussi couvert
d'une étoffe de pourpre à fleurs d'or. Le haut
était terminé par une très-grande couronne
d'or composée comme de branches d'olivier.
Le soleil, qui dardait ses rayons sur cette cou

ronne, joint au mouvement du chariot, la faisait briller d'une lumière étincelante, et semblable à celle des éclairs.

On conçoit aisément que, dans une longue marche, le mouvement d'un chariot aussi chargé que celui-ci, devait être sujet à de grands inconvéniens. Afin donc que le pavillon et tous ses accompagnemens, soit que le chariot descendît ou qu'il montât, demeurassent toujours dans le même équilibre, malgré l'inégalité des lieux, et les violentes secousses qui en étaient inséparables, du milieu de chacun des deux essieux s'élevait un axe qui soutenait le milieu du pavillon, et tenait toute la machine en état.

Après le chariot, marchaient les gens d'armes tout armés et superbement vêtus.

On ne saurait croire combien cette cérémonie attira de monde, tant pour le respect que l'on avait pour la mémoire d'Alexandre, que par la magnificence de cette pompe funèbre, qui n'avait point encore eu son égale dans le monde. Le corps fut déposé d'abord dans la ville de Memphis, et de là conduit à Alexandrie. Ptolémée lui construisit un temple magnifique, et lui rendit tous les honneurs que l'antiquité païenne avait coutume de rendre aux demi-Dieux et aux héros.

Dans le partage qui s'était fait des divers gouvernemens de l'empire d'Alexandre, Eumène avait eu pour son département la Cappadoce et la Paphlagonie ; et il était expressément porté par le traité, que Léonat et Antigone y conduiraient Eumène pour l'établir satrape de cette contrée, et pour en chasser le roi Ariarathe. Mais ni Léonat, ni Antigone ne se mirent en peine d'exécuter cet article du traité; de sorte qu'Eumène, se voyant ainsi abandonné, partit et se retira auprès de Perdiccas. Il en fut très-bien reçu, eut beaucoup de crédit auprès de lui, et entra dans tous ses conseils. En effet, c'était un homme ferme, et la meilleure tête de tous les capitaines d'Alexandre.

Eumène est mis en possession de la Cappadoce par Perdiccas.

Peu de temps après il fut mené en Cappadoce, avec une grosse armée que Perdiccas voulut commander en personne. Il battit Ariarathe, le fit prisonnier, extermina toute sa famille, et mit Eumène en possession de son gouvernement. Il voulait, par cet exemple de sévérité, intimider les peuples et arrêter les séditions ; conduite très-sage et absolument nécessaire dans la conjoncture d'un nouveau gouvernement, où tout fermente dans un Etat, où tout est prêt à se soulever.

Diod p. 605

Ensuite il s'avança pour châtier Isaure et Larande, villes de Pisidie, qui avaient massacré leurs gouverneurs, et s'étaient révoltées. La dernière de ces villes périt d'une manière bien étrange. Comme elle se voyait hors d'état de résister, et qu'elle n'espérait aucun quartier du vainqueur, ses habitans ayant enfermé dans leurs maisons leurs femmes, leurs enfans, leurs pères et mères, et tout ce qu'ils avaient d'or et d'argent, y mirent le feu, et après avoir combattu comme des lions, se jetèrent eux-mêmes dans les flammes. La ville fut livrée au pillage. Les soldats ayant éteint le feu, y firent un grand butin, car elle était remplie de richesses.

De là, Perdiccas se rendit en Cilicie, et y An. M. 3683.
passa l'hiver. Pendant le séjour qu'il y fit, il Av. J.C. 321.
Diod. p. 606.
forma le dessein de répudier Nicée , fille 609.
d'Antipater, et songea à épouser Cléopâtre ,
sœur d'Alexandre-le-Grand. Cette princesse
était veuve, et était alors à Sardes en Lydie.
Perdiccas y envoya Eumène lui en faire la
proposition, et tâcher de la gagner. Cette alliance avec une sœur d'Alexandre, fort ché-
rie des Macédoniens, lui ouvrait le chemin à
l'empire , par la faveur des Macédoniens ,
qu'elle devait naturellement lui procurer.

Antigone démêla son dessein , et entrevit Ligue con-
que sa perte était un des articles sur lequel tre Perdiccas.
on comptait pour réussir. Aussitôt il passa
en Grèce pour en donner avis à Antipater et
à Cratère, et il leur découvrit tout le plan
de Perdiccas. Ils marchèrent sans différer
du côté de l'Hellespont, pour observer les
mouvemens du tuteur de l'empire. Et afin
de fortifier leur parti , ils engagèrent dans
leurs intérêts Ptolémée, gouverneur d'Egypte.

Au printemps, Perdiccas partit de la Cilicie, et prit la route d'Egypte , pour aller
faire la guerre à Ptolémée. Il laissa Eumène Plut. in Eu
avec une partie de l'armée pour garder les men p. 585.
Diod. l. 18
provinces d'Asie contre Antipater et Cratère; p. 610.
et afin de le mieux engager à servir la cause
commune, Perdiccas ajouta à son gouvernement les provinces de Carie , de Lycie et
de Phrygie. Il le déclara aussi généralissime
de toutes les troupes qui étaient dans la Cappadoce et dans l'Arménie, avec ordre à tous
les gouverneurs de lui obéir. Eumène n'oublia rien pour avoir une bonne armée à op-

poser à Antipater et à Cratère, qui avaient déjà passé l'Hellespont et marchaient à lui.

Antipater entra en Cilicie dans le dessein de passer en Egypte, et de secourir Ptolémée, si ses affaires le demandaient. Il détacha Cratère et Néoptolème, avec le reste de l'armée, contre Eumène, qui était en Cappadoce. Il s'y donna un combat considérable. Le premier choc fut très-rude. Cratère ne fit point déshonneur à Alexandre dans ce dernier jour ; car il tua plusieurs ennemis de sa main, et renversa plusieurs fois tout ce qui osa lui faire tête. Enfin, blessé par un Thrace qui le prit en flanc, il tomba de son cheval. Toute la cavalerie ennemie passa sur lui sans le connaître. Ce ne fut qu'à la fin qu'on sut qui il était, lorsqu'il rendait les derniers soupirs. A l'autre aile, Néoptolème et Eumène, qui se haïssaient tous deux personnellement, en étant venus aux mains, et leurs chevaux s'étant heurtés l'un l'autre, ils se prirent corps à corps ; et leurs chevaux s'étant dérobés de dessous eux, ils tombèrent tous deux par terre. Là, comme des athlètes acharnés l'un contre l'autre, ils se battirent long-temps avec une espèce de fureur et de rage, jusqu'à ce qu'enfin Néoptolème reçut le coup mortel et expira.

Perdiccas était cependant entré en Egypte, et y faisait la guerre à Ptolémée, mais avec un succès bien différent. Son armée, qui n'allait qu'à regret contre Ptolémée, et mécontente jusqu'à la fureur de se voir exposée si mal-à-propos, se souleva contre lui. Cent des principaux officiers, dont Pithon était le plus con-

Mort de Cratère.

Malheureuse expédition de Perdiccas en Egypte.
Diod. l. 18. p. 613. 616.
Plut. in Eumen. p. 587.
Corn. Nep. c. 5.

nu, l'abandonnèrent. Il fut égorgé dans sa tente avec la plupart de ses amis et de ses confidens.

Mort de Perdiccas. *Diod. L. 18. p.* 616. 619.

Dès le lendemain de la mort de Perdiccas, Ptolémée se rendit dans le camp des Macédoniens. Il y justifia si bien sa conduite, qu'ils se déclarèrent tous en sa faveur. Ils voulurent même lui confier la régence, vacante par la mort de Perdiccas, mais il n'eut garde de l'accepter. Il était trop habile pour ne pas voir qu'en paraissant occuper le premier rang, il ne posséderait en effet rien de fixe, de solide et de propre. Il préféra donc à ce nouveau titre le poste qu'il avait, comme moins hasardeux, moins exposé à l'envie, et fit tomber le choix sur Pithon et sur Aridée. Ils ne conservèrent pas long-temps l'honneur de la tutelle. Car Eurydice, femme du roi Aridée, que nous appellerons désormais Philippe, voulant se mêler de toutes les affaires, dégoûta si fort les nouveaux régens, qu'ils se démirent volontairement de la régence, et elle fut donnée à Antipater seul.

La régence est donnée à Antipater.

Aussitôt qu'il s'en vit revêtu, il fit un nouveau partage des provinces de l'empire, dans lequel il donnait l'exclusion à tous ceux qui avaient été du parti de Perdiccas et d'Eumène, et rétablissait tous ceux de l'autre qui avaient été dépossédés. Dans cette nouvelle division de l'empire, Séleucus eut le gouvernement de Babylone, et devint dans la suite le plus puissant des successeurs d'Alexandre. Les affaires étant ainsi réglées, Antipater envoya Antigone contre Eumène, et retourna en Macédoine.

An. M. 3684.
Av. J.C. 320.
*Plut. in Eu-
men. p. 588.*
5oo
*Corn. Nep.
in Eumen. c. 5.*

Antigone marcha de bonne heure contre Eumène. Il se donna un combat à Orcynium en Cappadoce. Eumène y fut battu par la trahison d'un des principaux officiers de sa cavalerie, qui, gagné par Antigone, passa, au milieu du combat, dans le parti ennemi. Le traître en fut bientôt puni, car Eumène le prit, et le fit pendre sur-le-champ.

Eumène, depuis sa défaite, fut obligé, pour se sauver, de changer presque continuellement de retraite; et l'on admirait la tranquillité et la constance qu'il faisait paraître dans cette vie errante et fugitive à laquelle il était réduit. Il n'y a que l'adversité qui mette l'homme dans tout son jour, et qui fasse connaître ce que sont et ce que valent les hommes; au lieu que souvent la prospérité couvre d'un voile apparent de grandeur leur petitesse réelle et leur peu de mérite. Eumène, après avoir congédié presque toutes ses troupes, se renferma avec cinq cents hommes déterminés à périr avec lui, dans le château de Nora, situé sur les frontières de la Cappadoce et de la Lycaonie, et qui était extrêmement fortifié; il y soutint un siége d'un an.

Il s'aperçut bientôt que rien n'incommodait tant sa garnison que le petit espace qu'elle occupait, renfermée dans de petites maisons serrées, et dans un terrain qui n'avait pas plus de deux cents toises de circuit, où l'on ne pouvait ni se promener, ni faire le moindre exercice, et où leurs chevaux, ne pouvant presque se remuer, devenaient pesans et incapables de servir. Pour remédier à

cet inconvénient , voici ce qu'il imagina. De
la plus grande maison du lieu, et qui n'avait
en tout que quatorze coudées, ou vingt et un
pieds , il en fit comme un lieu d'exercice ,
qu'il donna aux hommes, leur commandant
de s'y promener d'abord tout doucement, de
doubler le pas peu à peu , et enfin de faire
les mouvemens les plus violens. Pour les chevaux, il les suspendait les uns après les autres avec de grandes sangles qu'il leur mettait au poitrail, et qu'il passait dans des an-
neaux attachés au plancher de l'écurie. Ensuite , par le moyen de quelques poulies , il
les élevait en l'air, de manière qu'ils n'é-
taient appuyés que sur les pieds de derrière,
et que , des pieds de devant, ils pouvaient à
peine toucher la terre du bout de la pince.
Dans cet état , les palefreniers leur donnant
de grands coups de fouet , ces chevaux se
tourmentaient si fort et se donnaient de si
violentes agitations pour appuyer à plein leurs
pieds de devant., qu'ils étaient tout couverts
de sueur et d'écume. Après cet exercice, très-
propre à les fortifier , à les tenir en haleine
et à leur rendre les membres souples et dis-
pos, on leur donnait leur orge bien mondée
et pilée , afin qu'ils pussent la digérér plus
promptement et avec moins de peine. L'habileté d'un bon général s'étend à tout, et paraît jusque dans les moindres choses.

Pendant que ceci se passait en Asie, Ptolémée, voyant de quelle conséquence étaient
la Syrie, la Phénicie et la Judée, soit pour couvrir ses Etats, soit pour attaquer par ce côté-
là l'île de Cypre, sur laquelle il avait des vues,

Conquêtes
de Ptolemée.
Diod. p. 621.
622.

résolut de se rendre maître de ces provinces,
qui avaient pour gouverneur Laomédon. Ptolémée battit le gouverneur, le fit prisonnier,
et se soumit tout le pays, à l'exception des
Juifs, qui sentaient comme ils le devaient
l'obligation du serment qu'ils avaient prêté à
leur gouverneur pour le prince. Ptolémée
Joseph. Antiq. entra en Judée, et forma le siége de Jérusa-
l. 22. c. 1. lem. La place, qui était extrêmement forte,
aurait tenu long-temps, sans la religieuse
crainte qu'avaient alors les Juifs de violer la
loi, s'ils se défendaient le jour du sabbat.
Ptolémée ne fut pas long-temps sans s'en
apercevoir. Il choisit ce jour-là pour donner
un assaut général à la ville, qu'il n'eut pas de
peine à emporter, personne n'osant se défendre. Il traita Jérusalem assez durement,
et emmena plus de cent mille habitans cap-
tifs en Egypte.

Vers ce même temps, Antipater tomba malade en Macédoine. Les Athéniens, souffrant
avec peine la garnison qu'Antipater avait laissée dans leur ville, Démade se chargea avec
joie d'aller à sa cour solliciter le renvoi de
cette garnison. Il partit avec son fils pour la
Macédoine; il ne pouvait pas y arriver dans
une conjoncture plus triste pour lui. Par la
violente maladie d'Antipater, Cassandre son
fils, maître absolu des affaires, venait d'in-
tercepter une lettre que ce même Démade
écrivait à Antigone dans l'Asie, pour le prier
de venir promptement se rendre maître de
la Grèce et de la Macédoine, *qui ne tenaient
plus,* disait-il, *qu'à un filet, et encore à un
filet vieux et pourri,* en se moquant ainsi

d'Antipater. Dès que Cassandre vit arriver Démade et son fils à sa cour, il les fit arrêter l'un et l'autre ; et prenant d'abord le fils , il l'égorgea sous les yeux de son père, et si près de lui, que le sang rejaillit sur ses habits, et qu'il en fut tout ensanglanté. Ensuite, après lui avoir reproché son ingratitude et sa perfidie , et l'avoir accablé d'injures , il le tua aussi lui-même sur le corps de son fils. C'était ce Démade qui avait dicté le décret par lequel Démosthène et Hypéride avaient été condamnés à mort.

Antipater mourut de sa maladie. En mourant, il pensa à pourvoir aux deux grandes places qu'il occupait ; et quoique Cassandre son fils les souhaitât fort , et s'attendît à les remplir , il nomma Polysperchon régent du royaume, et gouverneur de Macédoine (c'était le plus ancien des capitaines d'Alexandre qui restaient), et se contenta de lui associer Cassandre. Il est rare, difficile et beau, de ne chercher dans le choix d'un successeur, que le plus digne et le plus capable de servir le public. Mais il est inouï, et je ne sais si l'histoire fournit dans ce genre un trait aussi grand et aussi estimable que celui que je viens de rapporter d'Antipater. L'histoire a conservé une parole de l'empereur Galba , qui lui fera honneur dans tous les siècles : *Auguste*, dit-il, *s'est choisi un successeur dans sa famille , et moi dans tout l'empire* (1).

Cassandre fut étrangement outré du san-

Mort d'Antipater.
Diod. l. 13.
p. 625. 626.
Plut. in Phoc.
p. 755.
An. M. 3685.
Av. J. C. 319.

(1) Augustus in domo successorem quæsivit, ego in republicâ. *Tacit. l.* 2. *c.* 15.

glant affront qu'il prétendait lui avoir été fait par ce choix ; et ne pouvant digérer que son père lui eût préféré un étranger, il cabala pour se faire un parti contre le nouveau régent, et ne se proposa rien moins que de le déposséder de sa régence et de son gouvernement. Pour cet effet, il engagea dans son parti Antigone et Ptolémée, qui, tous deux, y entrèrent par les mêmes vues. Ils avaient également intérêt de détruire ce nouveau régent, et d'abolir avec lui la régence même, qui les tenait en brassières, qui les avertissait continuellement de leur dépendance, et qui leur reprochait tacitement d'aspirer à la souveraineté.

Polysperchon, de son côté, ne négligea rien de ce qui était nécessaire pour fortifier son parti. Il rappela Olympias, qui, sous la régence d'Antipater, s'était retirée en Epire, et lui offrit de partager avec elle l'autorité. Pour s'attacher les peuples de la Grèce, il fit un décret par lequel il rappelait les exilés, et rétablissait toutes les villes dans leur ancienne liberté, et dans tous leurs droits. Il écrivit en particulier aux Athéniens, des lettres qui portaient que le roi leur rendait leur démocratie et leur ancien gouvernement. C'était un piége qu'il leur tendait pour leur faire chasser Phocion, qui avait introduit l'oligarchie, et par là se rendre maître de la ville.

Cassandre, avant que la nouvelle de la mort d'Antipater fût arrivée à Athènes, y avait envoyé Nicanor pour succéder à Menylle dans la garde de la forteresse de Munychia, et bientôt après il se rendit maître du

Pyrée Dans ce moment arriva Alexandre, fils de Polysperchon, qui venait avec une grosse armée, sous prétexte de secourir la ville contre Nicanor, mais en effet pour s'en saisir lui-même, s'il lui était possible, en profitant de la division où elle était. Il s'y tint une assemblée tumultueuse, dans laquelle Phocion fut déposé de sa charge de général. Démétrius de Phalère, et d'autres citoyens qui appréhendaient le même sort, prirent promptement le parti de sortir de la ville. Phocion, qui avait la douleur de se voir accusé de trahison, se réfugia vers Polysperchon, qui le renvoya au jugement du peuple.

On convoqua sur-le-champ l'assemblée, dont on n'exclut ni esclave, ni étranger, ni homme noté d'infamie ; ce qui était contre toutes les règles. Phocion, avec les autres prisonniers, fut présenté au peuple. Il entreprit plusieurs fois de plaider sa cause et de se défendre, mais inutilement, et il fut toujours interrompu. Il fût condamné d'une commune voix à perdre la vie, et il fut conduit au cachot. Il y alla avec le même visage et la même contenance que lorsqu'il sortait de l'assemblée pour aller commander les armées, et que des Athéniens, en foule, l'accompagnaient chez lui par honneur, au milieu des louanges et des acclamations. Quand il fut arrivé à la prison, quelqu'un de ses amis lui ayant demandé s'il avait quelque chose à mander à son fils : *Oui certes,* dit-il, *c'est de ne point se souvenir de l'injustice des Athéniens.* Après ces paroles, il prit la ciguë et mourut.

Phocion condamné à mort.
Diod. l. 8. p. 638. 648.
Plut. in Phoc. p. 755. 759.

Phocion fut généralement regretté de tout ce qu'il y avait de gens de bien à Athènes, qui ne purent faire autre chose pour lui que de déplorer son malheur, et de fondre en larmes; et tous ceux mêmes qui n'avaient pas perdu tout sentiment d'humanité, ne pouvaient s'empêcher de le plaindre, et trouvaient que c'était une grande inhumanité de faire mourir un citoyen si généralement estimé, qu'on l'avait surnommé, par admiration pour ses rares vertus, *l'homme de bien.*

Corn. Nep.   Les ennemis de Phocion, non contens du supplice qu'ils lui avaient fait souffrir, et trouvant qu'il manquait encore quelque chose à leur triomphe, firent ordonner par le peuple que son corps serait porté hors du territoire de l'Attique, et qu'aucun des Athéniens ne donnerait du feu pour honorer d'un bûcher ses funérailles. On lui rendit ces derniers devoirs sur les terres de Mégare. Une dame du pays, qui assista par hasard à ses funérailles avec ses servantes, lui éleva dans le même endroit un cénotaphe, ou tombeau vide, sur lequel elle fit les effusions accoutumées; et mettant dans sa robe les os qu'elle recueillit avec grand soin, elle les porta la nuit dans sa maison, et les enterra sous son foyer, en lui adressant ces paroles: *Cher et sacré foyer, je te confie, et je mets en dépôt dans ton sein, ces précieux restes d'un homme de bien; conserve-les fidèlement pour les rendre un jour au tombeau de ses ancêtres, quand les Athéniens seront devenus plus sages.*

A ce jugement tumultueux, injuste et cruel,

on

on reconnaît le caractère capricieux, emporté et furieux d'Athènes contre ses meilleurs
citoyens. Jamais ville n'a été plus féconde en
grands hommes en tout genre qu'Athènes ;
et jamais on n'en a vu qui ait été plus ingrate, plus injuste, et plus cruelle envers ces
hommes si estimés et si estimables, que cette
même ville. Il semble qu'elle aurait été fâ-
chée qu'un de ces hommes eût péri d'une
autre main que de la sienne, et l'on dirait
qu'elle enviait la gloire d'être le bourreau,
et d'enfoncer le poignard dans le sein de ceux
qui faisaient sa gloire. Elle se croyait quitte
de la faute qu'elle avait commise, en éle-
vant, quelques années après leur mort, une
statue de bronze en leur honneur, mais toujours prête à commettre la même injustice
contre d'autres citoyens aussi innocens.

Phocion est un des plus grands hommes
que la Grèce ait portés. Il avait réuni en sa
personne plusieurs sortes de mérites. Il était
très-éloquent; mais son éloquence était con-
cise, solide, pleine de force et de sens, et
ne s'écartait jamais du but. Il était d'un désintéressement admirable, pauvre par goût
et par amour pour la pauvreté. Ferme et in-
flexible quand il s'agissait des intérêts de la
république ; mais dans le commerce de la
vie, il était plein de douceur, d'affabilité et
de condescendance. C'était une chose bien
glorieuse pour Phocion, d'avoir été élu qua-
rante-cinq fois général, par un peuple qu'il
songeait peu à ménager, et, ce qui est re-
marquable, d'avoir été élu toujours absent,
sans l'avoir jamais demandé, ni sollicité. Sa

Eloge de
Phocion.

Tom. IV.   B

vie réglée et frugale ne contribua pas peu à
lui procurer une vieillesse saine et robuste.
Agé de plus de quatre-vingts ans, il commandait encore les armées, et soutenait toutes
les fatigues de la guerre comme un jeune officier. Voilà une partie des grandes qualités
de Phocion, qui aurait mérité une plus heureuse fin. Mais il n'était pas permis, dans
Athènes, à un homme d'un rare mérite, d'a-
voir un meilleur sort.

Cassandre
se rend mai-
tre d'Athè-
nes.
Diod l. 18.
p 642.

Cassandre ne manqua pas de profiter des
troubles qui régnaient dans Athènes, pour
s'en rendre maître. Il établit Démétrius de
Phalère pour la gouverner, et on convient
qu'Athènes n'a jamais été mieux conduite
que sous lui. Ce fut pendant les dix années
de gouvernement, qu'il acquit cette haute réputation qui l'a fait regarder comme un de ces
grands hommes qu'Athènes a produits. Il augmenta les revenus de la république, et il em-
bellit la ville d'édifices. Il s'appliqua à diminuer le luxe et les dépenses qui n'étaient
que pour le faste. Il désapprouvait celles qu'on
faisait pour les spectacles et les théâtres, et
régla celles qu'on devait faire à la sépulture
des morts. Reprenons la suite de l'histoire.

Révo'te
d'Antigone.
*Plut. in Eu-
men. p.* 591. à
593.
Corn. Nep.
c. 7.
Au. M. 3686.
Av. J. C. 3.8.

La révolte d'Antigone contre les deux rois
ayant éclaté, le régent Polysperchon envoya
à Eumène, au nom des rois, une commission qui le déclarait capitaine général de l'A-
sie mineure, et des ordres aux officiers de
le joindre, et de servir sous lui contre Antigone. Eumène sentit bien que tous ces honneurs accumulés sur la tête d'un étranger,
ne manqueraient pas d'exciter contre lui une

terrible envie, et de le rendre odieux aux Macédoniens ; mais il se conduisit avec tant de sagesse et de modération, qu'il gagna tous les esprits et la confiance de toutes les troupes. Ensuite il mena ses troupes, qu'il s'était si bien affectionnées, dans la Syrie et la Phénicie, pour reprendre ces provinces sur Ptolémée. Comme il n'avait point de flotte, il ne put exécuter son projet ; il se retira dans la Mésopotamie, où il prit ses quartiers d'hiver à Carres.

Au printemps suivant, Eumène marcha du côté de Babylone, et se rendit à Suze, où il alla mettre ses troupes dans des quartiers de rafraîchissement. Ce fut là que les gouverneurs de la haute Asie vinrent le joindre avec une armée de plus de vingt-cinq mille hommes. Avec ce renfort, non-seulement il se trouva en état de faire tête à Antigone qui venait à lui, mais il lui était même de beaucoup supérieur. Comme la saison était trop avancée pour les opérations de la campagne, on entra des deux côtés en quartier d'hiver.

Il arriva une grande révolution pendant ce temps - là en Macédoine. Olympias, mère d'Alexandre-le-Grand, s'étant rendue maîtresse des affaires, fit mourir le roi Philippe, qui portait depuis six ans et quatre mois le titre de roi. Sa femme Eurydice eut le même sort. Olympias lui envoya un poignard, une corde et de la ciguë, ne lui laissant que le choix du genre de mort. Elle choisit la corde et s'étrangla, après avoir prononcé mille imprécations contre son ennemie et sa meurtrière.

An. M. 3687.
Av. J.C. 317
Mort du
roi Philippe.
Diod. l. 19.
p. 659. 660.

Tant de cruautés ne demeurèrent pas impunies. Olympias s'était retirée dans Pydna, et y avait mené avec elle le jeune roi Alexandre avec Roxane sa mère, et Thessalonice, sœur d'Alexandre-le-Grand. Cassandre ne perdit point de temps, et vint l'assiéger par terre et par mer. Olympias, après avoir souffert avec un courage invincible tous les maux d'une famine extrême, ayant perdu toute espérance de secours, fut enfin contrainte de se rendre à discrétion. Cassandre, pour s'en défaire d'une manière moins odieuse, conseilla aux parens des principaux officiers qu'Olympias avait fait mourir pendant sa régence, de l'accuser dans l'assemblée des Macédoniens. Ils le firent, et après qu'on les eut ouïs, elle fut condamnée, quoique absente, à mourir, sans que personne prît sa défense. Elle demanda inutilement à plaider sa cause dans l'assemblée publique, ajoutant que c'était la moindre grâce qu'on pût accorder à une reine, ou plutôt, que c'était une justice qu'on ne pouvait refuser aux personnes de la plus basse condition. Cassandre n'avait garde d'y consentir, ayant tout lieu de craindre que le souvenir de Philippe et d'Alexandre, pour qui les Macédoniens conservaient un souverain respect, ne leur fît changer tout-à-coup de sentiment. Il envoya donc sur-le-champ deux cents soldats, dévoués à ses passions, pour la tuer. Mais quelque déterminés qu'ils fussent, ils ne purent soutenir l'éclat de la majesté qui partait des yeux et du visage de la princesse, et ils se retirèrent sans avoir exécuté leurs ordres. Il fal-

lut employer, pour ce meurtre, les parens Mort d'O-
de ceux qu'elle avait fait mourir, qui furent lympias.
ravis de satisfaire leur vengeance particulière,
en faisant leur cour à Cassandre. Ainsi périt
la fameuse Olympias, fille, sœur, femme et
mère de rois, qui s'était, à la vérité, justement attiré une fin si tragique, par tous ses
crimes et par toutes ses cruautés ; mais qu'on
ne peut voir périr ainsi, sans détester la scélératesse du prince usurpateur, qui lui ôte la
vie d'une manière si indigne.

Cassandre se voyait un chemin ouvert et *Diod. l. 19.*
assuré pour monter sur le trône de Macé- *p. 695. 697.*
doine ; mais il lui restait encore un obstacle
à vaincre, sans quoi il aurait toujours passé
pour un usurpateur et un tyran. Le jeune
roi, fils d'Alexandre-le-Grand et de Roxane,
était en vie. Il avait été reconnu roi et légitime héritier du trône. Il fallait se défaire de
cet héritier et de sa mère. Cassandre, enhar-
di par le succès du premier crime, était tout
déterminé à y en ajouter un second, qui devait lui en faire tirer tout le fruit ; mais la
prudence demandait qu'il ne précipitât rien,
qu'il allât lentement, et comme par degrés,
dans l'exécution de son détestable projet. Il
commença par les faire conduire au château
d'Amphipolis, sous la garde de Glaucias, capitaine qui lui était entièrement dévoué.

Pendant que Cassandre faisait tous ses An. M. 3688.
efforts pour s'assurer le trône de Macéduine, Av. J. C. 316.
Diod. l. 19.
Antigone, d'une autre part, travaillait à se *p. 665. 668.*
délivrer d'un si dangereux adversaire. S'étant
mis en campagne, il se rendit à Babylone. Il
passa ensuite le Tygre pour attaquer Eumè-

ne. Ce dernier, qui était assurément le meilleur général, et le plus habile politique de
son temps, n'avait rien oublié pour le bien
recevoir. Lorsque tout fut disposé pour le
combat, Antigone, effrayé de la supériorité
des troupes d'Eumène, et plus encore de l'habileté et du courage du général, fit sonner
la retraite, et rentra dans son camp.

Diod. l. 19.
p. 673. 678.

Quelques jours après, les deux armées se
rangèrent de nouveau en bataille, et en vinrent aux mains. Le combat fut rude et opiniâtre, et poussé bien avant dans la nuit, car
c'était pleine lune. Cependant la perte ne
fut pas fort considérable ni d'un côté, ni d'autre. Antigone perdit de son infanterie trois
mille sept cents hommes, et de sa cavalerie
cinquante - quatre, et plus de quatre mille
hommes de blessés. Du côté d'Eumène, il n'y
eut de morts que cinq cent quarante hommes
de pied, très-peu de cavaliers, et pas plus
de neuf cents de blessés. La victoire était réellement du côté d'Eumène. Mais comme ses
troupes, quelque instance qu'il leur en fit,
ne voulurent point revenir sur le champ de
bataille pour enlever les corps, ce qui, chez
les anciens, était la preuve et comme le sceau
de la victoire, elle fut attribuée au parti d'Antigone, qui y revint et ensevelit ses morts. Le
lendemain, Eumène envoya demander, par
un héraut, la permission d'enterrer les siens;
ce qui lui fut accordé; et il leur fit rendre
les honneurs funèbres, avec toute la magnificence possible.

Diod. l. 19.
p. 680. 684.

Pendant toute cette campagne, la guerre
fut opiniâtre des deux côtés. On employa de

part et d'autre toute l'adresse, la ruse et les stratagèmes que peut fournir la plus grande capacité, jointe à une longue expérience dans le métier de la guerre. Quoique Eumène eût une armée mutine et très-mal aisée à gouverner, il remporta néanmoins, pendant cette campagne, plusieurs avantages sur Antigone; et quand il fut question d'entrer dans les quartiers d'hiver, Eumène eut encore l'habileté de prendre les meilleurs, et d'obliger Antigone à en aller chercher bien loin.

Antigone se présenta au cœur de l'hiver, croyant surprendre Eumène. Mais Eumène n'était pas homme à se laisser surprendre. Antigone, voyant que son coup était manqué, plein de douleur et de dépit de son mauvais succès, il résolut d'en venir à une bataille. Son infanterie ne put soutenir le choc de celle d'Eumène, et la plus grande partie fut taillée en pièces. Il n'en fut pas de même de la cavalerie. Le combat s'étant donné dans un terrain sablonneux, il s'éleva de si grands tourbillons de poussière, qu'on ne voyait pas à trois pas de soi. Antigone, à la faveur de ce brouillard, fit un détachement de sa cavalerie, qui était supérieure à celle des ennemis, et leur enleva tout le bagage, sans qu'on s'en aperçût. En même temps il enfonça la cavalerie ennemie, sans qu'Eumène pût jamais la rallier. La déroute fut entière de ce côté-là, comme l'avantage avait été complet de l'autre. La prise du bagage valut plus à Antigone que la victoire à Eumène. Car les soldats de celui-ci, trouvant à leur retour leur bagage enlevé avec leurs femmes,

Eumène est trahi par ses troupes, et livré à Antigone.

tournèrent leur fureur contre leur propre général. Ils se jettent sur lui, lui ôtent son épée,
et avec sa propre ceinture, ils lui lient les
mains derrière le dos, et le livrent à Antigone,
qui était convenu de leur rendre à ce prix
leur bagage.

Quand cet illustre prisonnier fut arrivé au
camp ennemi, Antigone n'eut pas le courage
de le voir, parce que sa présence seule était
un sanglant reproche contre lui. Ceux à qui
il l'avait donné en garde, lui ayant demandé
comment il voulait qu'on le gardât : *Comme
un éléphant*, leur dit Antigone, *ou comme
un lion*. Mais, quelques jours après, atten-
dri et touché de compassion, il commanda
qu'on lui ôtât ses fers les plus pesans, et
qu'on lui donnât un de ses domestiques pour
le servir ; il permit à ses amis de le voir, de
passer avec lui les journées entières, et de
lui porter tous les rafraîchissemens dont il
pourrait avoir besoin.

Antigone fut quelque temps en balance sur ce
qu'il devait faire de son prisonnier. Ils avaient
été amis intimes en servant sous Alexandre.
Le souvenir de cette ancienne amitié reveil-
la quelques sentimens de bonté pour lui,
qui combattirent quelque temps contre son
intérêt. Son fils Démétrius sollicita fortement aussi en sa faveur, souhaitant avec passion, par pure générosité, qu'on sauvât la
vie à un si brave homme. Mais Antigone, sentant quel dangereux ennemi il avait en lui,
Sa mort. n'osa pas lui laisser la vie. Il ordonna qu'on
se défît de lui dans la prison.

Son éloge. Telle fut la fin d'un homme des plus accomplis de son siècle en tout genre , et des plus dignes de succéder à Alexandre. Il possédait toutes les qualités guerrières dans un souverain degré. Mais je mets au-dessus de tout cela son attachement inviolable pour son prince, un caractère de probité, et les sentimens d'honneur qui dominaient en lui , et qui n'accompagnent pas toujours ces autres qualités brillantes qui font l'homme de guerre et le grand capitaine.

Antigone et toute l'armée célébrèrent les funérailles d'Eumène avec magnificence , lui rendirent les plus grands honneurs : sa mort ayant éteint l'envie et toute crainte , ils envoyèrent ses os et ses cendres , dans une urne d'argent, à sa femme et à ses enfans en Cappadoce ; faible dédommagement pour une veuve et pour des orphelins désolés.

ARTICLE III.

Ligue de Séleucus , de Ptolémée , de Lysimaque et de Cassandre, contre Antigone.

Antigone , se regardant désormais comme le maître de l'empire d'Asie, pour se le mieux assurer, fit une réforme dans les provinces d'Orient. Il cassa tous les gouverneurs dont il se défiait. Il ôta même la vie à plusieurs, que leur trop grand crédit lui rendait formidables. Séleucus , gouverneur de Babylone , était sur la liste des proscrits ; mais il se sauva , et alla se mettre sous la protection de Ptolémée en Egypte.

An. M. 3689.
Av. J.C. 315.
Diod. l. 19.
p. 689. 692.
et 697. 698.

Séleucus sut si bien représenter à Ptolémée la puissance formidable d'Antigone, qu'il l'engagea dans une ligue contre lui, avec

An. M. 3690.
Av. J.C 314.
Diod. p.698.
700.

Lysimaque et Cassandre, qu'il avait aussi persuadés, par des exprès qu'il leur avait envoyés, du danger qu'ils avaient à craindre de la part de ce prince. Antigone s'en était bien douté ; et quelque effort qu'il fît pour renouveler une alliance avec ces trois princes, il ne put y réussir. Il partit donc de Babylone, et se rendit dans la Cilicie, pour s'opposer aux confédérés. Après avoir mis ordre à diverses affaires de l'Asie mineure, il marcha ensuite vers la Syrie et vers la Phénicie.

Ibid. p. 700.
-o3.

Son dessein était de les enlever à Ptolémée, et de s'emparer des forces de mer de ces deux provinces. Mais il arriva trop tard pour surprendre les vaisseaux. Ptolémée avait déjà emmené en Egypte tous ceux qui s'étaient trouvés dans la Phénicie ; et ce ne fut pas sans peine qu'Antigone se rendit maître des ports ; car Tyr, Joppé et Gaza firent de la résistance. Il vint bientôt à bout des deux dernières de ces villes, mais pour réduire Tyr, il lui fallut un temps considérable, et ce ne fut qu'après un siége de quinze mois, qui avait extrêmement fatigué ses troupes, que Tyr, réduite aux abois, capitula. Il n'y avait que dix-neuf ans qu'Alexandre avait détruit cette ville, d'une manière à faire croire qu'il faudrait des siècles entiers pour la rétablir. Et cependant, en si peu de temps, elle fut en état de soutenir ce nouveau siége, qui dura plus d'une fois autant que celui d'Alexandre. On voit par là quelle ressource donne le commerce, et quel intérêt ont les princes de le favoriser et de le faciliter dans toutes les provinces de leurs Etats ; car ce fut

uniquement par ce moyen que Tyr se releva
de ses ruines, et reprit presque son ancien
éclat.

Antigone s'apercevant que, pendant qu'il
était ainsi occupé en Phénicie, Cassandre gagnait du terrain sur lui dans l'Asie mineure,
laissa le soin du siége de Tyr à Andronic, et
s'y rendit avec une partie de ses troupes,
pour s'opposer aux progrès de Cassandre. Il
les eut bientôt arrêtés, et le pressa même si
vivement, qu'il l'obligea à s'accommoder
avec lui à des conditions fort honteuses. Aussi,
à peine le traité fut-il conclu, qu'il s'en re-
pentit, et le rompit, en envoyant demander
du secours à Ptolémée et à Séleucus, et en
recommençant la guerre.

An. M. 3691.
Av. J C. 313.
Diod. p. 710.

Ce renouvellement de guerre retint Antigone plus long-temps qu'il n'aurait voulu,
et donna occasion à Ptolémée de remporter
sur lui des avantages considérables de l'autre
côté. D'abord, il passa avec sa flotte dans
l'île de Cypre, et la dompta presque entièrement. Nicoclès, roi de Paphos, se soumit
alors comme les autres ; mais une année ou
deux après, il fit alliance secrètement avec
Antigone. Ptolémée en ayant eu avis, pour
empêcher que d'autres princes ne suivissent
son exemple, chargea quelques officiers qu'il
avait en Cypre de le faire mourir. Ceux-ci,
ne pouvant se résoudre à exécuter cet ordre
par eux-mêmes, pressèrent vivement Nicoclès de le prévenir par une mort volontaire.
C'est le parti qu'il prit, et se voyant sans ressource, il se tua lui-même. La reine ne pouvant survivre à sa douleur, après avoir tué

Triste sort
de Nicoclès,
roi de Pa-
phos, et des
princesses,
sa femme, ses
sœurs et ses
filles.
Diod. l. 20.
p. 761.

ses filles de sa propre main, et avoir exhorté les autres princesses, ses belles-sœurs, à ne pas survivre au malheur qui venait d'arriver au roi leur frère, se tua aussi elle-même. La mort de ces princesses fut suivie de celle de leurs époux, qui, avant que de se tuer, mirent le feu aux quatre coins du palais. Telle fut l'horrible et sanglante tragédie qui se passa en Cypre.

Ptolémée, après s'être rendu maître de cette île, alla faire une descente dans la Syrie, et de là dans la Cilicie, où il fit un grand butin, et beaucoup de prisonniers qu'il emmena en Egypte. A son retour, il entra dans la Phénicie et la Syrie, battit Démétrius, et reprit sur lui ces deux provinces.

Ce Démétrius, qui va commencer à se faire connaître, et qui sera dans la suite surnommé *Poliorcète*, c'est-à-dire, *preneur de villes*, était fils d'Antigone. Il avait une taille avantageuse, et une beauté singulière. On voyait sur son visage de la douceur mêlée de gravité, quelque chose de serein, et en même temps qui inspirait de la terreur; une vivacité de jeunesse, tempérée par un air héroïque, et par une majesté véritablement royale. On trouvait le même mélange dans ses mœurs, qui étaient également propres à étonner et à charmer. Pendant qu'il n'avait rien à faire, il était d'un commerce délicieux; rien n'égalait la somptuosité de ses festins, de son luxe et de toute sa manière de vivre; c'était le plus magnifique, le plus voluptueux et le plus délicat de tous les princes. Dès qu'il était question de quelque entreprise, c'était

An. M. 3691.
Av. J.C. 312.

Plut. in De-
metr. p. 889.
890.

le plus actif et le plus vigilant de tous les hommes. Rien n'égalait sa vivacité et son courage , que sa patience et son assiduité au travail.

Plutarque fait observer en lui , comme un trait qui le distinguait des autres princes de son temps , le profond respect qu'il avait pour son père et pour sa mère. Antigone , de son côté , avait pour son fils une affection et une tendresse vraiment paternelles , qui allaient même jusqu'à la familiarité , mais sans rien diminuer de l'autorité de père et de roi , et qui formait entre eux une union et une confiance exemptes de toute crainte et de tout soupçon. Un jour qu'Antigone était occupé à donner audience à des ambassadeurs, Démétrius , revenant de la chasse, entra dans la salle , salua son père d'un baiser, et s'assit auprès de lui, tenant encore ses dards dans ses mains. Antigone rappela les ambassadeurs qui sortaient, et leur dit à haute voix . *Vous direz de plus à vos maîtres la manière dont nous vivons mon fils et moi*. Revenons à notre sujet.

Démétrius eut cinq mille hommes tués , et huit mille faits prisonniers. Il perdit aussi ses tentes, son argent et tout son équipage. Il fut obligé de se retirer lui-même à Azot , et de là à Tripoli de Syrie. Avant que de partir d'Azot , il avait fait demander la permission d'enterrer les morts. Ptolémée ne se contenta pas de la lui accorder, il lui renvoya encore tout son équipage , ses tentes, ses meubles, ses amis et ses domestiques sans rançon , et lui fit dire *qu'ils ne devaient pas faire la guerre entre eux pour les richesses, mais pour la gloire*. Démétrius , touché d'une générosité si obligeante , pria sur l'heure les Dieux de ne le pas laisser long-temps redevable d'un si grand bienfait à Ptolémée, et de lui fournir une prompte occasion de lui rendre la pareille.

La perte de la bataille n'abattit point le courage de Démétrius. Avec la fermeté d'un général consommé dans l'art militaire , et accoutumé aux inconstances et aux vicissitudes des armes , il se mit à lever de nouvelles troupes , et à faire de nouveaux préparatifs.

Peu de temps après , Cilles, lieutenant de Ptolémée, arriva avec une armée très-nombreuse , se tenant bien assuré de chasser de la Syrie Démétrius, qu'il ne regardait qu'avec mépris depuis sa défaite. Mais Démétrius , devenu depuis cette défaite plus circonspect et plus attentif, tomba sur lui lorsqu'il s'y attendait le moins, le mit en fuite , s'empara de son camp et de tous ses bagages, fit sur lui sept mille prisonniers, le prit et l'arrêta lui-même, et emporta un très-riche butin, moins touché de la gloire et des richesses que lui procurait sa victoire , que du plaisir de se voir en état de s'acquitter d'une dette à l'égard de son ennemi , et de lui rendre le bienfait qu'il en avait reçu. Cependant il ne voulut pas le faire de son autorité ; il en écrivit à son père , qui lui permit d'en user comme il le jugerait à propos. Il renvoya donc à Ptolémée Cilles et tous ses amis, comblés de magnifiques présens, et avec tout le bagage qu'il avait pris. Il est beau de disputer de générosité avec un ennemi ; et une autre disposition encore plus estimable dans un prince jeune et victorieux, est de faire gloire de dépendre en tout de son père, et de ne rien faire sans le consulter.

Séleucus, après la victoire remportée sur Démétrius, obtint de Ptolémée une troupe de mille hommes d'infanterie et de trois cents chevaux. Avec cette petite escorte, il s'en alla dans l'Orient pour tâcher de rentrer dans Babylone. Il était si chéri dans cette province à cause de sa douceur, et Antigone si haï à cause de sa sévérité, qu'on fut charmé de son retour. En arrivant à Babylone, il trouva les portes ouvertes, et y fut reçu du peuple avec des acclamations de joie. Séleucus, devenu maître de la ville, et ayant l'affection des habitans, s'empara bientôt du château, où s'étaient retirés ceux du parti d'Antigone. Il amassa dans peu une bonne armée, qui le mit en état de conserver ce qu'il venait de recouvrer. La douceur de son gouvernement, sa justice et son équité, contribuèrent surtout à affermir sa puissance. Il sentit quel avantage c'est pour un prince de bien traiter les peuples, et de s'en faire aimer.

Diod p. 726. Séleucus se rend maître de Babylone.

Antigone, ayant joint ses forces à celles de son fils, reprit la Syrie, la Phénicie et la Judée sur Ptolémée. Ainsi ces provinces retombèrent sous la domination d'Antigone. Une grande quantité d'habitans suivirent Ptolémée en Egypte, aimant mieux vivre sous sa domination, dans un pays étranger, que de demeurer dans le leur propre, sous celle d'Antigone, dont ils n'attendaient pas un trai-

Joseph Antiq. l. 12. c. 1.

tement si doux. Voilà ce que font la douceur
et la sagesse du gouvernement.

An. M. 3693.
Av. J.C. 311.
Diod. p. 736.
Plut. in De-
metr. p. 691.
Sur l'avis que Nicanor donna à Antigone
des succès de Séleucus en Orient, il y envoya son fils Démétrius pour le chasser de Babylone, avec ordre de le revenir trouver dans
l'Asie mineure, lorsqu'il aurait exécuté sa
commission en Orient. Démétrius, suivant
les ordres de son père, prit l'armée à Damas,
et la mena droit à Babylone. Séleucus étant
alors en Médie, Démétrius entra sans opposition dans la ville. Ce jeune prince, ayant
heureusement exécuté les ordres de son père,
partit de Babylone pour aller le rejoindre
dans l'Asie mineure, et laissa Archélaüs,
avec quelques troupes, pour garder le pays
et continuer le siége d'une forteresse. Mais
en quittant le pays, il le pilla ; ce qui fit
grand tort à ses affaires, et attacha plus que
jamais les habitans à Séleucus. Ainsi, quand
celui-ci revint immédiatement après le départ de Démétrius, il eut bientôt chassé le
peu de troupes que ce jeune prince y avait
laissées, et reprit le château dont elles étaient
en possession. Après cela il établit si solidement son autorité, que rien ne fut capable
de l'ébranler.

Cassandre
fait mourir le
euneAlexan-
dre, avec
Roxane sa
mère.
Il était visible que ces princes ne travail-
laient tous qu'à leur intérêt particulier, sans
songer à la famille d'Alexandre. Mais les Macédoniens commencèrent à se lasser, et à
dire qu'il était temps de faire paraître le jeune Alexandre, qui était parvenu à l'âge de
quatorze ans, et de le tirer de prison pour
lui donner connaissance des affaires. Cassan-

dre, qui aurait vu par là toutes ses espérances ruinées, fit mourir secrètement le jeune roi, avec Roxane sa mère, dans le château d'Amphipolis, où il les tenait renfermés depuis quelques années. Polysperchon, qui gouvernait dans le Péloponnèse, prit occasion de se déchaîner partout contre Cassandre, et de faire sentir la noirceur de cette action, pour le rendre odieux. Il proposa aux Macédoniens de mettre sur le trône Hercule, autre fils qu'Alexandre avait eu de Barsine. Cassandre en fut effrayé; et, dans une entrevue qu'il eut avec Polysperchon, il l'engagea à se défaire d'Hercule, et à s'emparer de la Grèce. Il n'eut pas de peine à le faire consentir à lui sacrifier ce jeune prince. Ainsi, l'année suivante, Hercule et sa mère eurent le même sort entre ses mains, qu'avaient eu Roxane et son fils entre celles de Cassandre. Ces deux scélérats assassinèrent, chacun à leur tour, un héritier de l'empire, afin de le partager entre eux. En effet, comme il ne restait plus de prince de la maison d'Alexandre, chacun retint son gouvernement en souveraineté, et se sut bon gré de se l'être assuré par le meurtre des princes qui seuls y avaient un droit légitime. Cléopâtre, sœur d'Alexandre-le-Grand, eut bientôt après le même sort par ordre d'Antigone. On voit ici, avec surprise et avec admiration, combien le bras de Dieu s'était appesanti sur toute la race d'Alexandre, et avec quelle rigueur il en poursuivait les moindres restes. Une malédiction funeste dévorait toute cette famille, et vengeait sur

An. M. 3694
Av. J.C. 310
Polysperchon en fait de même à Hercule et à Barsine sa mère.
An. M. 3695.
Av. J.C. 309.

elle toutes les violences commises par ce prince.

Siége d'A-
thènes par
Démétrius.
An. M. 3698.
Av. J. C. 306
Plut in De-
metr. p. 892.
894.

Antigone et Démétrius son fils avaient formé le dessein d'affranchir la Grèce entière, que Cassandre, Ptolémée et Polysperchon tenaient dans une espèce de servitude. Pour réussir dans leur dessein, et s'attirer ces mêmes peuples, ils substituèrent à l'aristocratie, la démocratie qui flattait davantage l'inclination des Grecs. Antigone résolut donc de donner le signal de la liberté démocratique, en commençant par Athènes, qui en était la plus jalouse, et y envoya Démétrius avec une flotte de deux cent cinquante voiles. Il entra sans résistance dans le port, qu'il trouva ouvert pour recevoir les vaisseaux de Ptolémée. Quand on fut détrompé, on courut promptement aux armes. Tout était plein de confusion et de trouble. Démétrius, ayant fait signe de la main qu'on se tînt en repos, et qu'on lui donnât audience, fit crier par un héraut : « Que son père Antigone l'avait en-
» voyé sous d'heureux auspices, pour mettre
» les Athéniens en liberté, pour chasser la
» garnison de la citadelle, et pour leur ren-
» dre leurs lois et leur ancien gouvernement. »

Il se rend
maître de la
ville, et y
établit legou-
vernement
démocrati-
que.

A cette proclamation, les Athéniens jettent leurs boucliers à leurs pieds, pressent Démétrius de descendre, l'appellent leur sauveur, et lui envoient des ambassadeurs pour faire leurs soumissions. Démétrius les reçut très-gracieusement, et leur donna une audience très-favorable. Il assura les Athéniens, que quelque empressement qu'il eût d'entrer dans leur ville, il n'y mettrait pas le pied, qu'il ne l'eût entièrement affranchie, en chassant la garnison qui gênait leur liberté. Et sur l'heure même il fit travailler aux ouvrages, pour se mettre en état d'attaquer la forteresse de Munychia, et s'embarqua aussitôt pour Mégare, qu'il prit d'assaut, et en emmena tous les esclaves. En partant, après avoir fait beaucoup de caresses au philosophe Stilpon, il lui dit qu'il lui laissait la ville entièrement libre: *Vous dites vrai, seigneur,* repartit le philosophe; *car vous ne nous avez pas laissé un seul esclave.* Démétrius, étant retourné à Athènes, prit ses postes devant le port de Munychia, pressa le siége, chassa la garnison, et rasa le fort. Ensuite il entra dans la ville, assembla le peuple, et leur rendit leur ancien gouvernement. Les Athéniens poussèrent leur reconnaissance jusqu'à l'irréligion et l'impiété, par les honneurs excessifs qu'ils décernèrent à Antigone et à Démétrius. Ils leur donnèrent le nom de roi, et les honorèrent du titre *de Dieux Sauveurs.*

Pendant le séjour que Démétrius fit à Athènes, il épousa Eurydice, veuve d'Ophellas. Il avait déjà plusieurs femmes, entr'autres Phila, fille d'Antipater, et d'un rare mérite, comme nous l'avons remarqué, que son père l'avait forcé d'épouser contre son gré, en lui citant un vers d'Euripide, qu'il parodia par le changement d'un seul mot: *Là où il y a du bien, il convient de se marier même contre son inclination.* Cette maxime, quelque ancienne qu'elle soit, ne vieillit point; et quelque contraire qu'elle soit aux senti-

Plut. in Demetr. pag. 894.

mens de la nature, elle se renouvelle de jour en jour. Elle a beaucoup de rapport à cette autre qui dit que l'argent donne la noblesse et la beauté : *Et genus et formam regina pecunia donat.* Démétrius se décria fort à Athènes par d'infâmes débauches.

Il fait la conquête de l'île de Cypre.
Diod. l. 20. p. 783. 789.
Plut. in Demetr. pag. 895. 896.
Justin. l. 15. c. 2.
Diod. l. 20. p. 885.

Peu de temps après, son père lui fit quitter la Grèce, et l'envoya avec une grosse flotte et une forte armée, pour faire sur Ptolémée la conquête de l'île de Cypre. A sa descente dans l'île, il vainquit Ménélas, frère de Ptolémée, et l'obligea de se renfermer dans Salamine, après avoir fait une perte considérable, et alla mettre le siège devant la place.

Ptolémée, sur la nouvelle de la défaite de son frère, fit équiper en diligence une puissante flotte, et vint promptement à son secours ; mais il n'eut pas un meilleur succès que son frère. Démétrius le battit, rompit, brisa et coula à fond une grande partie de sa flotte, et prit le reste, à l'exception de huit vaisseaux, qui se sauvèrent en diligence avec Ptolémée. Après cette bataille navale, Ménélas ne résista plus, et il se rendit à discrétion à Démétrius. Ce jeune prince rehaussa l'éclat de cette victoire, déjà si glorieuse en elle-même, par la bonté, l'humanité et la générosité dont il usa en cette occasion. Il rendit généreusement la liberté à Ménélas et à Lentisque, fils de Ptolémée, et il les lui renvoya sans rançon avec leurs amis, leurs domestiques et tout leur bagage.

Antigone, qui était demeuré en Syrie, attendait, dans une violente inquiétude et avec une grande impatience, les nouvelles d'un

combat dont l'issue devait décider de son sort
et de celui de son fils. Quand le courrier lui
eut appris que Démétrius avait remporté une
victoire complète, sa joie le fut aussi. Tout
le peuple, dans le même moment, proclama
Antigone et Démétrius rois. Antigone, sans
perdre de temps, envoya à son fils le diadème dont on lui avait ceint la tête, lui donnant le titre de roi dans la lettre qu'il lui écrivit. Dès que cette nouvelle fut portée en Egypte, les Egyptiens proclamèrent aussi Ptolémée roi. Lysimaque dans la Thrace, Séleucus
à Babylone, suivirent leur exemple, et prirent chacun dans leurs Etats le titre de roi,
après en avoir usurpé depuis long-temps l'autorité, sans oser en prendre le nom. Cassandre seul, quoique les autres l'appelassent roi,
en lui parlant et en lui écrivant, continua
d'écrire ses lettres à l'ordinaire, en mettant
son nom tout simplement.

Antigone, pour profiter de la victoire que
son fils avait remportée en Cypre, assembla une nombreuse armée en Syrie, pour aller faire une invasion dans l'Egypte, et se la
soumettre. Il donna le commandement de
la flotte à Démétrius, pendant qu'il conduisait cette grosse armée par terre. Mais Ptolémée avait si bien pourvu à tout, qu'il ne
fut pas possible à Démétrius d'aborder dans
aucune des embouchures du Nil, ni à lui
d'entamer l'Egypte. Il fut donc obligé de se
retirer honteusement, après avoir perdu dans
cette malheureuse expédition beaucoup de
soldats sur terre, et beaucoup de vaisseaux
sur mer.

Expédition
d'Antigone
et de Démé-
trius contre
l'Egypte.
An. M. 3699.
Av. J.C. 305.

Diod. l. 20.
p. 804. 806.
Plut. in De-
metr. p. 896.
897.

Conquête de Séleucus.
Appian, in Syr. p. 122. 123.
Justin, l. 15. c. 4.

Pendant tous les mouvemens dont nous venons de parler, la puissance de Séleucus s'était bien accrue dans l'Orient. Car, après avoir tué dans une bataille Nicanor, qui avait été envoyé contre lui par Antigone, non-seulement il se vit affermi dans la possession de la Médie, de l'Assyrie et de Babylone, mais, portant ses armes plus loin, il avait réduit la Perse, la Bactriane, l'Hircanie, et toutes les autres provinces en deçà de l'Inde, dont Alexandre avait fait la conquête. Revenons à Antigone.

Antigone envoie Démétrius pour faire la conquête de Rhodes.

Ce prince n'avait alors guère moins de quatre-vingts ans. Et comme il était devenu fort pesant pour aller à la guerre, il se servait de son fils, qui, par son application, par l'expérience qu'il avait acquise, et par le bonheur qui l'accompagnait, conduisait très-habilement les affaires les plus importantes.

An. M. 3700.
Av. J. C. 304.
Diod l. 20. p. 809. 815. 825.
Plut. in Demetr. p. 897. 898.

Parmi les îles Sporades, celle de Rhodes tenait le premier rang, soit par la fertilité de son terroir, soit par la sûreté de ses ports et de ses rades, soit par son commerce et ses richesses. C'en était déjà trop pour irriter la cupidité d'Antigone, et pour lui donner envie d'en faire la conquête. Il fallait une raison ou un prétexte pour colorer cette démarche : voici celui que le hasard lui fournit.

Dans la guerre de Cypre, qu'il avait entreprise contre Ptolémée, Antigone envoya demander aux Rhodiens des vaisseaux et du secours. Ils le prièrent de vouloir bien ne pas exiger d'eux qu'ils se déclarassent contre Ptolémée, qui était leur ami et leur allié. Cette réponse, quelque sage et quelque me-

surée qu'elle fût, mit Antigone en fureur. Il
leur fit pour lors de terribles menaces ; et à
son retour d'Egypte, il envoya contre eux Démétrius, avec une flotte et une armée, pour
châtier leur prétendue téméraire audace, et
pour les ranger à son obéissance. Les Rhodiens, qui prévirent bien l'orage près de fondre sur eux, avaient envoyé à tous les princes leurs alliés, et surtout à Ptolémée, pour
implorer leur secours. Ils ne manquèrent
pas de représenter au dernier, que leur attachement à ses intérêts était ce qui leur avait
attiré le danger où ils se trouvaient exposés.

Les préparatifs de part et d'autre étaient
immenses. Démétrius arriva devant Rhodes
avec une flotte très-nombreuse. La vue du
butin qu'on espérait de faire dans la prise
d'une ville aussi riche que celle de Rhodes,
avait attiré beaucoup de soldats à la suite de
Démétrius. Dès que ce prince se fut approché de l'île, il descendit à terre pour reconnaître par quel endroit il pourrait attaquer
la place. Les Rhodiens de leur côté se pré-
paraient à une vigoureuse défense. Tout ce
qu'il y avait de gens de mérite et de service
dans les pays alliés des Rhodiens, s'était jeté
dans la ville, autant pour servir une république très-reconnaissante et très-célèbre par
le courage de ses citoyens, que pour faire
montre de leur courage et de leur habileté
dans la défense de cette place, contre un des
plus grands capitaines et des plus savans dans
l'art des siéges, que l'antiquité ait jamais produit. On prétend que le siége de Rhodes est
le chef-d'œuvre de Démétrius, et la plus gran-

de marque de son esprit fécond en ressources et en inventions.

Ce prince commença l'attaque du côté de
la mer, pour se rendre maître du port et des
tours qui en défendaient l'entrée. Il eut d'a-
bord quelque succès ; mais les Rhodiens se
défendirent avec tant de courage, que Démétrius vit bien qu'il n'était pas possible de
prendre la ville de ce côté-là. Il se réduisit
à l'attaquer par terre, et tourna de ce côté
toutes ses forces, afin d'emporter la place par
assaut, ou de la réduire à capituler. Dans
ce dessein, il fit faire, avec une diligence extraordinaire, toutes sortes de machines et
d'ouvrages pour battre la place.

Après que tous ces divers ouvrages furent
achevés, Démétrius donna des ordres, et fit
tout préparer pour un assaut général. Quand
tout fut prêt, il fit sonner la charge par les
trompettes, et on attaqua la ville de tous les
côtés par terre et par mer, mais sans aucun
succès décisif. Les assiégés se battaient comme des lions, et repoussaient les ennemis
avec perte. Dans ce même temps, il arriva
aux assiégés différens secours d'hommes et de
vivres, qui leur venaient d'Egypte et de Grèce. Des secours si abondans, et qui venaient
si à propos, remplirent d'un nouveau courage les assiégés, qui résolurent de ne se rendre qu'à la dernière extrémité. Ainsi animés,
vers le milieu de la nuit suivante ils font une
sortie de la place, et vont mettre le feu aux
machines des assiégeans. Démétrius, qui crai-
gnit que le feu ne prît à toutes, les fit retirer
le plus vite qu'il put.

Ce

Ce prince ayant fait rétablir ses machines, les fit toutes approcher de la ville. Après que tout fut disposé, il fit sonner la charge par tous les trompettes, et monter à l'assaut par tous les endroits de la place, tant par terre que par mer. Ce second assaut n'eut pas un meilleur succès que le premier, et Démétrius même y reçut un échec considérable, qui, loin de ralentir son ardeur, ne fit que l'augmenter. Il travaillait à se mettre en état de donner un troisième assaut, quand on vint lui apporter des lettres d'Antigone son père, par lesquelles il lui mandait de faire tout ce qu'il pourrait pour conclure la paix avec les Rhodiens. Il lui fallait un prétexte plausible pour renoncer au siége : le hasard le lui fournit. Dans le moment même arrivèrent au camp des députés d'Etolie, pour lui renouveler les instances qu'on lui avait déjà faites, de donner la paix aux Rhodiens. Ils ne l'en trouvèrent pas éloigné.

Les Rhodiens, de leur côté, ne désiraient pas avec moins d'ardeur que lui un accommodement, pourvu qu'il fût raisonnable. Ils sentaient l'extrême besoin qu'ils avaient de faire finir un siége où ils auraient enfin succombé. Ainsi ils écoutèrent avec plaisir les propositions qui leur furent faites; et bientôt après, le traité fut conclu et arrêté sous ces conditions : Que la république de Rhodes serait conservée avec tous ses citoyens, dans ses droits, priviléges et liberté, sans être soumise à aucune puissance; que l'alliance qu'elle avait toujours eue avec Antigone, serait confirmée et renouvelée, avec obligation d'ar-

Traité de paix honorable à la ville.

Tom. IV.   C

mer pour lui dans toutes les guerres qu'il aurait, pourvu qu'elles ne fussent point contre Ptolémée ; que pour la sûreté des articles ainsi accordés, il serait donné cent otages de la ville , au choix de Démétrius. Les otages délivrés, l'armée décampa de devant Rhodes, après l'avoir tenue assiégée pendant un an.

Démétrius, avant de partir, fit présent aux Rhodiens de toutes les machines de guerre qu'il avait employées à ce siége. Ils les vendirent dans la suite pour trois cents talens , qu'ils employèrent, avec quelqu'autre argent qu'on y ajouta, à faire ce colosse fameux , qui passait pour une des sept merveilles du monde.

Colosse de Rhodes. *Plut. l. 34. c. 7.*

Les Rhodiens, pour témoigner à Ptolémée leur reconnaissance du secours qu'il leur avait donné dans un danger si pressant, après avoir consulté l'oracle de Jupiter - Ammon , lui consacrèrent un bocage, où, par une flatterie aussi impie qu'ordinaire dans ce temps-là, on lui rendait les honneurs divins. Enfin, pour perpétuer encore d'une autre manière la mémoire de leur délivrance dans cette guerre , ils lui donnèrent le titre de *Soter* , qui signifie sauveur , dont les historiens se servent ordinairement pour le distinguer des autres Ptolémées qui régnèrent en Egypte.

ARTICLE IV.

Ligue entre Ptolémée, Séleucus, Cassandre et Lysimaque, contre Antigone et Démétrius.

Plus nous avançons dans l'histoire des successeurs d'Alexandre, plus il est facile de reconnaître l'esprit qui les a toujours animés jusques ici, et ce qui les fait encore agir. D'abord ils se sont cachés en nommant des rois imbécilles, ou des enfans, pour couvrir leurs prétentions ambitieuses. Maintenant que toute la famille royale d'Alexandre est exterminée, ils lèvent le masque, et se montrent tels qu'ils sont et qu'ils ont toujours été. Ils travaillent tous, avec une ardeur égale, à se maintenir chacun dans leur gouvernement, à s'y rendre indépendans réellement, à se donner une souveraineté absolue, et à étendre les limites de leur royaume aux dépens des autres gouverneurs, plus faibles ou moins heureux. Voilà le grand mobile de toutes les entreprises que nous voyons.

Dans ce temps-là, les Athéniens appelèrent à leur secours Démétrius contre Cassandre, qui assiégeait leur ville. Démétrius mit à la voile avec trois cent trente galères, et une grosse infanterie. Il ne chassa pas seulement Cassandre de l'Attique, mais il le poursuivit jusqu'aux Thermopyles, où il le défit. A son retour, les Athéniens, quoiqu'ils lui eussent déjà prodigué tous les honneurs dont ils avaient pu s'aviser, trouvèrent encore de nouvelles flatteries pour enchérir sur les premières. Ils lui assignèrent pour son logement le derrière du temple de Minerve. Ce prince y logea, et ne rougit pas de faire de la maison de la Déesse, regardée comme vierge, un lieu de débauche et de prostitution, où ses courtisanes étaient plus honorées que la déesse même. En effet, il leur fit dresser des autels par les Athéniens, qu'il

Diod. l. 20, p. 825. 828. Plut. in Demetr. p. 899.

Athen. l. 6. p. 253.

2

appela , à cette occasion , des lâches et des malheureux, véritablement nés pour l'esclavage ; tant ce prince fut choqué lui-même d'une adulation si basse et si indigne, comme Tacite le dit aussi de Tibère.

Démoclès , surnommé le Beau , d'un âge encore fort tendre, pour se dérober à la violence de Démétrius , se jeta dans une chaudière d'eau bouillante qu'on préparait pour le bain, et y fut étouffé, aimant mieux renoncer à la vie qu'à la pudeur. Les Athéniens, pour apaiser la colère de Démétrius , extrêmement irrité d'un certain décret qu'ils avaient fait à son sujet, en firent un nouveau, qui portait : *Que le peuple d'Athènes statuait et ordonnait que tout ce que commanderait le roi Démétrius , serait tenu pour saint envers les Dieux, et juste envers les hommes.* Croirait-on qu'on pût porter la flatterie et la servitude jusqu'à ce point de bassesse, d'extravagance et d'irréligion ?

De tous les abus qui furent alors commis à Athènes, celui qui affligea et mortifia le plus les Athéniens, fut que Démétrius leur ayant ordonné de fournir et de livrer incessamment la somme de deux cent cinquante talens, et le recouvrement de cette somme ayant été fait sans aucun délai, ni la moindre remise, le prince n'eut pas plus tôt vu cet argent, qu'il le fit donner à Lamia et aux autres courtisanes qui étaient avec elle, pour leur pommade et pour leur fard. La honte piqua les Athéniens plus que la perte , et l'usage de cette somme plus que la somme même.

Cassandre se voyant vivement pressé par

Démétrius, et n'en pouvant obtenir la paix qu'à condition de se mettre absolument à la discrétion d'Antigone, envoya, de concert avec Lysimaque, des ambassadeurs à Séleucus et à Ptolémée, pour leur représenter l'état où ils se trouvaient tous deux. Il se conclut donc une ligue entre ces quatre rois, et chacun se prépara à entrer en campagne. L'ouverture s'en fit sur la côte de l'Hellespont. Lysimaque passa le détroit avec une bonne armée, et, de gré ou de force, soumit la Phrygie, la Lydie, la Lycaonie, et la plupart des pays qui étaient entre la Propontide et la rivière du Méandre.

Dès qu'Antigone eut appris cette fâcheuse nouvelle, il se mit en marche, mena ses troupes droit à l'ennemi, et reprit en passant plusieurs places qui s'étaient révoltées. Lysimaque jugea à propos de se tenir sur la défensive, en attendant le secours qui lui venait de Séleucus et de Ptolémée. Ainsi le reste de l'année se passa sans action, et chacun se retira dans ses quartiers d'hiver. Au commencement du printemps de l'année suivante, Séleucus forma son armée à Babylone, et la mena en Cappadoce, pour agir contre Antigone. Celui-ci manda aussitôt Démétrius, qui quitta promptement la Grèce, vint à Ephèse, et reprit cette ville et plusieurs autres qui s'étaient déclarées pour Lysimaque à son arrivée en Asie. Ptolémée profita en Syrie, de l'absence d'Antigone. Il recouvra la Syrie, la Judée et la Célé-Syrie. Ici finit l'histoire de Diodore de Sicile.

L'armée des confédérés, commandée par Séleucus, et par Lysimaque, et celle d'Anti-

An. M. 3702.
Av. J. C. 302.
Diod. l. 20.
p. 830. 836.
Plut. in De-
metr. p. 899.
Justin. l. 15.
c. 14.

Plut. in De-
metr. p. 902

gone et de Démétrius, arrivèrent presque en même temps dans la Phrygie. Elles ne furent pas long-temps en présence sans en venir aux mains. Le combat se donna près d'une ville de Phrygie nommée Ipsus. Dès qu'on eut donné le signal, Démétrius, à la tête de sa meilleure cavalerie, fondit sur Antiochus, fils de Séleucus, et combattit avec tant de valeur, qu'il rompit les ennemis, et les mit en fuite; mais, par un désir téméraire et aveugle de gloire, dont les généraux ne peuvent trop se défier, et qui a été funeste à plusieurs, Démétrius s'étant mis à poursuivre les fuyards trop chaudement, et sans songer au reste de l'armée, se laissa ravir la victoire qu'il tenait déjà dans ses mains, s'il avait su profiter de son avantage. Car, lorsqu'il revint de cette poursuite, il ne trouva plus de passage pour rejoindre son infanterie; les éléphans des ennemis ayant rempli tout l'espace qui était entre deux. Alors Séleucus, voyant les gens de pied d'Antigone dégarnis de leur cavalerie, fit mine de vouloir les attaquer, tantôt d'un côté, tantôt d'un autre, pour les effrayer, et leur donner le temps de quitter le parti d'Antigone, et de passer dans le sien, et c'est en effet le parti qu'ils prirent. La plus grande partie de cette infanterie se détacha, et vint se rendre volontairement à lui; le reste fut mis en fuite. Dans ce moment, un gros des troupes de l'armée de Séleucus se détacha par son ordre, et alla tomber avec fureur contre Antigone, qui soutint quelque temps leur effort. Mais enfin, accablé de traits et percé de coups, il tomba mort par terre, s'é-

Bataille d'Ipsus.
An. M. 3703.
Av. J. C. 301.

Antigone est tué, et Démétrius mis en fuite.

tant défendu courageusement jusqu'au dernier soupir. Démétrius voyant son père mort, rassembla ce qu'il put de troupes, et se retira à Ephèse, avec cinq mille hommes d'infanterie, et quatre mille de cavalerie. Le grand Pyrrhus, tout jeune encore pour lors, accompagna Démétrius, renversa tout ce qui se présenta devant lui, et fit voir dans cette première action, qui lui servit comme d'apprentissage, ce qu'on devait un jour attendre de son courage et de sa bravoure.

Plut in Pyrrh.p.334.

Après la bataille d'Ipsus, les quatre princes ligués partagèrent les Etats d'Antigone, en les ajoutant à ceux qu'ils possédaient déjà, et ce fut par ce partage que l'empire d'Alexandre fut divisé en quatre royaumes fixes.

Plut. in Demetr. p. 902. Appian. in Syr. p. 122. 123. Polyb. l. 15. p. 572.

Ptolémée eut l'Egypte, la Libye, l'Arabie, la Célé-Syrie et la Palestine; Cassandre eut la Macédoine et la Grèce; Lysimaque, la Thrace et quelques autres provinces par delà l'Hellespont et le Bosphore; Séleucus, tout le reste de l'Asie jusqu'au delà de l'Euphrate, et jusqu'au fleuve Indus. Ces quatre rois, sont les quatre cornes du bouc de la prophétie de Daniel, qui vinrent à la place de la première corne rompue. Cette première corne était Alexandre, roi de Grèce, qui détruisit l'empire des Mèdes et des Perses, désigné par le belier à deux cornes; et les quatre autres cornes sont ces quatre rois, qui s'élevèrent après lui, et partagèrent son empire. Ils n'étaient point de sa postérité: *Et non in posteros ejus.*

Dan. c. 2. 5. 21.

LIVRE DIX-SEPTIÈME.

L'ARRANGEMENT des matières, l'ordre et la netteté qu'un écrivain doit répandre partout, autant que cela dépend de lui, demandent qu'on traite séparément ce qui regarde chacun de ces royaumes en particulier ; sans quoi, il serait difficile d'éviter la confusion, et les répétitions toujours dégoûtantes et ennuyeuses. Pour ne pas tomber dans ces inconvéniens, j'écrirai de suite, et séparément, l'histoire de chacun de ces empires. Je commence par celui d'Egypte, dont je conduirai l'histoire jusqu'à Cléopâtre, où ce royaume fut réduit en province de l'empire romain.

Table chronologique des rois d'Egypte depuis la mort d'Alexandre-le-Grand.

AN. M.		AV. J. C.
3704	PTOLÉMÉE SOTER.	300
3719	PTOLÉMÉE PHILADELPHE.	285
3758	PTOLÉMÉE EVERGÈTE.	246
3783	PTOLÉMÉE PHILOPATOR.	221
3800	PTOLÉMÉE EPIPHANE.	204
3824	PTOLÉMÉE PHILOMÉTOR.	180
3859	PTOLÉMÉE PHYSCON.	145
3887	PTOLÉMÉE LATYRE.	117
3897	ALEXANDRE I, frère de LATYRE.	107
3923	ALEXANDRE II, fils d'ALEXANDRE I.	81
3939	PTOLÉMÉE AULÈTE.	65
3946	BÉRÉNICE, fille aînée d'AULÈTE, règne pendant quelque temps à la place de son père, après lequel ce prince est rétabli.	58
3953	PTOLÉMÉE, son fils aîné, lui succède conjointement avec CLÉOPATRE.	51
3961	CLÉOPATRE règne seule.	43

CHAPITRE PREMIER.

LE royaume d'Egypte eut depuis Alexandre-le-Grand, quatorze rois, en y comprenant la reine Cléopâtre. Tous ces rois s'appelèrent Ptolémée, d'un nom commun; mais
on les distingua tous par des surnoms particuliers. On les appela aussi *Lagides* du nom
de Lagus, père de Ptolémée, qui régna le
premier en Egypte.

ARTICLE PREMIER.

Ptolémée Soter fait la conquête de l'île de Cypre.

DANS le temps que Démétrius était occupé
à se soumettre la Grèce, et qu'il se battait
avec les Lacédémoniens, il reçut coup sur
coup deux nouvelles très-fâcheuses. La première était, que Lysimaque venait de lui enlever tout ce qu'il avait en Asie ; et l'autre,
que Ptoltémée avait fait une descente en Cypre, et pris toute l'île, excepté Salamine, où
sa mère et sa femme s'étaient retirées avec
ses enfans, et qu'il assiégeait cette place avec
vigueur. Démétrius laissa tout pour courir à
leur secours. Peu de temps après, il apprit
que la ville s'était rendue. Ptolémée eut la
générosité de relâcher la mère, la femme, les
enfans de son ennemi sans rançon, et de les
lui renvoyer avec toutes les personnes, l'équipage et les effets qui lui appartenaient. Il
leur fit même, en partant, des présens magnifiques, qu'il accompagna de toutes sortes
d'honneurs.

An. M. 3708.
Av. J.C. 296.

G 5

An. M. 3719.
Av. J.C. 285.
Justin. l. 16.

Ptolémée Soter, après avoir régné vingt ans en Egypte avec le titre de roi, et près de trente-neuf depuis la mort d'Alexandre, songea à mettre sur le trône Ptolémée son fils, surnommé Philadelphe. Il avait encore plusieurs enfans, entre autres Ptolémée, surnommé *Céraunus*, ou le foudre, qui étant fils d'Eurydice, fille d'Antipater, et l'aîné de tous, regardait la couronne comme lui appartenant de droit, après la mort de son père. Mais Bérénice, mère de Philadelphe, avait si bien charmé Ptolémée son mari, et pris un tel ascendant sur son esprit, qu'elle lui fit préférer son fils à tous les enfans des autres reines. Pour prévenir donc toutes les brouilleries, et les guerres qui auraient pu arriver après sa mort, qu'il prévoyait bien n'être pas éloignée, à l'âge de quatre-vingts ans qu'il avait, il résolut de le faire couronner pendant sa vie, et de lui abandonner tous ses Etats, disant qu'il était plus glorieux de faire un roi, que de l'être soi-même. La cérémonie du couronnement de Philadelphe fut accompagnée d'une fête la plus magnifique qu'on eût encore vue.

Le Phare.
Plin. l. 36.
c. 12.
Strab. l. 17.
p. 791.
Suid. in Papo.

La première année du règne de Philadelphe, qui fut la première de la CXXIVe Olympiade, la fameuse tour du fanal de l'île de Pharos fut achevée. On l'appelait communément la tour de Pharos, et elle a passé pour une des sept merveilles du monde. C'était un grand bâtiment carré, de marbre blanc, au haut duquel on entretenait continuellement du feu, pour servir de guide aux vaisseaux. Elle coûta huit cents talens à bâtir.

Ptolémée Soter avait cultivé les belles-lettres, comme cela paraît par la vie d'Alexandre qu'il avait composée, et qui était fort estimée des anciens, mais que nous n'avons plus. Pour faire fleurir les sciences, il fonda à Alexandrie une espèce d'académie, à laquelle on donnait le nom de Muséon, où une société de savans travaillait à des recherches de philosophie, et à perfectionner toutes les autres sciences à peu près comme celle de Paris et de Londres. Pour cet effet, il commença par leur donner une bibliothèque, qui s'augmenta prodigieusement sous ses successeurs. Son fils Philadelphe, en mourant, la laissa composée de cent mille volumes. Les princes de cette race qui le suivirent, l'augmentèrent encore ; de sorte qu'enfin, il s'y trouva sept cent mille volumes.

Dans la guerre qu'eut César avec ceux d'Alexandrie, un incendie qui en fut l'effet, consuma la bibliothèque du Muséon, avec quatre cent mille volumes qu'elle contenait. Celle qui était dans le Sérapion, temple dédié au dieu Sérapis, ne souffrit aucun dommage ; et ce fut là apparemment que Cléopâtre mit les deux cent mille volumes de celle de Pergame, dont Marc-Antoine lui fit présent. Cette addition, avec les autres qui s'y firent de temps en temps, rendit la nouvelle bibliothèque d'Alexandrie plus nombreuse et plus considérable que la première ; et quoique pillée plus d'une fois pendant les troubles et les révolutions qui arrivèrent dans l'empire romain, elle se remettait toujours de ses pertes, et recouvrait son nombre de volumes.

Plut. in Alexand. p. 691.
Quint. Curt. l. 9. c. 8.

Bibliothèque d'Alexandrie

Plut in Cæs. p. 732 in Ant. p. 943.

Amm. Marcel. l. 22. c. 16.
Dion. Cass. 42. l. p. 202.

Elle a ainsi subsisté pendant un fort long temps, ouvrant ses trésors aux savans et aux curieux, jusqu'au septième siècle, qu'elle eut enfin le même sort que la première, et qu'elle fut brûlée par les Sarrasins, quand ils prirent la ville, l'an de grâce 642. La manière dont la chose arriva est trop singulière pour ne pas la mettre ici.

Jean, surnommé le Grammairien, fameux sectateur d'Aristote, se trouva dans Alexandrie quand elle fut prise. Comme il était fort bien dans l'esprit d'*Amri Ebnot As*, général de l'armée des Sarrasins, qui estimait beaucoup son savoir, il demanda à ce général la bibliothèque d'Alexandrie. Amri lui répondit que cela ne dépendait pas de lui; mais qu'il en écrirait au calife, c'est-à-dire, à l'empereur des Sarrasins, pour avoir ses ordres, sans lesquels il n'osait en disposer. Il écrivit effectivement à Omar, calife d'alors, dont la réponse fut : que si ces livres contenaient la même doctrine que l'Alcoran, ils n'étaient d'aucun usage, parce que l'Alcoran était suffisant, et contenait toutes les vérités nécessaires; mais que s'ils contenaient des choses contraires à l'Alcoran, il ne fallait pas les souffrir. En conséquence, il lui ordonnait, sans autre examen, de les brûler tous. On les donna aux bains publics, où ils servirent pendant six mois à les chauffer au lieu de bois. Ainsi périt ce trésor inestimable de science.

Mort de Ptolémée Soter.
An. M. 3721.
Av. J. C. 283. Vers la fin de l'année où nous sommes, mourut Ptolémée Soter en Egypte, la seconde année après qu'il eut appelé son fils à l'em-

pire, à l'âge de quatre-vingt-deux ans. Il fut le plus habile et le plus honnête homme de sa race, et laissa des exemples de prudence, de justice et de clémence, qu'aucun de ses successeurs ne se mit en peine d'imiter. Il conserva sur le trône l'amour de la simplicité et l'éloignement du faste, qu'il y avait portés. Il était accessible à ses sujets jusqu'à la familiarité, mangeait souvent chez eux ; et quand il donnait lui-même à manger, il ne rougissait point d'emprunter des plus riches leur vaisselle, parce qu'il en avait fort peu à lui, et uniquement ce qu'il lui en fallait pour son usage ordinaire. Et quand on lui représentait que la royauté semblait demander plus d'opulence, il répondait que la véritable grandeur d'un roi n'était pas d'être riche lui-même, mais d'enrichir les autres.

Son éloge.
Plutarc in Apopht. pag. 181.

Ptolémée Philadelphe, après la mort de son père, demeura seul maître de tous ses Etats. Tant que Soter vécut, il dissimula son ressentiment contre Démétrius de Phalère, qui avait conseillé à son père, lorsqu'il délibérait sur le choix d'un successeur, de suivre l'ordre prescrit par la nature, et de se déclarer pour l'aîné de ses enfans. Ce conseil si sage, mais qui excluait du trône Philadelphe, aigrit extrêmement ce prince contre Démétrius. De sorte que, dès qu'il se vit seul maître, il le fit arrêter, et l'envoya bien gardé dans un fort écarté, où il ordonna qu'on le retînt jusqu'à ce qu'il eût résolu ce qu'il en ferait. Une piqûre d'aspic mit fin à la vie de ce grand homme, qui méritait un meilleur sort.

Commencement du règne de Philadelphe.

Mort de Démétrius de Phalère.

Son éloge. Le témoignage favorable que lui rendent Cicéron, Strabon, Plutarque, Diodore de Sicile et plusieurs autres, ne laisse aucun lieu de douter, ni de sa probité, ni de la sagesse de son gouvernement. Le renversement de ce prodigieux nombre de statues (1) qu'Athènes avait élevées à sa gloire, ne détruisit point sa réputation, ni la vertu qui les lui avait méritées ; mais il prouve seulement qu'Athènes était ingrate, et incapable de pouvoir soutenir aucun vrai mérite, sans jalousie, sans envie et sans le persécuter. Ptolémée Soter reçut à bras ouverts cet illustre exilé, le combla d'honneurs, et le fit son confident. Ce fut par son conseil que ce prince amassa cette fameuse bibliothèque dont nous avons parlé. Démétrius de Phalère s'était beaucoup exercé à l'éloquence. Il excellait dans le genre qu'on appelle tempéré et orné. Son style, d'ailleurs tranquille et pur, était ennobli et décoré par des métaphores brillantes et hardies, qui relevaient le fond de son discours. On lui reproche d'avoir le premier donné atteinte à cette éloquence mâle, solide et majestueuse, qui avait régné jusqu'alors à Athènes, et d'en avoir substitué une, s'il est permis de m'exprimer ainsi, tendre et doucereuse, qui amollit les esprits, et qui rendit enfin le mauvais goût dominant.

An. M. 3727.
Av. J. C. 277.
Philadelphe
enrichit sa
Bibliothèque Le tumulte des guerres, que la diversité d'intérêts excitait entre les successeurs d'Alexandre, dans toute l'étendue de leur domination, n'empêchait point Ptolémée Philadelphe de donner tous ses soins à la belle

(1) Ce nombre égalait celui des jours de l'année.

bibliothèque qu'il formait à Alexandrie, et
où il faisait ramasser, de tous les endroits
du monde, les livres les plus rares et les plus
curieux. Ayant appris que les Juifs en avaient
un qui contenait les lois de Moïse, et l'histoire de ce peuple, il forma le dessein de le
faire traduire de l'hébreu en grec, pour enrichir sa bibliothèque. Afin d'engager le grand- Eleazar.
prêtre des Juifs à lui donner une copie, ou
une traduction fidèle de leur loi, il publia
une ordonnance, pour affranchir tous les
Juifs esclaves dans ses Etats, avec leurs femmes et leurs enfans. Le nombre se trouva
monter à six vingt mille.

Après un préambule si avantageux, Ptolémée n'eut pas de peine à obtenir du grand-
sacrificateur ce qu'il lui demandait. Ses ambassadeurs retournèrent à Alexandrie, avec
une bonne copie de la loi de Moïse, écrite
en lettres d'or, que le souverain sacrificateur
leur donna, et six anciens de chaque tribu,
c'est-à-dire, en tout, soixante et douze personnes pour la traduire en grec. Le roi voulut Version des
voir ces députés, et il les combla de présens septante.
et de marques d'amitié. Ils furent ensuite
conduits dans l'île de Pharos, et logés dans
une maison qui leur avait été préparée, où
on leur fournissait en abondance tout ce qui
leur était nécessaire. Ils se mirent au travail
sans perdre de temps, et l'ouvrage fut ache-
vé en soixante et douze jours. C'est ce qu'on
appelle la version des septante. Le tout fut lu
et approuvé en présence du roi, qui admira
surtout la profonde sagesse des lois de Moïse,
et renvoya les soixante et douze députés avec

des présens d'une magnificence extraordinaire, pour eux, pour le grand-prêtre, et pour le temple.

Ambassade de Philadelphe aux Romains, et des Romains à Philadelphe. An. M. 3730. Av. J. C. 274. Liv. Epist l. 4. La réputation des Romains commençant à faire du bruit parmi les nations étrangères, par la guerre qu'ils avaient soutenue contre Pyrrhus, Ptolémée Philadelphe envoya des ambassadeurs à Rome pour leur demander leur amitié. Les Romains furent charmés de se voir recherchés par un si grand roi. Pour répondre à ces honnêtetés, l'année suivante ils envoyèrent aussi une ambassade en Egypte. Les ambassadeurs romains y firent voir un désintéressement, qui marquait bien leur grandeur d'ame. Ptolémée, dans un régal qu'il leur donna, fit présent à chacun d'eux d'une couronne d'or : ils la reçurent pour ne le pas désobliger en refusant l'honneur qu'il leur faisait ; mais, le lendemain matin, ils allèrent mettre ces couronnes sur la tête des statues du roi qui étaient dans les places publiques de la ville. A leur audience de congé, le roi leur ayant fait des présens considérables, ils les reçurent comme ils avaient fait des couronnes ; mais dès qu'ils furent arrivés à Rome, avant que d'aller au sénat rendre compte de leur ambassade, ils les mirent tous dans le trésor public, et, par ces deux belles actions, ils firent voir qu'en servant le public, les gens de bien ne doivent se proposer d'autre avantage pour eux-mêmes, que l'honneur de se bien acquitter de leur devoir. La république ne se laissa pas vaincre ici en noblesse de sentimens. Le sénat et le peuple voulurent qu'on donnât aux ambassadeurs, pour les services qu'ils avaient rendus à l'Etat, une somme équivalente à ce qu'ils avaient remis dans le trésor public. Voilà un beau combat de gloire et de générosité, où l'on ne sait à quel parti attribuer la victoire. On voit ici, dit un historien, trois modèles : de libéralité dans Ptolémée, de désintéressement dans les ambassadeurs, d'équité dans le peuple romain.

Val. Max.

Une révolte, suscitée en Egypte par Magas, frère de la mère de Philadelphe, donna beaucoup d'occupation à ce prince ; mais il la dissipa par ses soins et sa diligence à y porter un prompt remède, et elle n'eut aucune mauvaise suite. Magas, roi de Cyrène et de Libye, qu'il avait usurpées sur son frère, fit faire des ouvertures d'accommodement à Ptolémée, et lui fit proposer le mariage de Bérénice, sa fille unique, avec le fils aîné de Ptolémée, et de lui donner tous ses Etats pour dot. La négociation réussit, et la paix se fit à ces conditions.

An. M. 3745.
Av. J.C. 265.
Pausan. in Att. p. 12 *et* 13.

Ptolémée ayant à cœur d'enrichir son royaume, imagina un moyen d'y attirer tout le commerce de l'Orient, qui se faisait par mer, et dont les tyrans avaient été en possession jusque là. Pour attirer ce commerce dans son royaume, il fit bâtir une ville sur le côté occidental de la mer Rouge, qu'il nomma Bérénice, du nom de sa mère ; et, pour faciliter le transport des marchandises, il fit construire un canal qui aboutissait au Nil, sur lequel elles descendaient à Alexandrie. Et, pour protéger le commerce en même temps qu'il le facilitait, il équipa deux

An. M. 3759.
Av. J.C. 259.

Canal de communication auxdeux mers.
Theocrit. ibid. 17.
*Athen. l.*5.
p. 203.

puissantes flottes, l'une dans la mer Rouge, et l'autre dans la mer Méditerranée. Avec des forces si formidables, non-seulement il mit à couvert de toute insulte ceux qui faisaient le trafic, mais il tint aussi, tant qu'il vécut, dans une entière sujétion, la plupart des provinces maritimes de l'Asie mineure, comme la Cilicie, la Pamphylie, la Lycie et la Carie jusqu'aux Cyclades.

Vers ce temps-là, Antiochus, roi de Syrie, déclara la guerre à Ptolémée. Cette guerre fut de longue durée, fort violente, et eut des suites très-funestes pour Antiochus. Dans le temps qu'il était occupé à cette guerre d'Egypte, toutes les provinces orientales de son empire se révoltèrent et secouèrent le joug; de sorte que ce prince perdit tout ce qu'il possédait au delà du Tigre, sans faire aucun progrès dans l'Egypte. Ces pertes le firent songer à se débarrasser de la guerre qu'il avait avec Ptolémée, et la paix se fit entre eux. Ptolémée, accablé d'infirmités et de chagrins, que lui causait la perte qu'il venait de faire d'une de ses femmes, qu'il aimait jusqu'à l'adoration, mourut dans la 63ᵉ année de son âge, après un règne de trente-huit ans. Il eut pour successeur son fils Ptolémée, surnommé Evergète, qu'il avait eu de sa première femme Arsinoé, fille de Lysimaque. Le second de ses deux fils porta le nom de son aïeul maternel Lysimaque, et son frère le fit mourir pour rébellion. Sa fille Bérénice fut mariée à Antiochus Théus, roi de Syrie.

Quoique Ptolémée Philadelphe ait eu de grandes qualités, on ne peut pas néanmoins

ie proposer comme le modèle parfait d'un
bon roi, parce qu'elles étaient contrebalan-
cées par des défauts non moins considérables.
Il déshonora le commencement de son règne, par le ressentiment qu'il fit paraître
contre un homme d'un rare mérite (c'était Démétrius de Phalère), parce qu'il avait donné
à son père un conseil contraire à ses intérêts,
mais conforme à l'équité et au droit naturel.
Le luxe et l'amour des plaisirs, suites presque naturelles de l'abondance, amollirent extrêmement son courage. Il est vrai qu'il se
distingua beaucoup par son amour pour les
arts, les sciences et les savans. Nous avons
vu jusques où il porta l'amour et le goût des
livres, n'épargnant aucune dépense pour augmenter et enrichir la bibliothèque que son
père avait commencée, qui leur a fait à l'un
et à l'autre autant d'honneur que toutes les
conquêtes qu'ils ont pu faire. Pour perpétuer
dans ses Etats le goût qu'il avait pour les
sciences, il y établit des écoles publiques et
des académies, qui s'y sont conservées long-
temps avec une grande réputation. Il aimait
à s'entretenir avec les savans ; et, comme
tout ce qu'il y avait d'hommes habiles en tout
genre s'empressaient de lui faire leur cour,
il tirait de chacun d'eux, s'il est permis de
s'exprimer ainsi, comme la quintessence et
la fleur des sciences dans lesquelles ils excel-
laient. On peut regarder comme le fruit de
ces entretiens, tout ce qu'il fit dans la longue durée de son règne, pour faire fleurir le
commerce dans ses Etats ; et jamais prince
n'y a mieux réussi que lui.

ARTICLE II.

Ptolémée Evergète venge la mort de Béré- nice sa sœur, et de son neveu.

An. M. 3758.
Av. J.C. 246.
Justin l. 27.
c. 1.
Hieron. in
Daniel.
Plin. l. 7.
c. 11
Val. Max.
l. 9. c. 14.

A peine Evergète était-il monté sur le trô- ne, qu'il se trouva comme forcé de lever une forte armée, pour venger la mort de sa sœur Bérénice, reine de Syrie, et de son fils, que Laodice sa rivale avait fait égorger, après avoir empoisonné Théus son mari. Quand ce prince vit que tous ses efforts pour sauver la reine sa sœur et son fils étaient inutiles, il ne songea plus qu'à tirer vengeance de leur mort d'une manière éclatante. Il joignit ses troupes à celles d'Asie, qui étaient venues également au secours de la princesse. Pto- lémée, qui commandait ses troupes, fit tout ce qu'il voulut pour satisfaire sa juste indi-

Ses con- quêtes.

gnation. Non-seulement il fit mourir Laodi- ce, mais il se rendit maître de toute la Syrie et de la Cilicie, ensuite il passa l'Euphrate, et soumit tout jusqu'à Babylone et au Tigre.

Après cette expédition, ce prince retourna en Egypte. Il remporta jusqu'à quarante mille talens et une quantité prodigieuse de vases d'or et d'argent, et des statues jusqu'au nom- bre de deux mille cinq cents, dont une par- tie était les idoles d'Egypte, que Cambyse, quand il en eut fait la conquête, avait em- portées en Perse. Ptolémée gagna le cœur de ses sujets, en rendant ces idoles à leurs an- ciens temples, à son retour de cette expé- dition. Cela lui valut le surnom d'Evergète, qui veut dire bienfaiteur; titre qui caracté- rise véritablement les rois, dont la solide grandeur consiste à pouvoir et à vouloir faire du bien à leurs sujets. En revenant de cette expédition, Evergète passa par Jérusalem, et y offrit au Dieu d'Israël un grand nombre de sacrifices, pour lui faire hommage des victoires qu'il avait remportées sur le roi de Syrie, et lui donna par là visiblement la préférence sur les Dieux d'Egypte.*Joseph. contr. App. l. 3.*

Cependant Séleucus, roi de Syrie, que la crainte des troubles domestiques avait retenu dans ses Etats, voyant Ptolémée de retour en Egypte, se mit en campagne pour reprendre sur ce prince ce qu'il lui avait enlevé. Son armée fut battue par Ptolémée; il perdit plus de la moitié de ses troupes, et se sauva lui-même à Antioche avec très-peu de monde. Peu de temps après, Ptolémée s'accommoda avec Séleucus, lui accorda la paix, et il y eut une trève conclue pour dix ans. Ce prince, profitant des douceurs de la paix, s'appliquait à cultiver les sciences dans son royaume, et à augmenter la bibliothèque de ses pères, de toutes sortes de livres. Il mourut après un règne de vingt-cinq ans. C'est le dernier de cette race qui ait eu de la modération et quelque vertu. Presque tous ceux qui vinrent après lui, furent des monstres de débauche et de scélératesse. Ptolémée son fils, surnommé Philopator, lui succéda.An. M. 3783.
Av. J C. 221.
Mort de Ptolémée Evergète.

Dès que ce prince fut assis sur le trône à la place de son père, auquel il venait de succéder, il eut à soutenir une guerre de la part d'Antiochus, roi de Syrie, qui voulait recouvrer la Célé-Syrie sur l'Egyptien. Mais ce prince trouva les passages pour entrer dansGuerre entre Philopator et Antiochus.
Polyb. l. 5. p. 402.

cette province, si bien fortifiés et si bien dé-
fendus par Théodote étolien, à qui Ptolémée
avait confié le gouvernement de cette province, qu'il fut obligé de retourner sur ses
pas sans pouvoir passer outre. La nouvelle
qu'il reçut de la défaite de ses troupes dans
l'Orient, hâta encore sans doute sa retraite,
et lui fit remettre son entreprise sur la Célé-
Syrie à un autre temps, pour pouvoir marcher promptement contre les provinces révoltées de l'Orient. Et ce ne fut, en effet,
que dix ans après, qu'il recommença tout de
nouveau cette guerre, et qu'il se mit en état
de la pousser avec vigueur. Il ouvrit la campagne par le siége de Séleucie ; il l'investit,
la prit d'assaut, et en chassa tous les Egyptiens. Ensuite il marcha en diligence dans la
Célé-Syrie, dont Théodote l'étolien, qui en
était le gouverneur pour Ptolémée, lui pro-
mettait de le mettre en possession. Ce Théodote est le même qui, dix ans auparavant,
avait défendu si courageusement l'entrée de
cette province contre Antiochus, avait repoussé ce prince avec tant de vigueur, et
l'avait obligé de se retirer et d'abandonner son
entreprise. Le gouverneur, qui était un excellent officier, se détermina à cette trahison, pour se venger d'un affront qu'il avait
injustement reçu de la part de la cour. Antiochus trouva dans les villes de Tyr et de
Ptolémaïde les magasins que Ptolémée y avait
mis pour le service de son armée, et une
flotte de quarante voiles. Antiochus, pous-
sant ses conquêtes, emporta plusieurs autres
villes par force ; d'autres se soumirent volon-

tairement. Enfin il se rendit maître de Damas, capitale de la province, et, par là, de presque tout le pays. Il finit cette campagne par le siége de Dora. Cette place se trouva si forte, et fut si bien défendue, qu'il lui fut impossible de la prendre. Il fut même obligé d'accepter une trève de quatre mois avec Ptolémée.

Trève entre les deux puissances.
Polyb. l. 5. p. 409 415.

Pendant cette trève, on travailla à un traité entre les deux couronnes; mais les deux partis ne cherchaient qu'à gagner du temps, pour se mettre en état de recommencer la guerre avec de plus grandes forces. Comme on ne convint de rien, on revint en effet à la voie des armes. Ptolémée donna le commandement des troupes de terre à Nicolas étolien, et celui de sa flotte à Périgène. Antiochus, cependant, ne demeurait pas dans l'inaction. Il disposait toutes choses par terre et par mer, pour une attaque vigoureuse. Il donna le commandement de sa flotte à Diogénète son amiral, et se mit lui-même à la tête de son armée de terre. Antiochus ayant rencontré Nicolas, qui gardait le passage du mont Liban, le battit et le força de se retirer avec perte de quatre mille hommes. Pendant qu'Antiochus attaquait Nicolas par terre, les flottes commencèrent à se battre. Sur mer, les choses furent assez égales; mais, sur terre, Antiochus eut l'avantage. Ce prince, profitant de sa victoire, soumit la Galilée et le pays de Galaad. Après cette expédition, il ramena ses troupes à Ptolémaïde, où il leur donna des quartiers d'hiver.

An M. 3786.
Av. J.C. 218.

Au printemps, on se mit en campagne

Bataille de
Raphia.
An. M. 3787.
Av. J. C 217
Polyb. l 5.
p 428.

Ptolémée se mit à la tête de ses troupes, les conduisit au travers des déserts, et vint camper à Raphia entre Rhinocorura et Gaza. Ce fut là que les armées ennemies se rencontrèrent. Les deux rois, résolus de décider leur querelle, rangèrent leurs armées en bataille (1). L'issue du combat fut qu'Antiochus, à la tête de son aile droite, défit l'aile gauche des ennemis. Mais, pendant que, par une ardeur inconsidérée, il s'échauffait à la poursuite des fuyards, Plolémée, qui avait eu le même succès à l'autre aile, chargea en flanc le centre d'Antiochus, et le rompit avant que ce prince pût revenir à son secours. Il fut donc obligé de se retirer, après avoir eu, dans cette bataille, dix mille hommes de tués, et quatre mille faits prisonniers. Se voyant par là hors d'état de tenir la campagne contre Ptolémée, il abandonna toutes ses conquêtes à son ennemi, et ramena à Antioche ce qu'il put ramasser des débris de son armée.

Polyb. l. 5.
p. 428.
Just l. 30.
c. 1.

Dès qu'il y fut arrivé, il envoya des ambassadeurs à Ptolémée pour lui demander la paix, offrant de céder la Célé-Syrie et la Palestine, qui faisaient leur différent. Ptolémée la lui accorda de bonne grâce, et la paix fut conclue à ces conditions.

Quelque temps après, les Romains envoyèrent des députés vers Ptolémée et Cléopâtre sa femme, qui s'appelait aussi Arsinoé et Eurydice, pour renouveler avec l'Egypte leur ancienne amitié et leur ancienne alliance.

(1) Cette bataille concourt avec celle qu'Annibal gagna sur le lac de Thrasimène contre le consul Flaminius.

Ils

Ils portèrent pour présent, au roi, une robe et une tunique de pourpre, avec une chaise d'ivoire, et à la reine une robe brodée, et une écharpe de pourpre. De tels présens nous marquent l'heureuse simplicité qui régnait alors chez les Romains.

Philopator, depuis la célèbre victoire qu'il remporta à Raphia sur Antiochus, s'était livré à toutes sortes de plaisirs et de débauches. En effet, il ne se peut rien imaginer de plus débauché et de plus abominable que la vie de Philopator pendant tout son règne. On croit qu'il avait empoisonné son père, et c'est ce qui lui fit donner le surnom de Philopator (1), par antiphrase. Il fit mourir ouvertement sa mère Bérénice et son frère unique Magas. Il se défit aussi de sa femme, qui était sa sœur. Enfin, ce prince usa si fort, par ses intempérances, un corps vigoureux et robuste, qu'il mourut, comme cela arrive à la plupart de ceux qui s'abandonnent aux plaisirs, avant d'être arrivé au milieu de sa course; il n'avait guère que vingt ans quand il monta sur le trône, et il ne l'occupa que dix-sept. Son fils Ptolémée Epiphane lui succéda à l'âge de cinq ans.

Nous venons de voir comment Ptolémée Philopator, usé de débauches et d'excès, avait fini sa vie après un règne de dix-sept ans. Antiochus, roi de Syrie, et Philippe, roi de Macédoine, pendant la vie de ce prince, avaient paru fort attachés à ses intérêts, et toujours prêts à lui donner du secours. A peine fut-il mort, laissant après lui un jeu-

Epiphane succède à son père.
An. M. 3800.
Av. J. C. 205.
Justin. l. 30.
c. 2.
Polyb. l 13.
p. 712. 720.

(1) Amateur de son père.

ne enfant. que les lois de l'humanité et de
la justice les obligeaient de ne point troubler
dans la possession du royaume de son père.
qu'ils font entre eux une ligue, et qu'ils s'a-
niment l'un l'autre à partager cette succession, et à se défaire du légitime héritier. Ces
princes, dit Polybe, se conduisirent, dans
cette démarche., d'une manière si ouvertement injuste et violente, qu'on leur appliqua ce qu'on dit ordinairement des poissons:
qu'entre ces animaux, quoique de même espèce, les petits sont la proie des gros.

La cour d'Egypte, dans le danger où la
mettait l'union de Philippe et d'Antiochus
contre son roi pupille, avait eu recours aux
Romains, pour implorer leur protection, et
leur offrir la tutelle du roi et la régence de
ses Etats pendant sa minorité ; assurant que
le feu roi l'avait ainsi recommandé à sa mort.
Les Romains, qui avaient intérêt d'empêcher
que ces deux princes ne se fortifiassent par
l'augmentation de tant de riches provinces
qui composaient l'empire d'Egypte, n'hési-
tèrent point d'accepter la tutelle; et, en conséquence; ils nommèrent trois députés, qui
furent chargés de notifier aux deux rois confédérés qu'ils eussent à cesser d'inquiéter les
Etats de leur pupille ; qu'autrement, ils seraient obligés de leur faire la guerre. Il n'y
a personne qui ne sente que c'est faire un
digne usage de sa puissance. que de se déclarer si généreusement pour un roi, et pour
un pupille opprimé. Les députés, après avoir
notifié aux deux puissances liguées les ordres
du sénat, passèrent en Egypte, y prirent pos-

Le jeune roi est mis sous la tutelle des Romains.
An. M. 3803.
Av. J C. 201.
Justin. l. 30. c. 2.
Val Max. l. 6. c. 6.
Liv. 31. n. 14. 18.

session de la tutelle de Ptolémée au nom des Romains, et y mirent ordre aux affaires. Ils confièrent la garde et l'éducation du jeune prince à Aristomène, arcanien de nation, et l'établirent pour premier ministre. Cet Aristomène avait vieilli dans la cour d'Egypte, et il s'acquitta avec beaucoup de prudence et de fidélité de l'emploi qui lui fut confié.

Pendant son ministère, il se forma une conspiration contre la vie du jeune prince. Scopas en était l'auteur. Cet officier se voyant à la tête des troupes étrangères, dont la plupart étaient étoliennes aussi-bien que lui, crut qu'avec un corps si formidable il lui serait facile, pendant la minorité du roi, d'usurper la couronne. Son plan était déjà formé ; et s'il n'eût pas laissé échapper l'occasion, en s'amusant à consulter et à délibérer avec ses amis, au lieu d'agir, il y aurait certainement réussi. Aristomène, informé du complot, le fit arrêter. Le conseil l'examina; il fut convaincu et exécuté avec tous ses complices.

Quand on eut puni les auteurs de la conjuration, et qu'on l'eut entièrement assoupie, le roi fut déclaré majeur, quoiqu'il n'eût pas encore atteint l'âge marqué pour cette cérémonie; et il fut mis sur le trône avec beaucoup de pompe et de solennité. Le gouvernement lui fut mis par là entre les mains, et il commença à prendre connaissance des affaires. Tant qu'Aristomène continua à les conduire sous lui, tout alla fort bien, et Ptolémée s'attirait l'approbation et les applaudissemens de tout le monde; mais depuis qu'il

commença à se dégoûter de cet habile et fi
dèle ministre, et que, peu de temps après, il
l'eut fait mourir, pour se défaire d'un homme dont la vertu l'embarrassait, tout le reste
de son règne ne fut plus qu'un désordre continuel; il ne suivit plus, dans le gouvernement,
d'autres guides que ses passions, et traita ses
sujets avec une cruauté tyrannique.

Conspira-
tion contre
ce prince.
*Polyb. in
Excerpt.
113.*
Les Egyptiens ne pouvant souffrir les violences et les injustices auxquelles ils se trouvaient exposés tous les jours, commencèrent
à cabaler, et à faire des associations contre
le roi qui les opprimait. Pour se tirer de ces
embarras, Epiphane choisit pour premier
ministre Polycrate, homme de cœur et de
tête, qui avait une grande expérience des affaires, tant en paix qu'en guerre. Avec l'aide
de cet habile ministre, il vint à bout des rebelles. Il obligea leurs chefs, qui étaient les
plus grands seigneurs du pays, à capituler,
et à se soumettre à certaines conditions. Mais,
quand il les eut en son pouvoir, il leur manqua de parole ; et après avoir exercé sur eux
plusieurs cruautés, il les fit tous mourir. Cette
lâche perfidie le jeta dans de nouveaux embarras, dont l'habileté de Polycrate le tira
encore.

Ce prince, après avoir soumis les rebelles
au dedans de son royaume, conçut le dessein d'attaquer Séleucus, roi de Syrie. Lorsqu'il commençait à se former un plan de
cette guerre, un de ses principaux officiers
lui demanda où il prendrait de l'argent pour
l'exécuter ; il répondit que ses amis étaient
son argent. Les courtisans conclurent de cette

réponse, que le prince, regardant leur bourse comme le seul fonds qu'il avait pour cette guerre, ils allaient tous être ruinés. Pour prévenir ce malheur, auquel ils étaient plus sensibles qu'à leur devoir, ils firent empoisonner le roi à l'âge de vingt-neuf ans, et terminèrent en même temps son projet et sa vie, après un règne de vingt-quatre ans. Ptolémée Philométor son fils, âgé de six ans, lui succéda. Cléopâtre sa mère fut déclarée régente. Cette princesse s'acquitta de cet emploi avec beaucoup de soin et de prudence; mais étant morte cette année, la régence tomba entre les mains de Lénée, grand seigneur du pays, et l'éducation du prince fut commise à Eulée, eunuque.

Dès que Lénée fut en charge, il fit demander la Célé-Syrie et la Palestine à Antiochus Epiphane. Cette demande fut bientôt une source de guerre qui ne tarda pas à éclater entre les deux rois. Ptolémée Philométor étant entré dans sa quinzième année, fut déclaré majeur. On fit de grands préparatifs à Alexandrie pour la solennité de son couronnement, comme on le pratiquait en Egypte. Antiochus, qui s'était préparé à la guerre dont il se voyait menacé du côté de l'Egypte pour les provinces mentionnées, se trouvant en état de la commencer, résolut de ne la pas attendre dans ses Etats, et de la porter lui-même dans ceux de son ennemi. Il se mit donc à la tête de son armée, et marcha vers la frontière de l'Egypte. L'armée de Ptolémée et la sienne se joignirent entre le mont Casius et Péluse, et l'on en vint à une bataille, où Antiochus remporta la victoire, dont il profita si bien, qu'il mit la frontière en état de servir de barrière, et d'arrêter tous les efforts que pouvait faire l'Egypte pour regagner ces provinces. Ce fut là sa première expédition contre l'Egypte. Ensuite, sans entreprendre autre chose cette année, il retourna à Tyr, et mit son armée en quartier d'hiver dans les places voisines.

Seconde expédition d'Antochus contre l'Egypte.

Antiochus employa tout l'hiver à faire de nouveaux préparatifs de guerre, pour une seconde expédition en Egypte ; et dès que la saison le permit, il l'attaqua par mer et par terre. Il gagna une seconde bataille sur la frontière, prit la ville de Péluse, et entra jusque dans le cœur de l'Egypte. La ville de Memphis se rendit au vainqueur : de sorte qu'il se vit dans peu maître de tout le reste de l'Egypte, à la réserve d'Alexandrie, qui seule tint bon contre lui. Philométor ou fut pris, ou vint se mettre lui - même entre les mains du vainqueur, qui lui laissa la liberté entière. Ils mangeaient à la même table et vivaient en amis.

Evergète.
An. M. 3875.
Av. J. C. 169.
Porphyr. in
Grac. Euseb.
Scalig. Athen.
l. 4 p. 184.
Polyb. in
legat. c 81.

Les Alexandrins voyant Philométor entre les mains d'Antiochus, à qui il laissait disposer, comme il lui plaisait, de son royaume, le regardèrent comme perdu pour eux, et mirent son cadet sur le trône, déclarant l'autre déchu de la couronne. On lui donna, dans cette occasion, le nom de Ptolémée *Evergète II*, qui fut bientôt changé en celui de *Cacergète*, qui veut dire malfaisant. Il eut, dans la suite, le sobriquet (1), qui veut dire

(1) Φύσκων, *Ventricosus.*

gros ventre, parce que ses excès de table l'avaient rendu extrêmement gros et replet.

Antiochus, qui eut avis de ce qui se passait, revint pour une troisième fois en Egypte, sous prétexte de rétablir le roi déposé, mais, en effet, pour se rendre maître absolu du royaume. Il battit les Alexandrins dans un combat naval près de Péluse, entra par terre en Egypte, et marcha droit à Alexandrie, dans le dessein d'en former le siége. Dans cette extrémité, Evergète et Cléopâtre sa sœur, qui étaient dans la place, envoyèrent des ambassadeurs à Rome représenter le triste état où ils étaient réduits, et implorer le secours du peuple romain. Le sénat, touché de leurs remontrances, résolut d'envoyer une ambassade en Egypte pour mettre fin à la guerre. Les instructions des ambassadeurs portaient qu'ils iraient trouver d'abord Antiochus, et ensuite Ptolémée; qu'ils leur déclareraient de la part du sénat, qu'ils eussent à suspendre toutes les hostilités et à terminer la guerre ; et que si l'un d'eux refusait de le faire, le peuple romain ne le regarderait plus comme son ami et son allié.

Avant l'arrivée des ambassadeurs romains en Egypte, Antiochus, voyant la résistance qu'il trouvait dans Alexandrie, dont il vit bien qu'il faudrait lever le siége, changea de batterie, et conclut qu'il fallait désormais allumer et entretenir entre les deux frères une guerre qui les affaiblît si fort, qu'il n'eût plus, quand il le voudrait, qu'à se montrer pour venir à bout de l'un et de l'autre, qui se trouveraient alors tout-à-fait épuisés. Dans

4

cette vue, il leva le siége, marcha du côté
de Memphis, et remit en apparence Philométor en possession de tout le pays, excepté
Péluse, qu'il garda comme une clef, pour entrer, quand il lui plairait, en Egypte. Après
avoir ainsi disposé toutes choses, il retourna
à Antioche.

Les deux frères s'ac-cordent.

Alors Philométor commença enfin à ouvrir les yeux, et à revenir de l'assoupissement prodigieux où l'avait jeté son indolen-
te mollesse, et à sentir les maux que toutes
ces révolutions lui avaient faits. Il fit dire à
son frère qu'il était disposé à s'accommoder
avec lui ; et l'accommodement se fit effectivement par le moyen de Cléopâtre leur sœur,
à condition que les deux frères régneraient
conjointement. Philométor revint à Alexandrie ; et l'Egypte eut la paix, au grand contentement des peuples, et surtout d'Alexandrie, qui avait beaucoup souffert de la guerre.

Liv. l. 45. n. 11.

Dès qu'Antiochus eut appris la réunion des
deux frères, il arma puissamment sur terre
et sur mer, résolu de faire cette fois-ci la
conquête de l'Egypte. Il se mit en marche,
et allait droit à Alexandrie, dans le dessein
d'en former le siége. Il aurait infailliblement
pris cette ville, et aurait réussi dans ses desseins, s'il n'eût trouvé, en y allant, une ambassade de Rome qui l'arrêta tout court, et
rompit toutes les mesures qu'il avait prises.
Popilius, un des ambassadeurs, lui présenta
le décret du sénat, lui dit de le lire et de lui
rendre sa réponse sur-le-champ. Antiochus,
après l'avoir lu, lui dit qu'il en délibérerait
avec ses amis, et lui rendrait sa réponse dans

peu. Popilius, indigné que le roi parlât de délai, fit, avec une baguette qu'il avait à la main, un cercle sur le sable, autour d'Antiochus, et haussant la voix : *Il faut*, lui dit-il, *que vous rendiez réponse au sénat avant que de sortir du cercle que je viens de tracer.* Le roi, étourdi d'un ordre si fier, après avoir un peu pensé en lui-même, répondit qu'il ferait ce que le sénat souhaitait. Quelle hauteur, quelle fierté dans ce langage ! Ce Romain, d'un seul mot, jette dans l'effroi le roi de Syrie, et sauve celui d'Egypte. Ce qui inspirait à l'un tant de hardiesse, et à l'autre tant de docilité, était la nouvelle qu'on avait reçue tout fraîchement de la grande victoire que les Romains avaient remportée sur Persée, roi de Macédoine. Depuis ce moment, tout plia devant eux, et le nom romain devint redoutable à tous les princes et à toutes les nations.

Val. Max.
l. 6. c. 4.

Antiochus étant sorti de l'Egypte au jour marqué, Popilius retourna avec ses collègues à Alexandrie, où il mit le sceau et la dernière main au traité d'accommodement entre les deux frères, qui n'était encore qu'ébauché. De là il passa en Cypre, en renvoya la flotte d'Antiochus, qui avait remporté une victoire sur celle des Egyptiens, fit rendre toute l'île aux rois d'Egypte, à qui elle appartenait de droit, et revint à Rome rendre compte au sénat du succès de son ambassade. Il fut suivi de près des ambassadeurs du roi Antiochus, et de ceux des rois Ptolémée et de Cléopâtre leur sœur, qui venaient les uns et les

An. M. 3836.
Av. J.C. 168.

autres, de la part de leurs maîtres, remercier le sénat de ses bons offices.

An. M. 3842.
Av. J.C. 162.

Philométor va à Rome se plaindre de son frère.
Porphyr. in Græc. Eus. Scalig. p. 60 et 68
Diod. in Excerpt. Vales. p. 322.
Val. Max. l. 5. c. 1.
Polyb. legat. 173.
Epit. Liv. l. 46.

Quelque temps après, il survint entre les deux rois d'Egypte une brouillerie, qui alla si loin, que le sénat de Rome ordonna aux ambassadeurs qu'il avait envoyés en Syrie, de passer à Alexandrie, et de faire tous leurs efforts pour remettre bien ensemble les deux rois. Avant qu'ils y arrivassent, Evergète ou Physcon, le plus jeune, avait déjà chassé son frère Philométor. Celui-ci s'embarqua pour l'Italie, et aborda à Brindes. De là, il fit le reste du chemin à pied, fort mal habillé, avec fort peu de suite, et vint demander au sénat le secours dont il avait besoin pour remonter sur le trône. Il entra à Rome de cette manière, et alla loger chez un peintre d'Alexandrie, qui avait une fort petite maison. Il voulut, par toutes ces circonstances, marquer mieux la misère où il était réduit, et émouvoir la compassion des Romains.

Quand on eut appris son arrivée, on le fit prier de venir au sénat, qui lui fit des excuses de ce qu'il n'avait pas préparé une maison pour le loger, et de ce qu'à son entrée il ne lui avait pas rendu les honneurs qu'il avait coutume de rendre aux princes de son rang. Il l'assura que ce n'était pas par manque de considération pour sa personne, ni par négligence, mais que sa venue l'avait surpris. On l'exhorta à changer d'habit, et il fut conduit par quelques sénateurs dans une maison proportionnée à sa naissance; on chargea un des questeurs de le faire servir, et de lui fournir, aux dépens du public, tout ce qui lui était nécessaire pendant son séjour à Rome.

Lorsqu'on lui donna audience, et qu'il eut représenté son état aux Romains, ils résolurent aussitôt son rétablissement , et députèrent deux sénateurs, avec le caractère d'ambassadeurs, pour aller avec lui à Alexandrie faire exécuter leur décret. Ils le remenèrent effectivement, et réussirent à faire l'accommodement entre les deux frères.. On donna la Libye et la Cyrénaïque à Physcon. Philométor eut l'Egypte et l'île de Cypre, et ils furent déclarés indépendans l'un de l'autre , dans les Etats qu'on leur assignait à chacun. Le traité et l'accommodement furent scellés par les sacrifices et les sermens ordinaires.

Accommodement entre les deux frères.

Mais les sacrifices et les sermens n'étaient, depuis long-temps, parmi la plupart des princes , que de simples cérémonies pour la formalité, qu'ils croyaient ne les obliger à rien, et ce sentiment n'est que trop ordinaire. Bientôt après, le plus jeune des deux rois , mécontent de la portion qui lui était échue , en porta ses plaintes au sénat. Il demanda que le traité de partage fût cassé , et qu'on le remît en possession de l'île de Cypre. Le sénat, sans avoir égard aux solides raisons de l'aîné , voyant en effet que le partage n'était point égal, profita habilement de la querelle des deux frères, pour diminuer les forces du royaume d'Egypte, en les divisant, et accorda au cadet ce qu'il demandait. Car telle était la politique des Romains ; ils mettaient à profit les querelles et les différens des princes , pour étendre et affermir leur domina-

Nouvelles brouilleries.

tion, et se conduisaient de telle façon à leur égard, que pendant qu'ils n'agissaient que pour leur intérêt propre, on leur avait encore obligation.

Physcon partit de Rome avec les deux ambassadeurs romains. Leur plan était de ménager une entrevue entre les deux frères sur la frontière, et de les amener, par la voie de la négociation, à l'accommodement réglé par le sénat. Mais Philométor, après avoir gagné du temps, et pris des mesures secrètes contre son frère, déclara nettement qu'il était résolu de s'en tenir au premier traité, et qu'il n'en ferait point d'autre. Le sénat piqué contre ce prince du refus qu'il faisait d'évacuer l'île de Cypre, selon son décret, déclara qu'il n'y avait plus ni amitié ni alliance entre lui et les Romains, et ordonna à son ambassadeur de sortir de Rome dans cinq jours.

Physcon, qui avait trouvé moyen de se rétablir dans la Cyrénaïque, s'y fit haïr si généralement de ses sujets, par sa mauvaise conduite, que quelques-uns d'entre eux se jetèrent sur lui, le blessèrent en plusieurs endroits, et le laissèrent pour mort sur la place. Il s'en prit à Philométor son frère; et dès qu'il fut guéri de ses blessures, il entreprit de nouveau le voyage de Rome. Il fit ses plaintes contre lui au sénat, montra les cicatrices de ses blessures, et l'accusa d'avoir mis en œuvre les assassins qui avaient fait le coup. Quoique Philométor fût le prince du monde le plus doux, et qui aurait dû être le moins soupçonné d'une action si noire et si barbare, le sénat, qui était toujours piqué du

Le sénat règle un nouveau partage.

refus qu'il avait fait de se soumettre à son
nouveau règlement à l'égard de l'île de Cypre,
prêta l'oreille à cette fausse accusation avec
trop de facilité, et ne voulut pas même entendre ce que les ambassadeurs de Philométor avaient à dire pour la justification de leur
maître. Le sénat nomma cinq commissaires
pour conduire Physcon en Cypre et le mettre en possession de cette île.

. Cependant Philométor, instruit de tout
ce qui se passait contre lui, passa en Cypre
pour s'opposer à son frère, le battit et l'obligea à se renfermer dans la ville de Lapitho,
où il fut bientôt investi, assiégé et enfin pris,
et mis entre les mains de ce frère qu'il avait
si cruellement outragé. Après tout ce que
Physcon avait fait contre lui, on s'attendait
que, le tenant en son pouvoir, il lui ferait
sentir son indignation et sa vengeance. Il
lui pardonna tout; et, non content d'oublier
toutes ses fautes, il lui rendit même la Libye
et la Cyrénaïque, et y ajouta encore quelque dédommagement pour tenir place de l'île
de Cypre qu'il retenait. Cet acte de générosité mit fin à la guerre entre les deux frères. Elle ne recommença plus, et les Romains eurent honte de traverser plus long-
temps un prince d'une clémence si extraordinaire. Il n'est point de lecteur qui ne ren-
de secrètement un hommage d'estime et d'admiration à une action si généreuse. Ce sentiment, qui sort du fond de la nature, et qui
prévient toutes les réflexions, marque quelle
grandeur, quelle noblesse il y a dans l'oubli
et le pardon des injures, et quelle bassesse

Philométor
s'y oppose.
An. M. 3847.
Av. J.C. 157.

d'ame dans le sentiment d'un vindicatif.

An. M. 3854.
Av. J C. 150.
I Machab.
c. 1. 51. 66.

Quelques années après la conclusion de la paix entre les deux frères, Alexandre, roi de Syrie, demanda en mariage à Philométor, Cléopâtre sa fille ; elle lui fut accordée, et son père la conduisit lui-même jusqu'à Ptolémaïde, où se célébra le mariage. La bonne intelligence entre les deux rois ne dura pas long-temps. Philométor ayant découvert un complot qu'Apollonius avait formé contre sa vie, dans lequel Alexandre était entré, il lui ôta sa fille, la donna à Démétrius, et fit un traité avec lui, par lequel il s'engageait à lui aider à remonter sur le trône de Syrie, qui lui appartenait légitimement. Alexandre, sans perdre de temps, marcha en diligence contre les princes ligués, et mit tout à feu et à sang autour d'Antioche. Les deux armées se battirent. Alexandre perdit la bataille, et s'enfuit avec cinq cents chevaux vers Zabdiel, prince arabe, à qui il avait confié ses enfans. Trahi par celui en qui il avait eu le plus de confiance, on lui trancha la tête, et elle fut envoyée à Philométor, qui témoigna beaucoup de joie de la voir. Cette joie ne fut pas

Mort de
Philométor.
An. M. 3859.
Av. J.C. 145.
Justin. l.38.
c. 8.
Val. Max
l. 9. c. 1 et 2.
Joseph.
contr. App.
l. 2.
Val. Max.
l. 9. c. 1.

de longue durée; car il mourut, peu de jours après, d'une blessure qu'il avait reçue dans le combat, après avoir régné trente-cinq ans. Cléopâtre, reine d'Egypte, après la mort de son mari, qui était aussi son frère, tâcha de mettre la couronne sur la tête du fils qu'elle avait eu de lui. Comme il était encore en bas âge, d'autres travaillèrent à la procurer à Physcon. Il se trouva alors à Alexandrie un ambassadeur romain, nommé Thermus, qui, par-sa médiation, amena les choses à un accommodement. On convint que Physcon épouserait Cléopâtre, qu'il élèverait son fils, qui serait déclaré héritier de la couronne, et que Physcon l'aurait en attendant, pendant toute sa vie. Il n'eut pas plus tôt épousé la reine, et pris par là possession du royaume, que le jour même des noces il tua son fils entre ses bras. Dans la suite, s'étant dégoûté de la mère, il devint passionné pour une fille qu'elle avait eue de Philométor, qui portait aussi le nom de Cléopâtre. Il commença par lui faire violence, ensuite il l'épousa après avoir chassé sa mère.

Ce prince se fit bientôt haïr des habitans d'Alexandrie, dont le plus grand nombre, pour se soustraire à sa cruauté, prit le parti de déserter la ville, et de se retirer dans des pays étrangers. Avec ces exilés volontaires sortirent de l'Egypte les sciences et les belles-lettres, qui, depuis les règnes des Ptolémées, avaient toujours été protégées à Alexandrie. Il arriva de là que les sciences et les beaux-arts commencèrent à renaître en Grèce, dans l'Asie mineure, dans les îles, en un mot, partout où ces illustres réfugiés les portèrent ; car les guerres continuelles des successeurs d'Alexandre avaient presque éteint les sciences dans ces pays-là.

Excès et cruautés de Physcon.

Physcon, pour repeupler la ville d'Alexandrie, fit publier un édit dans tous les pays du voisinage, qu'on ferait de grands avantages à ceux qui voudraient venir s'y établir, de quelque nation qu'ils fussent. Il se trouva assez de gens que ce parti accommodait. Par

An. M. 3868. Av. J. C. 136. *Justin. l.* 38. c. 8 *et* 9. *Val. Max. l.* 9. c. 2 *et* 7. *Orosius. l.* 5. c. 10. *Epit. Liv. l.* 69. 60.

Diod.
Except.
Vales. p.
374. 376.
Joseph. ant.
13. 17.

Ad. M. 3871.
Av. J.C. 130.

ce moyen, Alexandrie se repeupla dans peu Mais Physcon se fit bientôt redouter et haïr des nouveaux habitans. Pour les mettre hors d'état de lui nuire, un jour que l'assemblée où se faisaient les exercices était fort nombreuse, il fit passer au fil de l'épée tous les jeunes gens de la ville, qui en faisaient toute la force. Tout le peuple en fureur courut mettre le feu au palais pour l'y brûler; mais il en était déjà sorti quand ils y arrivèrent, et il se sauva en Cypre avec sa femme Cléopâtre et son fils Memphitis. Le peuple mit le gouvernement entre les mains de Cléopâtre qu'il avait répudiée. Dans la crainte que les Alexandrins ne prissent pour roi son fils, à qui il avait donné le gouvernement de la Cyrénaïque, il le fit venir auprès de lui, et le fit mourir dès qu'il fut arrivé. Cette barbarie irrita plus que jamais les esprits contre lui. On abattit et on brisa toutes ses statues à Alexandrie. Il crut que c'était Cléopâtre qui avait porté le peuple à cette action, et pour s'en venger, il fit égorger devant lui Memphitis qu'il avait eu d'elle, jeune prince bien fait et de grande espérance. Il l'envoya à la reine, dans une caisse, coupé par morceaux, avec la tête entière, afin qu'elle le reconnût. Ce fut le bouquet qu'il lui fit présenter le jour anniversaire de sa naissance. On ne saurait croire et exprimer l'horreur que la vue de ce triste spectacle excita contre le tyran, tant à la cour que parmi le peuple. On courut aux armes, et on ne songea qu'à empêcher ce monstre de jamais remonter sur le trône.

On forma une armée, dont le commande- An. M. 3876.
ment fut donné à Marsyas, que la reine avait Av. J.C. 128.
nommé général. Physcon, de son côté, en
leva une aussi, et l'envoya contre les Alexandrins. Les troupes de la reine furent battues
et presque toutes taillées en pièces. Cléopâtre, réduite à la dernière extrémité par la
perte de son armée, et destituée de tout secours, mit tous ses trésors sur des vaisseaux,
et se réfugia auprès de Cléopâtre sa fille, reine de Syrie. Physcon, dès que Cléopâtre eut An. M. 3876.
abandonné Alexandrie, y retourna, et ren- Av. J.C. 128.
tra en possession du gouvernement; car, depuis la défaite de Marsyas, et la fuite de Cléopâtre, il n'y avait plus personne en état de
l'en empêcher. Enfin, ce prince, après avoir Sa mort.
régné vingt-neuf ans depuis la mort de son
frère Philométor, mourut à Alexandrie, et
par sa mort l'Egypte se trouva délivrée d'un
monstre qui, par ses crimes inouïs, avait été
le fléau de ses Etats. On n'a jamais vu en
effet de règne plus tyrannique ni plus rempli
de crimes que le sien.

Physcon eut pour successeur au trône et An. M. 3887.
à ses cruautés, son fils aîné Ptolémée, sur- Av. J.C. 117.
nommé *Lathyre*. En mourant, il avait laissé *Justin. l. 39.* c. 3. 4 et 5.
trois fils. Le premier, nommé Apion, était un *Appian. in*
fils naturel qu'il avait eu d'une concubine ; *Mithr. sub fi-nem et in Syr.*
les deux autres étaient légitimes; il les eut *p. 132.*
de Cléopâtre sa nièce, qu'il épousa après avoir *Strab. l. 17. p. 795.*
répudié sa mère. L'aîné s'appelait Lathyre, *Plin. l. 2. o. 67.*
et l'autre Alexandre. Il laissa, par son testa- *Porphyr. in Græc.*
ment, le royaume de la Cyrénaïque à Apion, *Euseb. Sca-liger.*
et celui d'Egypte à sa veuve Cléopâtre, et à *Joseph. An-tiq. 131. 8.*
celui de ses deux fils qu'elle choisirait elle-

Diod. in Excerpt. Vales. p. 385.

même. Cléopâtre, croyant qu'Alexandre serait le plus complaisant, se détermina à le prendre ; mais le peuple ne voulut pas souffrir qu'on fît perdre à l'autre son droit d'aînesse, et obligea la reine à le faire revenir de Cypre, où elle l'avait fait reléguer par son père, et à l'associer avec elle à la couronne. Avant qu'on lui fît prendre possession du trône à Memphis, selon la coutume, elle l'obligea à répudier Cléopâtre sa sœur aînée, qu'il aimait beaucoup, et à prendre Sélène sa cadette, pour laquelle il n'avait nulle inclination. De telles dispositions ne promettaient pas un règne fort pacifique. Ce prince, à son couronnement, prit le titre de *Soter*. Quelques auteurs lui donnent celui de Philométor ; mais Lathyre est celui par lequel la plupart des historiens le distinguent. Ce prince ne régna pas long-temps tranquille. Cléopâtre sa mère, princesse ambitieuse, et qui ne songeait qu'à retenir entre ses mains l'autorité absolue pendant toute sa vie, l'obligea de sortir de l'Egypte, et de la laisser maîtresse. Elle mit à sa place Alexandre son cadet, et Lathyre se vit forcé de se contenter du royaume de Cypre, où il se retira.

Cette princesse, ne pouvant plus supporter d'associé à l'autorité suprême, ni souffrir que son fils Alexandre partageât avec elle l'honneur du trône, résolut de se défaire de lui pour régner désormais seule. Ce prince, qui en fut averti, la prévint, et la fit mourir. C'était un monstre que cette femme, qui n'avait épargné, ni sa mère, ni ses fils, ni ses filles, et qui avait tout sacrifié au désir ambitieux de régner. Elle fut ainsi punie de ses crimes, mais par un autre crime qui égalait les siens. Dès qu'on sut à Alexandrie que c'était Alexandre qui avait fait mourir sa mère, cet affreux parricide le rendit si odieux à ses sujets, qu'ils ne purent plus le souffrir. Ils le chassèrent, et rappelèrent Lathyre qu'ils remirent sur le trône : il s'y maintint jusqu'à sa mort, qui arriva sept ans après son rétablissement. A compter depuis la mort de son père, il avait régné trente-six ans; onze conjointement avec sa mère, dix-huit en Cypre, et sept tout seul en Egypte, après la mort de sa mère. Sa fille Cléopâtre, qui était le seul enfant légitime qu'il eût, lui succéda.

An. M. 3913.
Av. J.C. 81.

Alexandre, fils de cet autre Alexandre qui avait fait mourir Cléopâtre sa mère, revint de Rome, où il s'était retiré. Il prétendait à la couronne d'Egypte en qualité d'héritier mâle, le plus proche du dernier roi; mais ceux d'Alexandrie avaient déjà mis Cléopâtre sur le trône, et il y avait six mois qu'elle y était quand Alexandre y arriva. Pour accommoder le différent, on convint que Cléopâtre et lui se marieraient ensemble, et régneraient conjointement. Mais Alexandre, qui ne la trouvait pas à son gré, ou qui ne voulait point d'associée à la couronne, la fit mourir dix-neuf jours après leur mariage, et régna seul quinze ans. Les meurtres et les parricides alors n'étaient plus comptés pour rien; et, si l'on pouvait s'exprimer ainsi, ils étaient passés en usage parmi les princes et les princesses.

Les Alexandrins, lassés du gouvernement d'Alexandre, se soulevèrent, le chassèrent,

Ptolémée
Aulète mon-

te sur le trô-
ne.
An. M. 3939.
Av. J.C. 65.
*Sueton. in
Jul. Cæc. l.
11.*
*Trogus, in
prol. 59.*
*Appian. in
Mithrid. pag.*
221.

appelèrent Ptolémée Aulète. C'était un bâtard de Lathyre, qui n'avait point eu de fils
légitime. Il fut surnommé *Aulète*, c'est-à-
dire, *joueur de flûte*, parce qu'il se piquait
si fort de bien jouer de la flûte, qu'il en voulut disputer le prix dans les jeux publics.
Alexandre, ainsi chassé, se retira à Tyr, pour
attendre quelque occasion favorable de remonter sur le trône. Il ne s'en présenta point,
et il y mourut quelque temps après. Comme
il ne laissait point d'enfans mâles, ni aucun
prince légitime du sang royal, il fit le peuple
romain son héritier. Le sénat, craignant que
le peuple romain, en acceptant cette succession, ne marquât trop clairement un dessein formé d'envahir de même tous les autres Etats, ne jugea pas alors à propos de prendre possession des royaumes qui lui avaient été
légués par le testament d'Alexandre. Mais aussi, pour montrer qu'il ne renonçait pas à son
droit, il résolut de recueillir une partie de sa
succession, et envoya des députés à Tyr pour
demander les effets que ce roi y avait laissés
en mourant.

Tous les rois d'Egypte, depuis plusieurs
générations, avaient été amis ou alliés de Rome : c'était un moyen sûr pour Ptolémée de
se faire reconnaître authentiquement roi d'E-
gypte par les Romains, que de se faire déclarer leur allié. Mais autant qu'il lui était
important d'avoir cette qualité, autant lui
était-il difficile de l'obtenir. La mémoire du
testament de son prédécesseur était encore
toute récente, et le surnom de *joueur de
flûte* que Ptolémée s'était attiré, l'avait mis en

aussi mauvaise estime à Rome qu'en Egypte.

Il ne désespéra pourtant pas de venir à bout de son entreprise. Toutes les voies qu'il prit pour arriver à son but, furent long-temps inutiles; et il y a apparence qu'elles l'auraient toujours été, si César n'eût jamais été consul. Cet esprit ambitieux, qui se croyait bons tous les moyens et tous les expédiens qui le conduisaient à ses fins, accablé de dettes immenses, et trouvant ce roi disposé à mériter, à force d'argent, ce qu'il ne pouvait obtenir de droit, lui vendit l'alliance de Rome, aussi chèrement qu'il la voulut acheter, et en reçut, tant pour lui que pour Pompée, dont le crédit lui fut nécessaire pour y faire consentir le peuple, près de six mille talens. A ce prix, il fut déclaré ami et allié du peuple romain.

Suet. in Jul. Cæs. c. 54.

Aulète est déclaré allié du peuple romain.

Les levées extraordinaires de deniers qu'il fut obligé de faire pour payer cette somme énorme, achevèrent d'aigrir contre lui ses sujets, qui étaient déjà assez mécontens de ce qu'il n'avait pas voulu revendiquer l'île de Cypre, comme un ancien apanage de l'Egypte. Dans cette disposition, ils se soulevèrent contre lui avec tant de violence, qu'il prit le parti de s'enfuir. Il cacha si bien sa route, qu'on crut en Egypte qu'il était péri, ou l'on feignit de le croire. On déclara reine à sa place l'aînée des trois filles, qu'il avait nommée Bérénice, quoiqu'il eût deux fils, parce qu'ils étaient beaucoup plus jeunes.

Il est chassé d'Egypte. An. M. 3946. Av. J.C. 58.

Cependant Ptolémée, ayant abordé à l'île de Rhodes, alla consulter le célèbre Caton d'Utique, qui était dans l'île depuis quelque

Plut. in Caton. Utic. p. 736.

temps Le sage Romain lui fit sentir la faute qu'il avait faite de sortir de son royaume. Il lui conseilla d'y retourner, et de s'y raccommoder avec ses sujets. Il lui offrit pour cela sa médiation et ses bons offices. Aulète goûta ce conseil ; mais il fut détourné de le suivre par des amis qu'il avait avec lui , qui étaient gagnés par Pompée, pour le faire aller à Rome demander son rétablissement. Ce prince eut tout le temps de se repentir de n'avoir pas déféré aux sages avis de Caton , quand il se vit à Rome réduit à solliciter son affaire de porte en porte , chez chaque magistrat, comme un simple particulier. Pompée le logea chez lui , et n'oublia rien pour le servir. Sa faction en effet lui fit obtenir ce qu'il demandait Le consul Lentulus, à qui la Cilicie était échue par le sort , fut chargé de rétablir Aulète sur le trône. Mais la faction opposée à ce prince rendit le décret inutile ; de sorte que ce prince fut obligé de partir de Rome sans avoir rien fait. Il se retira à Ephèse dans le temple de la Déesse , attendant quelque événement qui pût le rétablir.

Environ deux ans après qu'Aulète fut sorti de Rome, Pompée, qui venait d'être nommé consul, lui envoya des lettres pour Gabinius, proconsul de Syrie. Il conjurait le gouverneur de se rendre favorable aux propositions que lui ferait ce prince, pour le rétablir dans son royaume. Quelque dangereux que fût ce parti , l'autorité de Pompée , et plus encore l'espérance d'un gain considérable, ébranlèrent Gabinius. Les vives remontrances d'An-

toine, qui cherchait des occasions de se si- *Plut. in Ant.*
gnaler, et qui d'ailleurs voulait faire plaisir *p. 916. 917.*
à Ptolémée, dont les prières flattaient son
ambition, achevèrent de le déterminer. C'est
ce fameux Marc Antoine, qui forma depuis,
avec le jeune César et Lépidus, le second
triumvirat. Ptolémée, qui n'avait rien à ménager pour déterminer Gabinius, lui offrit
dix mille talens. Celui-ci accepta l'offre sans
plus hésiter, et on commença à marcher vers
l'Egypte.

Cependant l'Egypte était toujours gou- *Strab. l. 2.*
vernée par Bérénice. Cette princesse épousa *p. 538.*
d'abord Séleucus, surnommé Cybiosacte. *Id. l. 17.*
Ce prince avait des inclinations fort basses, *p. 794. 796.*
et ne songeait qu'à amasser de l'argent. Son *Diod. l. 39.*
premier soin fut de mettre le corps d'Alexan- *p. 115. 117.*
dre-le-Grand dans un cercueil de verre, pour *Cic. in Pis.*
se saisir de celui d'or massif, où il avait re- *n. 49. 50.*
posé jusqu'alors. Cette action et beaucoup
d'autres pareilles, l'ayant rendu également
odieux à la reine et à ses sujets, elle l'avait
fait étrangler peu de temps après son mariage. C'était le dernier prince de la race des
Séleucides Bérénice épousa ensuite Archélaüs, grand-prêtre de Comane dans le Pont,
qui se disait fils du grand Mithridate, quoiqu'en effet il ne fût fils que du principal
lieutenant de ce prince.

Gabinius, pour remplir ses engagemens
avec Aulète, marcha droit en Egypte. Il avait
envoyé devant lui Antoine avec la cavalerie.
Celui-ci s'empara non-seulement des passages, mais il prit encore Péluse, qui était la
clef de l'Egypte de ce côté-là, fit la garnison

prisonnière, et rendit le chemin sûr pour le reste de l'armée. Dès que Gabinius eut appris l'heureux succès d'Antoine, il entra dans le cœur de l'Egypte. Archélaüs, qui était brave et habile, fit pour se défendre tout ce qui se pouvait faire, et disputa fort bien le terrain aux ennemis. Il fut tué en combattant vaillamment. Antoine, qui avait été son ami particulier et son hôte, orna son corps royalement, et lui fit des obsèques magnifiques. Par cette action il laissa dans Alexandrie un grand renom, et acquit parmi les Romains, qui servaient avec lui à cette guerre, la réputation d'homme d'une valeur singulière, et d'une extrême générosité.

Aulète remonte sur le trône.
An. M. 3949.
Av. J C. 55.
Diod. l. 1.
p. 74. 75.

L'Egypte fut bientôt soumise, et obligée de recevoir Aulète, qui entra en pleine possession de ses Etats. Ce prince fit mourir sa fille Bérénice, pour avoir porté la couronne pendant son exil; et ensuite il se défit de la même manière de tous les gens riches qui avaient été du parti opposé au sien. Les Egyptiens souffrirent toutes ces violences sans murmurer. Mais peu de jours après, un soldat romain ayant tué un chat par mégarde, ni la crainte de Gabinius, ni l'autorité du roi ne purent empêcher le peuple de le mettre en pièces sur-le-champ, pour venger l'outrage fait aux Dieux du pays; car les chats étaient de ce nombre.

Sa mort.
An. M. 3953.
Av. J. C. 51.
Cæs. de bell.
civil. l. 3.

On ne sait plus rien de la vie de Ptolémée Aulète. Ce prince mourut paisible possesseur du royaume d'Egypte, environ quatre ans après son rétablissement. Il laissa deux fils et deux filles. Par son testament il donna la

couronne

couronne à l'aîné et à l'aînée ; et il ordonnait, selon l'usage de cette nation, qu'ils s'é-
pousassent, et qu'ils gouvernassent conjointement ; et parce qu'ils étaient encore fort
jeunes l'un et l'autre, il les laissa sous la tutelle du peuple romain. La fille est la fameuse
Cléopâtre dont il nous reste à faire l'histoire.

On sait peu de choses du commencement
du régne de Cléopâtre et de son frère. Les
deux ministres, Pothin et Achillas, pour se
rendre seuls maîtres de l'autorité et des affaires, avaient ôté à Cléopâtre, sous le nom du
roi, la part de la souveraineté que le testament d'Aulète son père lui avait laissée. Cette
princesse, maltraitée de la sorte, alla en Syrie et en Palestine, pour y lever des troupes,
et pour faire valoir ses droits à main armée.
Ptolémée n'avait alors que treize ans.

C'est précisément dans cette conjoncture
de la guerre entre le frère et la sœur, que
Pompée, après avoir été vaincu à Pharsale,
prit la route d'Egypte, comptant que, dans
son malheur, il y trouverait un asile ouvert
et assuré. Il avait été le protecteur d'Aulète,
père du roi régnant. Ç'avait été uniquement
le crédit de Pompée qui l'avait fait rétablir.
Il espérait trouver dans le fils de la reconnaissance. Lorsqu'il arriva, Ptolémée était
sur la côte avec son armée, entre Péluse et
le mont Casius, et Cléopâtre assez près de
là, aussi à la tête de ses troupes. Pompée, en
approchant de la côte, envoya demander à
Ptolémée la liberté d'aborder et d'entrer dans
son royaume. Les deux ministres, Pothin et
Achillas, consultèrent avec le rhéteur Théo-

dote, précepteur du jeune roi, et avec quelques autres, quelle réponse on lui donnerait. Les avis furent partagés. Les uns voulaient le recevoir, les autres lui refusèrent l'asile qu'il demandait. Théodote n'approuva ni l'un ni l'autre de ces avis : il tâcha, par son éloquence, de prouver qu'il fallait s'en défaire pour gagner l'amitié de César, et empêcher Pompée de leur faire jamais de mal ; se servant du proverbe : *Les morts ne mordent point.*

Cet avis prévalut ; Septimius, officier romain au service du roi d'Egypte, et quelques autres, furent chargés de l'exécution. Ils allèrent prendre Pompée dans une chaloupe. Le perfide Septimius tendit la main à Pompée au nom de son maître, l'exhortant à venir trouver un roi ami, qu'il devait regarder comme son pupille et son fils. Pompée, après avoir embrassé Cornélie sa femme, qui déjà par avance pleurait sa mort, passa dans la chaloupe. Quand ils se virent près du bord, ils le poignardèrent sous les yeux du roi, qui était sur le rivage à la tête de ses troupes, comme pour faire honneur à Pompée. Ils lui coupèrent la tête, et jetèrent le corps sur le rivage, où il n'eut d'autre sépulture que celle que lui donna un de ses affranchis, assisté d'un vieux Romain qui se trouva là par hasard. Ils lui firent un chétif bûcher, et le couvrirent des débris d'un vieux bâtiment, qui avait échoué sur la côte.

Cornélie avait vu massacrer Pompée devant ses yeux. Il est plus facile de se représenter l'état d'une femme éplorée, à la vue d'un si tragique spectacle, que de le décrire. Ceux qui étaient avec elle dans s galère et dans deux autres navires, voyant ce meurtre, jetèrent des cris qui firent retentir toute la côte, levèrent l'ancre et prirent la fuite, aidés par un vent frais, qui empêcha que les Égyptiens ne les poursuivissent, comme ils en avaient le dessein.

César ne tarda pas à venir en Egypte, où il soupçonnait que Pompée s'était retiré, et où il espérait le trouver encore vivant. A son arrivée, il apprit la mort de son rival, et trouva la ville dans un grand trouble. Théodote, précepteur du roi Ptolémée, à qui il avait conseillé de faire mourir Pompée, croyant faire un extrême plaisir à César, lui présenta la tête de cet illustre fugitif. Mais il pleura en la voyant, et détourna les yeux d'un spectacle qui lui faisait horreur. Il la fit même enterrer avec toutes les solennités ordinaires.

Pendant le séjour que César fit à Alexandrie, il s'appliqua à prendre connaissance du différent qui était entre Ptolémée et sa sœur Cléopâtre. Il les cita à comparaître devant lui, pour décider leur querelle, et leur ordonna, dans les formes, qu'ils eussent à licencier leurs armées, et à venir plaider devant lui leur cause, et à recevoir la sentence qu'il prononcerait contre eux. Cléopâtre, qui connaissait le faible de César, crut que sa présence serait l'avocat le plus persuasif qu'elle pourrait employer auprès de son juge. Elle ne se trompa pas ; car sa présence fit sur César tout l'effet qu'elle avait souhaité.

Après que César eut entendu les deux parties, et qu'il fut bien instruit de l'affaire, il amena Ptolémée et Cléopâtre dans une assemblée du peuple, qu'il avait fait convoquer. La lecture du testament du feu roi faite, il ordonna, en qualité de tuteur et d'arbitre, que Ptolémée et Cléopâtre régneraient conjointement en Egypte, comme le portait le testament, et que Ptolémée le jeune, et Arsinoé la cadette, régneraient en Cypre.

An. M. 3957.
Av. J.C. 47.
Cette sentence contenta et charma tout le monde, à la réserve de Pothin, qui, craignant le ressentiment de Cléopâtre, parce que c'était lui qui avait fait chasser cette princesse, fit entendre et persuada aux Egyptiens, que le véritable dessein de César était de mettre Cléopâtre seule sur le trône. Par ce moyen, il remit tout dans la première confusion, et porta les Egyptiens à prendre les armes ; de sorte qu'il fallut décider le différent par la voie de la guerre.

César, qui n'avait emmené avec lui que fort peu de troupes, se trouva très-exposé, et courut grand risque de périr. Mais son habileté, son courage, et plus que tout cela son bonheur, le tirèrent de ce danger. Il battit plusieurs fois les Egyptiens, et remporta plusieurs victoires sur eux. Enfin, on en vint à une bataille décisive, où César remporta une victoire complète. Ptolémée, en voulant se sauver dans un bateau sur le Nil, s'y noya. Alexandrie et toute l'Egypte se soumirent au vainqueur. César rentra dans Alexandrie, et ne trouvant plus d'opposition à ses ordres, il donna la couronne d'Egypte à Cléopâtre et à Ptolémée son autre frère conjointement. C'était la donner en effet à Cléopâtre seule ; car ce jeune prince n'avait pas onze ans. Ce fut proprement la passion que César conçut pour cette princesse, qui lui attira une guerre si dangereuse. Il en eut un fils, qui fut nommé Césarion, et qu'Auguste fit mourir, lorsqu'il fut maître d'Alexandrie. Son attachement pour Cléopâtre le retint en Egypte plus long-temps que ses affaires ne demandaient. Il passait les nuits entières à faire des repas avec elle. Il avait résolu de la mener à Rome et de l'épouser. Ce qui le tira enfin de l'Egypte, fut la guerre de Pharnace, roi du Bosphore Cimmérien, et fils de Mithridate, roi de Pont, contre qui il fallut marcher.

Il met Cléopâtre sur le trône.

Sueton. in Jul. Cæs. c. 52.

César, après la guerre d'Alexandrie, avait remis Cléopâtre sur le trône, et pour la forme seulement, lui avait donné pour associé son frère, qui n'avait alors qu'onze ans. Pendant sa minorité, elle avait eu toute l'autorité entre les mains. Quand il eut atteint l'âge de quinze ans, elle l'empoisonna, et demeura seule reine d'Egypte. Dans cet intervalle, César avait été tué à Rome par les conjurés ; puis s'était formé le triumvirat entre Antoine, Lépide et César Octavien, pour venger la mort de César. Cléopâtre se déclara sans hésiter pour les triumvirs ; et ce fut inutilement que Cassius la sollicita plusieurs fois de lui donner du secours. Elle le refusa constamment. Antoine, après la défaite de Cassius et de Brutus, à la bataille de Philippe, ne laissa pas de citer Cléopâtre devant lui, pour répondre sur quelques griefs formés contre elle.

Cléopâtre fait mourir son jeune frère.

An. M. 3961. Av. J.C. 43. Joseph. Antiq. XV. 4.

Porphyr. p. 226.

An. M. 3963. Av. J.C. 41. App. de bell. civ. l. 5. p. 671.

3

Elle se rend maîtresse absolue de l'esprit et du cœur d'Antoine.

Cette princesse, sûre de ses charmes, par l'épreuve qu'elle en avait déjà faite auprès de Jules-César, se mit en chemin, espérant qu'elle pourrait aussi captiver Antoine très-facilement. Elle n'y réussit que trop bien pour le malheur du général romain ; car son amour pour cette princesse alla jusqu'à la fureur, et acheva d'éteindre et d'amortir quelques étincelles d'honnêteté et de vertu qui pouvaient lui rester, et mit enfin le comble à tous ses maux. Elle saisit tellement Antoine par ses attraits, et se rendit tellement maîtresse de son esprit, qu'il ne lui pouvait rien refuser. Il fit mourir, à sa prière, Arsinoé sa sœur, qui s'était réfugiée à Milet dans le temple de Diane comme dans un asile assuré.

Athen. l. 4. p 147. 148.

C'étaient tous les jours de nouvelles fêtes. Un nouveau repas enchérissait sur le précédent, et il semblait qu'elle s'étudiât à se surpasser elle-même. Pendant que Fulvie, femme d'Antoine, se donnait de grands mouvemens à Rome pour ses intérêts, et que l'armée des Parthes était prête à entrer en Syrie, au lieu de prendre de bonnes mesures pour les repousser, et de répondre aux soins de Fulvie, il se laissa entraîner par Cléopâtre à Alexandrie, où ils passaient le temps dans les jeux, les amusemens et les délices, se traitant l'un l'autre tous les jours avec des dépenses excessives et incroyables. Enfin, les conquêtes que faisait Labiénus, à la tête de l'armée des Parthes, le réveillèrent de son profond sommeil, et l'obligèrent de marcher contre eux. Mais ayant appris en chemin la mort de Fulvie, il retourna à Rome, où il se réconcilia avec le

jeune César, dont il épousa même la sœur
Octavie, femme d'un rare mérite, qui se trouvait veuve par la mort de Marcellus. On crut
que ce mariage lui ferait oublier Cléopâtre.
Mais s'étant mis en chemin pour aller contre
les Parthes, sa passion pour l'Egyptienne,
qui tenait quelque chose de l'ensorcellement,
se ralluma plus que jamais.

An. M. 3965.
Av. J C. 39.

Cette reine, au milieu des passions les plus
violentes, et de l'enivrement des plaisirs, conservait toujours du goût pour les belles-lettres
et pour les sciences. A la place de la fameuse
bibliothèque d'Alexandrie, qui avait été brûlée quelques années auparavant, elle en rétablit une nouvelle, à l'augmentation de laquelle Antoine contribua beaucoup, lui ayant
fait présent de celle qui était à Pergame, où
il se trouva plus de deux cent mille volumes.
Elle n'amassait pas des livres simplement pour
la décoration, elle en faisait usage. Il n'y
avait presque point de langue vivante qu'elle
ne possédât parfaitement, et dans laquelle
elle ne s'exprimât avec autant de grâce que
de facilité.

An. M. 3966.
Av. J. C. 38.
*Epiph. de
mens. et pon-
der.*

Plut. in Ant.
p. 927.

Cependant les choses s'étant brouillées entre César et Antoine, au point d'une rupture
ouverte, il en fallut venir aux armes pour
terminer le différent. Antoine envoya ses légions à Ephèse, pour être à portée d'agir, et
les suivit de près. Cléopâtre voulut être de la
partie ; et c'est ce qui causa la perte d'Antoine, plus encore que le temps qu'il donna à
son adversaire d'assembler toutes ses forces,
quoiqu'en cela même il fît une grande faute.
Quand César eut une armée et une flotte, il

Rupture
ouverte en-
tre César et
Antoine.

4

se mit en campagne pour aller chercher son ennemi. La bataille se donna sur mer, près de la ville d'Actium. La victoire fut long-temps douteuse, et la fortune paraissait aussi favorable à Antoine qu'à César, jusqu'à la retraite de Cléopâtre. Antoine, qui la vit fuir, oubliant tout, et s'oubliant lui-même, la suivit précipitamment, et céda à César une victoire qu'il lui avait très-bien disputée jusque là. L'armée de terre se voyant abandonnée de son général, se rendit à César, qui la reçut à bras ouverts.

Cléopâtre, de retour à Alexandrie, ne songea plus qu'à gagner César, qu'elle regardait comme son vainqueur, et à lui faire un sacrifice d'Antoine, que ses malheurs lui avaient rendu indifférent. Tel était l'esprit de cette princesse ; quoiqu'elle l'aimât jusqu'à la fureur, la couronne lui était encore plus chère que son mari. Elle songeait à la conserver au prix de la vie d'Antoine. Mais pour dissiper les soupçons et les sujets de plainte d'Antoine, elle se mit à le caresser plus que jamais.

César, pour profiter de sa victoire, suivit de près Antoine et Cléopâtre en Egypte. Il vint se présenter devant Péluse, dont le gouverneur lui ouvrit les portes, selon les ordres secrets qu'il avait reçus de la reine. Enfin, il arriva devant Alexandrie, dans l'espérance d'en être bientôt maître, par le moyen des intelligences secrètes qu'il entretenait avec Cléopâtre. En effet, Antoine ayant résolu d'attaquer César par terre et par mer, la princesse donna ordre à son amiral de livrer la flotte à César, et au commandant de la cavalerie d'abandonner Antoine, ce qui fut exécuté. Cette trahison lui fit ouvrir les yeux, et lui fit ajouter foi, mais trop tard, à ce que ses amis lui avaient dit des perfidies de la reine. Alors plein de rage et de désespoir, il courut au palais dans le dessein de se venger de Cléopâtre, mais il ne la trouva point. Cette artificieuse princesse, qui avait prévu ce qui arriva, s'était dérobée à la colère d'Antoine. Elle s'était retirée dans un des tombeaux des rois d'Egypte, qui était fortifié de bonnes murailles, et dont elle avait fait fermer les portes. Ensuite, elle fit dire à Antoine que, préférant une mort honorable à une honteuse captivité, elle s'était donné la mort au milieu des tombeaux de ses ancêtres.

Antoine, trop crédule, et passant tout d'un coup de l'excès de la colère aux plus vifs transports de la douleur, ne songea plus qu'à la suivre dans le tombeau. Il s'enferma dans sa chambre, s'enfonça l'épée dans le corps, et tomba sur le plancher. Il arriva dans le moment un officier des gardes de la reine, qui lui venait dire qu'elle était vivante. Il n'entendit pas plus tôt le nom de Cléopâtre, qu'il revint de son évanouissement, et se fit porter à la forteresse où la reine s'était enfermée. C'est là qu'il mourut entre les mains de sa chère Cléopâtre, qui était la véritable cause de tous ses malheurs. Après la mort d'Antoine, César se rendit maître de Cléopâtre, et entra sans résistance dans Alexandrie. Il ordonna qu'on eût pour la princesse tous les égards et toutes les complaisances qu'elle pourrait désirer. Son dessein était de la faire servir d'ornement à son triomphe. Cependant elle donna tous les ordres pour la sépulture d'Antoine. Elle n'épargna rien pour rendre ses obsèques des plus magnifiques, suivant la coutume des Egyptiens. Elle fit embaumer son corps avec les parfums les plus précieux de l'Orient, et le plaça parmi les tombeaux des rois d'Egypte.

César ne trouva pas à propos de voir Cléopâtre dans les premiers jours de son deuil; mais lorsqu'il crut le pouvoir faire avec bienséance, il se fit introduire dans sa chambre, après lui en avoir demandé la permission; voulant, par les égards qu'il avait pour elle, lui cacher son dessein. Elle était couchée sur un petit lit, dans un état fort simple et fort négligé. Quand il entra dans sa chambre, quoiqu'elle n'eût sur elle qu'une simple tunique, elle se leva promptement, et alla se jeter à ses genoux, horriblement défigurée, les cheveux en désordre, le visage effaré et sanglant, la voix tremblante, les yeux presque fondus à force de pleurer, et le sein couvert de meurtrissures et de plaies. Cependant, elle ne désespérait pas, toute mourante qu'elle était presque, d'inspirer encore de l'amour à ce jeune vainqueur, comme elle avait autrefois fait à César et à Antoine.

La chambre où elle le reçut était pleine de portraits de Jules-César. « Seigneur, lui dit-» elle, en lui montrant ces tableaux, voilà » les images de celui qui vous a adopté pour » vous faire succéder à l'empire romain, et » à qui je suis redevable de ma couronne. »

Puis tirant de son sein les lettres qu'elle y
avait cachées : « Voilà aussi, continua-t-elle
» en les baisant, les chers témoignages de
» son amour. » Elle en lut ensuite quelques-
unes des plus tendres, accompagnant cette
lecture de paroles touchantes et de regards
passionnés ; mais elle employa inutilement
tous ces artifices : César ne parut point touché de sa vue ni de son entretien, se contentant de l'exhorter à avoir bon courage, et l'assurant de ses bonnes intentions. Cette princesse s'aperçut bien de cette froideur, dont
elle tira un mauvais augure ; mais, dissimulant son chagrin, et changeant de discours,
elle le remercia des complimens qu'il lui avait
fait faire, et de ceux qu'il lui faisait lui-même. Elle ajouta qu'en revanche, elle voulait
lui livrer tous les trésors des rois d'Egypte,
et en effet, elle lui remit entre les mains un
bordereau de tous ses meubles, de ses pier-
reries, de ses finances. Et comme Séleucus,
un de ses trésoriers, qui était présent, lui re-
procha qu'elle n'avait pas tout déclaré, et
qu'elle cachait et retenait une partie de ce
qu'elle avait de plus précieux, outrée d'une
telle insolence, elle lui donna plusieurs coups
sur le visage. Puis se tournant vers César :
« N'est-ce pas une chose horrible, lui dit-
» elle, que lorsque vous n'avez pas dédaigné
» de me venir voir, et que vous avez bien
» voulu me consoler dans le triste état où je me
» trouve, mes propres domestiques viennent
» m'accuser devant vous, sous prétexte que
» j'ai réservé quelques bijoux de femme, non
» pour en orner une misérable comme moi,

» mais pour en faire un petit présent à Octa-
» vie votre sœur, et à Livie votre épouse, afin
» que leur protection attire de votre part un
» traitement favorable à une infortunée prin-
» cesse ? »

César fut ravi de l'entendre parler ainsi, ne
doutant point que ce ne fût l'amour de la vie
qui lui inspirait ce langage. Il lui dit qu'elle
pouvait disposer à son gré des bijoux qu'elle
avait retenus : et, après l'avoir assurée qu'il
la traiterait avec plus de générosité et de magnificence qu'elle n'osait l'espérer, il se retira, pensant l'avoir trompée, et c'était lui
qui le fut.

Ne doutant point que César n'eût dessein
de la faire servir d'ornement à son triomphe,
elle ne songea plus qu'à mourir, pour éviter
cette honte. Dans cette funeste résolution,
elle se mit au bain, et ordonna qu'on lui ser-
vît un repas magnifique. Au lever de table,
elle écrivit un billet à César, pour le prier de
permettre que son corps fût mis auprès de celui d'Antoine, dans un même tombeau ; ensuite elle se mit sur un lit de repos, présenta
le bras à un aspic qu'un fidèle serviteur, tra-
vesti en paysan, lui avait apporté dans une
corbeille de figues, ayant, par cet innocent
artifice, surpris la vigilance des gardes que
César avait mis auprès d'elle. César, après la
lecture du billet, dépêcha deux officiers pour
la prévenir ; mais, quelque diligence qu'ils
pussent faire, ils la trouvèrent morte. Cette
princesse (1) était trop fière et trop au-dessus

(1) Privata deduci superbo non humilis mulier trium-
pho. *Hor. od.* 37. *l.* 1.

du commun, pour souffrir qu'on la menât
en triomphe, attachée au char du vainqueur.
Déterminée à mourir, elle vit d'un œil tranquille et sec couler dans ses veines le poison
mortel de l'aspic, auquel elle avait tendu le
bras pour se faire piquer.

Cléopâtre mourut à l'âge de trente-neuf
ans, dont elle avait régné vingt-deux depuis
la mort de son père. Les statues d'Antoine furent abattues, et celles de Cléopâtre demeurèrent sur pied. Après la mort de cette princesse, l'Egypte fut réduite en province romaine, et gouvernée par un préfet qu'on y
envoyait de Rome. Le règne des Ptolémées en
Egypte, à en placer le commencement à l'année même de la mort d'Alexandre-le-Grand,
avait duré deux cent quatre-vingt-treize ans,
depuis l'an du monde 3683, jusqu'à l'an 3974.

Mort de Cléopâtre.
An. M. 3974.
Av. J. C. 30.

LIVRE DIX-HUITIÈME.

HISTOIRE DES ROIS DE SYRIE, DEPUIS LA BATAILLE D'IPSUS.

Dans le partage que firent les quatre princes des Etats d'Alexandre, après la fameuse bataille d'Ipsus, Séleucus eut pour son lot toute l'Asie, jusqu'au delà de l'Euphrate et jusqu'au fleuve Indus. On appelle ordinairement ses Etats le royaume de Syrie, parce que ce prince faisait sa principale demeure dans cette province ; et ses successeurs, appelés Séleucides, en firent autant. Mais il comprenait, outre la Syrie, ces vastes et riches provinces de la haute Asie, qui composaient l'empire des Perses. C'est ici que commencent les vingt années de règne que je donne à Séleucus Nicator, parce que ce ne fut que depuis la bataille d'Ipsus qu'il fut reconnu pour roi. En y ajoutant les douze années où il avait déjà exercé l'autorité royale, sans en porter le titre, cela fait les trente-deux années de règne que lui donne Ussérius.

Table chronologique des rois de Syrie depuis la mort d'Alexandre-le-Grand.

An. M.		Av. J. C
3704	Séleucus Nicator.	300
3724	Antiochus Soter.	280
3743	Antiochus Théus.	261
3758	Séleucus Callinicus.	246
3778	Séleucus Céraunus.	226
3782	Antiochus-le-Grand.	223
3817	Séleucus Philopator.	187
3829	Antiochus Epiphane.	175

An. M.		Av. J. C.
3840	ANTIOCHUS EUPATOR.	164
3842	DÉMÉTRIUS SOTER.	162
3854	ALEXANDRE BALA.	150
3859	DÉMÉTRIUS NICATOR.	145
3860	ANTIOCHUS THÉOS, fils de BALA, s'empare d'une partie de la Syrie.	144
3861	TRYPHON en fait autant peu de temps après.	143
3864	ANTIOCHUS SIDÈTE, frère de DÉMÉTRIUS NICATOR, fait mourir TRYPHON et règne à sa place.	140
3874	DÉMÉTRIUS NICATOR règne de nouveau en Syrie.	130
3877	ALEXANDRE ZÉBINA chasse du trône DÉMÉTRIUS, le fait mourir, et règne à sa place.	127
3880	SÉLEUCUS, fils de NICATOR.	124
3881	ANTIOCHUS GRYPUS.	123
3890	ANTIOCHUS le Cyzicénien partage le royaume avec GRYPUS.	114
3907	SÉLEUCUS, fils de GRYPUS.	97
3911	ANTIOCHUS EUSÈBE, fils du Cyzicénien.	93
3912	ANTIOCHUS, second fils de GRYPUS.	92
3913	PHILIPPE, troisième fils de GRYPUS.	91
3914	DÉMÉTRIUS EUCHÈRE, quatrième fils de GRYPUS.	90
3919	ANTIOCHUS DIONYSIUS; cinquième fils de GRYPUS.	85
	(Les quatre derniers rois régnèrent successivement avec EUSÈBE).	
3921	TIGRANE, roi d'Arménie, régna quatorze ans en Syrie.	83
3935	ANTIOCHUS l'Asiatique, fils d'EUSÈBE.	69

CHAPITRE PREMIER.

LE royaume de Syrie eut jusqu'à vingt-sept rois dans l'espace de 235 ans, ce qui marque que la durée de leur règne fut souvent fort courte. On les appelle ordinairement les Séleucides. Ce livre comprendra l'histoire de tout le temps de la durée de ce royaume, c'est-à-dire, de 235 ans, comme on vient de le marquer.

ARTICLE PREMIER.

Séleucus bâtit la ville d'Antioche.

An. M. 3704.
Av. J.C. 300.
Strab. l. 16.
P. 749. 750.
Appian. in
Syr. p. 124.
Justin. l. 15.
c. 4.

Séleucus, après la bataille d'Ipsus, s'empara de la haute Syrie, et y bâtit la ville d'Antioche sur l'Oronte ; il l'appela ainsi du nom de son père ou de son fils, car l'un et l'autre se nommaient Antiochus. Cette ville, où les rois de Syrie firent dans la suite leur résidence, a été long-temps la capitale de l'Orient, et elle conserva encore depuis ce privilége sous les empereurs romains. Entre plusieurs autres villes que Séleucus fit bâtir dans ce pays-là, il y en eut trois plus remarquables que les autres : l'une qu'il appela de son nom Séleucie ; la seconde, Apamée,

An. M. 3705.
Av. J.C 299.

de celui d'Apamée sa femme ; et la troisième, Laodicée, du nom de Laodice sa mère.

Plutarq. in
Demetr. pag.
903.

Pour prévenir les suites fâcheuses de l'alliance que Lysimaque avait faite avec Ptolémée, Séleucus s'allia aussi de son côté avec Démétrius, et épousa Stratonice, fille de ce prince. Une alliance si honorable, et avec un prince si puissant, fit un extrême plaisir à Démétrius, dont les affaires étaient alors dans un très-mauvais état.

Guerre en-
tre Séleucus
et Lysima-
que.

Après la mort de Ptolémée, il restait encore deux capitaines d'Alexandre, Lysimaque et Séleucus, qui avaient été jusque là toujours unis d'intérêt et d'amitié, et joints ensemble par des traités et des confédérations. Touchant déjà à la fin de leur vie (car tous deux avaient quatre-vingts ans passés), ils auraient dû, ce semble, ne penser qu'à mourir dans l'union où ils avaient vécu. Mais , tout au contraire, ils ne songeaient qu'à se faire la guerre, et à s'entre-détruire l'un l'autre. Avant de s'engager dans cette guerre, Séleucus céda à son fils Antiochus sa propre femme, nommée Stratonice, et lui céda en même temps une grande partie de son empire, ne s'étant réservé que les provinces qui sont entre l'Euphrate et la mer.

Séleucus, libre de tout autre soin, ne songea plus qu'à marcher contre Lysimaque. Il se mit donc à la tête d'une belle armée, et entra dans l'Asie mineure. Tout plia devant lui jusqu'à Sardes, où il fallut mettre le siége. Il la prit aussi, et se rendit maître par là des trésors de Lysimaque. Ce dernier, ayant passé l'Hellespont pour arrêter les progrès de Séleucus, lui livra bataille en Phrygie : il y fut battu et tué, et Séleucus devint maître de tous ses Etats. Toute la famille de Lysimaque fut exterminée par des meurtres affreux. Ainsi le royaume ne Thrace de subsista pas plus long-temps que Lysimaque, et périt avec lui. Les provinces de cet empire furent démembrées, et cessèrent de composer un seul royaume.

Justin. l. 7. c. 2. Appian. in Syr. p. 128. Mort de Lysimaque. An. M. 3723. Av. J.C. 281.

Le plaisir auquel Séleucus fut le plus sensible, fut de se trouver sur la scène le dernier des capitaines d'Alexandre, et de se voir par cette victoire le vainqueur des vainqueurs ; c'est l'expression dont il se servait. Il regardait cet avantage comme l'effet d'une providence particulière. Son triomphe ne dura pas long-temps. Sept mois après, en allant prendre possession de la Macédoine, où il comptait passer le reste de ses jours dans le sein de sa patrie, il fut assassiné lâchement par Céraunus, qu'il avait comblé d'honneurs et de bienfaits. Il l'avait reçu à sa cour dans sa fuite, l'y avait entretenu selon son rang, et l'avait mené dans cette expédition, à dessein, dès qu'elle serait achevée, d'employer les mêmes forces pour l'établir en Egypte sur le trône de son père Ptolémée Soter. Ce scélérat, insensible à tous ces bienfaits, conspira contre son bienfaiteur, et l'assassina.

Séleucus Nicator avait régné vingt ans depuis la bataille d'Ipsus, où la qualité de roi lui avait été assurée, et trente, si l'on commence son règne douze ans après la mort d'Alexandre, lorsqu'il se rendit maître de l'Asie, qui est le temps où commence l'ère des Séleucides.

Ce prince avait de grandes qualités. Sans parler de ses vertus guerrières, il se distingua entre les autres rois, par un grand amour de la justice, par une bonté et une clémence qui le rendaient cher aux peuples, et par un respect singulier pour la religion. Il ne manquait pas de goût pour les belles-lettres ; il se fit un plaisir et un honneur de renvoyer aux Athéniens leur bibliothèque, que Xerxès leur avait enlevée, et qu'il trouva dans la Perse, aussi-bien que les statues d'Armodius et d'Aristogiton, qu'Athènes honorait comme ses libérateurs. Pour Céraunus, son meurtrier et son assassin, la Providence ne le laissa pas impuni ; elle fit venir des peuples éloignés (1), pour tirer vengeance de ses crimes.

(1) C'étaient des Gaulois, qui avaient fait une irruption dans l'Orient.

Il fut battu et fait prisonnier dans une bataille contre ces nations barbares. On lui coupa la tête, qui fut mise au bout d'une lance, et montrée par dérision à l'armée ennemie.

Antiochus, surnommé Soter, succéda à son père Séleucus. A peine ce prince fut-il monté sur le trône, que, pour défendre ses droits sur la Macédoine, dont son père venait de faire la conquête peu de temps avant sa mort, il se trouva obligé d'entrer en guerre contre Antigone Gonatas, qui s'était déjà mis en possession de ce royaume, dont Démétrius son père avait été roi. Ils levèrent tous les deux de grandes armées, et formèrent de puissantes alliances ; l'un, pour se maintenir dans sa conquête ; et l'autre, pour la lui enlever. La Bithynie devint le théâtre de la guerre. Les forces des deux princes étaient si égales, que l'un n'osa pas attaquer l'autre. On fut quelque temps de cette manière dans l'inaction, et sans rien entreprendre. Pendant cet intervalle on en vint à un traité, par lequel Antigone épousa Phila, fille de Séleucus, et Antiochus lui céda ses prétentions sur la Macédoine.

An. M. 3724.
Av. J.C. 280.
Guerre
d'Antiochus
avec Antigone.

Dès qu'Antiochus se vit débarrassé de cette guerre, il marcha contre les Gaulois, qui, s'étant répandus dans ses provinces, y faisaient continuellement des courses de tous côtés, et incommodaient extrêmement leurs voisins. Il les défit dans une sanglante bataille, et délivra le pays de leur oppression. Cette action lui fit donner le titre de *Soter,* qui signifie sauveur.

An. M. 3729.
Av. J. C. 275.

Soter, après la mort de Phileterre, roi de

Guerre de
oter   avec
Eumène.
n. M. 3743
Av. J.C.261.
  *Trog. in
proc. l. 26.*

Pergame, voulut profiter de ses Etats qu'il trouvait à sa bienséance ; mais Eumène, son neveu et son successeur, avec une belle armée, qu'il leva pour se défendre, lui livra bataille près de Sardes, et le battit si bien, que non-seulement il garda ce qu'il avait déjà, mais agrandit même considérablement ses Etats par cette victoire. Antiochus, après cette défaite, revint à Antioche. Il y fit mourir un de ses fils, qui avait remué pendant son absence, et fit proclamer roi l'autre, qui portait le même nom que lui. Ce prince mourut fort peu après, et lui laissa tous ses Etats. Il l'avait eu de Stratonice, fille de Démétrius, qui, de sa belle-mère, devint sa femme.

Mort d'An-
tiochus Soter.

An. M. 3744.
Av. J.C.260.
  *Appian. in
Syr. p. 150.
Justin, l.27.
c. 1.
Poliœn.Strat.
l. 8. c. 50.*

Ce nouvel Antiochus, quand il parvint à la couronne, avait pour femme Laodice, sa sœur de père. Il prit ensuite le surnom de *Théos*, qui veut dire Dieu ; et c'est par là qu'on le distingue encore aujourd'hui des autres rois de Syrie qui ont porté le nom d'Antiochus. Les Milésiens furent les premiers qui le lui donnèrent, pour lui témoigner leur reconnaissance de les avoir délivrés de la tyrannie d'un nommé Timarque, qui s'était rendu tyran de Milet. Flatterie impie, fort à la mode dans ces siècles-là pour les princes régnans ; car les Lemniens avaient aussi fait des Dieux de son père et de son grand-père, et leur avaient élevé des temples. Les Smyrniens en firent autant pour Stratonice sa mère.

Théus fait
la guerre à
Philadelphe.
An. M. 3748.
Av. J.C 256.

Apamée, sœur d'Antiochus Théus, que Philadelphe avait renvoyée honteusement en Syrie chez son frère, sut si bien aigrir son esprit contre Ptolémée, qu'enfin elle le porta à entreprendre une guerre qui fut de longue durée et fort violente, et qui eut des suites très-funestes pour Théus, comme la suite le fera connaître. Ptolémée ne se mit point lui-même à la tête de ses armées. Il se contenta d'y employer ses généraux. Théus, qui était dans la fleur de son âge, entra lui-même en campagne, et mena avec lui toutes les forces de Babylone et de l'Orient, pour pousser cette guerre avec la dernière vigueur. L'histoire ne nous a pas conservé le détail de ce qui se passa, peut-être parce qu'il n'y eut pas de grands avantages remportés de part et d'autre, ni d'événemens fort considérables.

Pendant que Théus était occupé de la guerre d'Egypte, il se fit un grand soulèvement dans les provinces d'Orient, à quoi son éloignement l'empêcha de pourvoir assez promptement; ainsi la révolte s'augmenta et se fortifia si bien, qu'il n'y eut plus moyen d'y remédier. L'incontinence d'Agathocle, gouverneur du pays des Parthes pour Soter, qui avait voulu faire violence à un jeune garçon nommé Téridate, donna occasion à cette révolte.

An. M. 3751.
Av. J.C. 253.
Justin. l. 41.
c. 4.
Strab. l. 11.
p. 515.
Sync. p. 284.

A peu près dans le même temps, Théodote se révolta aussi dans la Bactriane, et de gouverneur qu'il était, se fit roi de cette province. Il en soumit les mille villes qu'elle contenait, pendant que le roi s'amusait à la guerre d'Egypte, pour venger la querelle d'une femme; et il se fortifia si bien dans sa révolte, qu'il ne fut plus possible de le réduire. Cet exemple fut suivi des autres nations de ce pays-là, qui secouèrent toutes le joug en mê-

Différentes révoltes dans l'empire de Syrie.

me temps : de sorte que Théus perdit toutes les provinces orientales de son empire, qui étaient au delà du Tigre.

An. M. 3755.
Av. J. C. 249.
Athen. l. 2
p. 45.

Les troubles et les révoltes de l'Orient firent enfin venir à Antiochus l'envie de se débarrasser de la guerre qu'il avait avec Philadelphe. La paix se fit entre eux, et un des premiers articles fut, que Théus répudierait Laodice pour épouser Bérénice, fille de Philadelphe ; et que, déshéritant les enfans du premier lit, il assurerait la couronne à ceux qui naîtraient de son nouveau mariage. Le traité fut ratifié, et Antiochus répudia Laodice, quoiqu'elle fût sa sœur de père, et qu'il en eût deux fils. Philadelphe lui amena sa fille à Séleucie, où Antiochus vint la recevoir, et le mariage s'y fit avec une grande magnificence. Nous allons voir qu'un mariage fondé sur des conditions si injustes, sera suivi de succès malheureux et funestes.

An. M. 3757.
Av. J. C. 247.

Peu de temps après le retour de Philadelphe en Egypte, ce prince perdit sa chère Arsinoé. Accablé d'années et d'infirmités, il ne put survivre à la douleur que lui causait la perte d'une personne qu'il aimait si tendrement. Antiochus Théus n'eut pas plus tôt appris la mort de son beau-père, qu'il répudia Bérénice, et reprit Laodice et ses enfans. Lao-

Laodice
empoisonne
Théus.
Plin. l. 7.
c. 12
Justin l. 27.
c. 1.

dice, qui connaissait la légèreté et l'inconstance du roi son mari, craignant que, par un effet de la même légèreté, il ne retournât encore à Bérénice, résolut de se servir de l'occasion pour assurer la couronne à son fils aîné. Elle fit donc empoisonner Antiochus ; et quand elle le sut expiré, elle mit

dans son lit un nommé Artémon, qui lui ressemblait beaucoup, et pour le visage et pour
la voix, afin de jouer le personnage dont elle
avait besoin. Il le fit fort adroitement, et dans
le peu de visites qu'on lui rendit, il eut grand
soin de recommander aux seigneurs et au
peuple sa chère Laodice et ses enfans. On
publia en son nom des ordres, par lesquels
son aîné, Séleucus Callinicus, était nommé
successeur à la couronne. Alors on déclara
sa mort, et Séleucus monta paisiblement sur
le trône, et l'occupa vingt ans.

Laodice, ne se croyant pas assez en sûreté, tant que Bérénice et son fils vivraient, son-gea, de concert avec Séleucus, à s'en défaire aussi. Bérénice en fut avertie, et se sauva avec son fils à Daphné, où elle se renferma dans l'asile que Séleucus Nicator y avait bâti. Mais, trompée par les fausses assurances que lui donnèrent ceux qui l'assiégeaient par or-dre de Laodice, elle se livra à eux avec tou-tes les personnes qui l'avaient accompagnée. A peine furent-ils sortis de l'asile, que pre-mièrement son fils, puis elle ensuite, et tous les Egyptiens qui l'avaient suivie, furent égor-gés de la manière la plus noire et la plus indigne. C'est ainsi que finit cet indigne ma-riage. Laodice n'eut pas une meilleure fin; car Ptolémée Evergète, pour venger la mort de sa sœur Bérénice, étant venu fondre sur les Etats de Séleucus, prit Laodice et la fit mourir. Ce prince poussa ensuite ses con-quêtes; et sans une sédition qui l'obligea de retourner en Egypte, il était sur le point de

Elle fait mourir Bé-rénice avec son fils.
An. M. 3758.
Av. J.C. 246.

se rendre maître de toutes les provinces de
l'empire de Syrie.

Cependant Séleucus, que la crainte des
troubles domestiques avait retenu dans son
royaume, voyant que Ptolémée était de retour en Egypte, partit avec une flotte considérable pour réduire les villes qui s'étaient révoltées. Elle ne fut pas plus tôt en mer, qu'une
horrible tempête la fit toute périr. Il ne se
sauva presque personne que Séleucus et quelques gens de sa suite, qui échappèrent tout
nus de ce naufrage général. Ce terrible coup,
qui semblait devoir l'abîmer, servit au contraire à rétablir ses affaires. Les villes d'Asie,
qui s'étaient révoltées par l'horreur qu'elles
avaient contre lui depuis le meurtre de Bérénice et de son fils, ayant appris ses grandes pertes, et croyant qu'il avait été assez
puni, changèrent leur haine en compassion,
et reprirent son parti.

Ce changement inespéré l'ayant remis en
possession de la meilleure partie de ses Etats,
il travailla à mettre sur pied une armée pour
reprendre le reste. Mais cet effort ne lui réussit pas mieux que le précédent. Son armée
fut battue par Ptolémée; il perdit plus de la
moitié de ses troupes, et se sauva lui-même
avec aussi peu de monde qu'il en avait eu
auparavant en échappant du naufrage; comme si, dit l'historien, triste jouet de la fortune, il n'avait recouvré son ancienne puissance que pour la perdre une seconde fois
avec plus de douleur (1).

(1) Quasi ad ludibrium fortunæ natus esset, nec prop-
ter aliud opes regni recepisset, quàm ut amitteret. *Just.*

Après

Après ce second échec, Séleucus, dans l'extrémité où il se trouvait réduit, eut recours à son frère Antiochus, et lui promit la souveraineté des provinces de l'Asie mineure, qui dépendaient de l'empire de Syrie, pourvu qu'il le vînt joindre avec ses troupes, pour agir de concert avec lui. Ce jeune prince, qui n'avait alors que quatorze ans, mais qui avait déjà toute l'ambition et toute la scélératesse qui ne se trouvent d'ordinaire que dans des hommes d'un âge fait, accepta sans balancer les offres qu'on lui faisait, non dans la vue de lui conserver ses Etats, mais pour s'en emparer lui-même. Il était d'une avidité si grande, et toujours si prêt à prendre tout ce qui se présentait à lui, sans aucun égard à la justice, qu'on lui donna le surnom d'*Hiérax*, qui veut dire un oiseau de proie qui fond sur tout ce qu'il trouve, et à qui tout est bon quand il le peut ravir. Cette ligue des deux frères fit songer Ptolémée à un accommodement avec Séleucus, et il y eut une trève conclue pour dix ans.

An. M. 3761.
Av. J.C. 243.

Antiochus ne laissa pas de faire ses préparatifs, comme pour marcher au secours de son frère, selon le traité qu'ils avaient fait ensemble, mais véritablement pour le détrôner lui-même; cachant sous le nom de frère toute la mauvaise volonté d'un ennemi. Séleucus comprit alors que c'était à lui qu'il en voulait, et passa aussitôt le mont Taurus pour arrêter ses entreprises. On en vint à une bataille près d'Ancyre en Galatie. Séleucus y fut défait, et eut de la peine à sauver sa personne. Antiochus, malgré sa victoire, cou-

Guerre entre Séleucus et Antiochus.
Justin. l. 27. c. 2.

rut, de son côté, grand risque. Ses troupes, qui étaient des Gaulois établis en Galatie, sur le bruit qui s'était répandu que Séleucus avait été tué dans l'action, avaient formé le dessein de se défaire d'Antiochus, comptant qu'après la mort de ces deux princes, ils feraient ce qu'il leur plairait en Asie. Antiochus fut obligé, pour se sauver, de leur donner tout l'argent de l'armée.

Pendant tous ces troubles, qui agitaient la Syrie vers le couchant, Théodote et Arsace se fortifiaient dans les provinces qu'ils avaient fait révolter; celui-ci dans la Parthie et l'Hyrcanie, et celui-là dans la Bactriane. Malgré tous ces démembremens de l'empire, les deux frères s'opiniâtraient toujours à se faire la guerre, sans considérer que, pendant qu'ils se disputaient l'un à l'autre l'empire que leur avaient laissé leurs pères, leurs ennemis communs le leur enlevaient pièce à pièce. Après plusieurs pertes et plusieurs défaites, Antiochus, vaincu et dépouillé, fut obligé de chercher une retraite, et d'en changer souvent avec les débris de son parti, jusqu'à ce qu'enfin il fût tout-à-fait chassé de la Mésopotamie. Il se réfugia chez Ariarathe, roi de Cappadoce, dont il avait épousé la fille. Son beau-père, malgré cette alliance, fut bientôt las d'entretenir un gendre qui lui était à charge, et résolut de s'en défaire. Antiochus, averti de son dessein, se sauva en Egypte. Il aima mieux se mettre entre les mains de Ptolémée, l'ennemi déclaré de sa maison, que de se fier à un frère qui l'avait si fort offensé. Il ne fut pas plus tôt en Egypte, que

Justin. l. 41. c. 4.

Ptolémée le fit arrêter et le mit en prison sous bonne garde, où il le retint pendant quelques années, jusqu'à ce qu'enfin, assisté par une courtisane qui le voyait, il s'évada : en sortant d'Egypte, il fut assassiné par des voleurs.

Callinicus se voyant débarrassé des troubles que son frère lui avait causés, après avoir rétabli l'ordre au dedans, et remédié aux maux qu'avait causés cette guerre, se tourna vers l'Orient, pour tâcher de réduire les révoltés, mais il n'y réussit pas. On avait donné trop de temps à Arsace pour se fortifier dans son usurpation. Après de vains efforts pour remettre ces provinces dans l'obéissance, Callinicus fut obligé d'abandonner honteusement son entreprise ; ce qui donna le temps à Arsace de se fortifier, et d'établir si bien sa domination, que tous les efforts qu'on put faire dans la suite, ne furent pas capables de l'ébranler.

Séleucus fit pourtant une nouvelle tentative, dès que ses autres affaires lui en laissèrent le temps. Cette seconde expédition fut encore plus malheureuse que la première. Non-seulement il fut défait dans une grande bataille, mais il y fut même prisonnier. Alors Arsace commença à prendre le titre de roi, et établit solidement cet empire d'Orient, qui balança depuis la puissance romaine, et fut une barrière que les Romains ne purent forcer. Arsace, d'une condition très-basse, élevé sur le trône, et devenu aussi mémorable que Cyrus chez les Perses, Alexandre chez les Macédoniens, et Romulus chez les Ro-

2

mains, est une preuve de ce que dit l'Ecri-

Dan. 4. 14.

ture : *Que le Très - Haut a la domination sur les royaumes des hommes ; qu'il les donne à qui il lui plaît, et qu'il établit roi, quand il veut, le dernier d'entre les hommes.* Séleucus Callinicus, quelque temps

Sa mort.
An. M. 3778.
Av. J.C. 226.
Justin. l. 7.
c. 7.
Athen. p.
153.

après sa détention chez les Parthes, y mourut d'une chute de cheval. Arsace, pendant tout le temps de sa captivité, le traita toujours en roi. Il laissa deux fils et une fille qu'il avait eus de Laodice. Il maria sa fille à Mithridate, roi de Pont, et lui donna la Phrygie pour sa dot. Ses fils étaient Séleucus et

Seleucus
Céraunus lui
succède.

Antiochus. Le premier, qui était l'aîné, lui succéda, et prit le surnom de *Céraunus*, ou *le foudre*, qui lui convenait très-mal · car c'était un prince très-faible de corps et d'esprit, et qui n'a jamais rien fait qui réponde à l'idée que donne ce nom.

Seleucus est
empoisonné.
An. M. 3781.
Av. J.C. 223.

Attale, roi de Pergame, s'étant saisi de toute l'Asie mineure, depuis le mont Taurus jusqu'à l'Hellespont, Séleucus marcha contre lui. Achéus son cousin, qui était homme de cœur et de tête, et que Séleucus avait chargé du maniement des affaires, l'accompagna dans cette expédition, et lui rendit tous les services que le mauvais état de ses affaires lui permettait. Il laissa la régence de la Syrie à Hermias carien. Comme il n'y avait point d'argent pour payer l'armée, et que la faiblesse du roi le faisait mépriser des soldats, Nicanor et Apaturius, deux des premiers officiers, firent une conspiration contre lui pendant qu'il était en Phrygie, et l'empoisonnèrent. Achéus vengea sa mort; il en fit mourir les deux principaux auteurs, et tous ceux qui y avaient trempé avec eux.

Séleucus étant mort sans enfans, l'armée offrit la couronne à Achéus, et plusieurs provinces en firent autant. Mais il fut assez généreux pour la refuser alors, quoique dans la suite il se crût forcé d'en user autrement. Dans la conjoncture présente, non-seulement il n'accepta pas la couronne, mais il la conserva soigneusement à l'héritier légitime, Antiochus, frère du défunt roi, qui n'était que dans sa quinzième année. Ce jeune prince, par les soins d'Achéus, monta sur le trône, et le remplit pendant trente-six ans. A cause de ses grandes actions on lui a donné le surnom de Grand.

Antiochus-le-Grand lui succède. An. M. 3782. Av. J.C. 212.

Dès qu'Antiochus eut pris possession du trône, il chargea Achéus des provinces de l'Asie mineure. Epigène eut le commandement des troupes qu'on tint auprès de la personne du roi ; et Hermias le carien fut déclaré son premier ministre. Achéus reprit bientôt ce qu'Attale avait enlevé à l'empire de Syrie, et le réduisit à son royaume de Pergame.

Cependant, Molon et Alexandre, qui étaient frères; le premier, gouverneur de la Médie, et le second de la Perse, méprisant la jeunesse du roi, ne voulurent plus le reconnaître ; et chacun d'eux se rendit souverain dans la province qui lui avait été confiée. Antiochus assembla à ce sujet son conseil, pour délibérer s'il était nécessaire qu'il marchât lui-même contre les rebelles, ou s'il devait tourner du côté de la Célé-Syrie, pour arrêter

Révoltes en Orient *Polyb. l. 5. p.* 386. 395.

les entreprises de Ptolémée Philopator. Epigène, qui passait pour un des plus habiles capitaines de son temps, et en qui les troupes avaient une entière confiance, parla le premier, et dit qu'il n'y avait pas de temps à perdre, et que le roi devait incessamment se transporter en personne dans les provinces d'Orient. Hermias qui était un petit esprit, mais fier et plein de lui-même, attaché à son sentiment, qui aurait cru se déshonorer s'il eût demandé ou suivi conseil, et qui en voulait surtout à Epigène, à cause de son mérite qui lui était odieux, combattit avec aigreur un avis si sage, et détermina le roi à marcher contre Philopator. Xénon et Théodote furent chargés d'aller soumettre les révoltés.

Mariage d'Antiochus. Ses mauvais succès en Orient.

Antiochus, étant parti d'Antioche, vint à Séleucie où il épousa Laodice, fille de Mithridate, roi de Pont. Il s'y arrêta quelque temps pour célébrer son mariage, dont la joie fut bientôt troublée par la nouvelle de la défaite des généraux qu'on avait envoyés contre Molon et Alexandre. Antiochus vit alors la faute qu'il avait faite de ne pas suivre l'avis d'Epigène, et voulait abandonner le dessein de la Célé-Syrie, pour aller, avec toutes ses forces, arrêter cette rébellion. Mais Hermias persista avec opiniâtreté dans son premier sentiment, et crut dire des merveilles, en déclarant d'un ton emphatique : *Qu'il convenait au roi de marcher en personne contre des rois, et d'envoyer ses lieutenans contre les rebelles.* Le roi eut encore la faiblesse de se rendre à l'avis de son ministre ; mais il eut aussi tout le temps de s'en repentir; car le nouveau général qu'on avait envoyé contre les révoltés, qui n'avait d'autre mérite que d'être ami et créature du ministre, alla donner, au passage du Tigre, dans une embuscade où l'ennemi l'attira par un stratagème, et il y périt lui et toute son armée.

Le roi cependant s'était avancé dans la Célé-Syrie, jusqu'à la vallée qui est entre les deux chaînes du Liban et de l'Antiliban. Il en trouva les passages si bien fermés, qu'il fut obligé de retourner sur ses pas. La nouvelle qu'il reçut de la défaite de ses troupes dans l'Orient, hâta encore sans doute sa retraite. Il assembla son conseil, et remit de nouveau l'affaire des rebelles en délibération. Épigène, après avoir dit d'un ton modeste, que le parti le plus sage aurait été de marcher d'abord contre eux, pour ne leur point laisser le moyen de se fortifier comme ils avaient fait, ajoutant que c'était une nouvelle raison maintenant de ne plus perdre de temps, et de donner tous ses soins à une guerre qui pouvait entraîner la ruine de l'empire, si on la négligeait ; Hermias s'emporta violemment contre Épigène, et le chargea d'injures; mais comme il vit que le roi et ceux qui composaient le conseil étaient de l'avis d'Épigène, et que l'on concluait d'une voix unanime à marcher contre les rebelles, il embrassa le sentiment commun, avec une sorte d'empressement et d'ardeur; mais il se vengea d'Épigène, en obtenant du roi, quoiqu'avec peine, de ne le point mener avec lui à cette expédition et de l'exiler. Cependant sa vengeance n'était pas encore pleinement

Il marche en personne contre les rebelles.

4

satisfaite. Il fallait se défaire d'un homme dont la vertu et le mérite étaient pour lui un reproche continuel de sa mauvaise conduite. C'est ce qu'il fit, sous le faux et vain prétexte de correspondance avec les révoltés. Cependant Antiochus passa l'Euphrate, rassembla ses troupes, et les mit en quartiers d'hiver dans le voisinage, en attendant la belle saison.

Dès qu'elle fut venue, il les fit marcher du côté du Tigre, passa ce fleuve, força Molon d'en venir à une action, remporta sur lui une victoire si complète, que le rebelle voyant tout perdu, se tua lui-même de désespoir. Son frère Alexandre était alors en Perse, où Néolas, un autre de leurs frères, qui s'était échappé de cette bataille, lui en apporta la triste nouvelle. Se voyant sans ressource, ils tuèrent premièrement leur mère, puis leurs femmes et leurs enfans, et enfin se tuèrent eux-mêmes, pour ne pas tomber entre les mains du vainqueur. Voilà la fin qu'eut cette rébellion, qui causa la ruine de tous ceux qui y avaient eu part. Digne récompense de quiconque osé prendre les armes contre son prince. Après cette victoire, les débris de l'armée vaincue se soumirent au roi, qui se contenta de leur faire une forte réprimande, et leur pardonna leur faute.

Peu de temps après cette fameuse victoire, lorsque le roi était encore occupé à rétablir son autorité dans les provinces où s'était faite la révolte, et à ramener tout à l'ancien ordre, on reçut la nouvelle qu'il était né un fils au roi; ce qui fut un grand sujet de joie, et pour la cour et pour toute l'armée. Hermias, dès

An. M. 3784.
Av. J.C. 220.
Il soumet les rebelles.

Polyb. l. 5. p. 399.
An. M. 3785.
Av. J.C. 219.
Se défait d'Hermias, son premier ministre.

ce moment, songea aux moyens de se défaire du roi, dans l'espérance qu'après sa mort il ne manquerait pas d'être nommé tuteur du jeune prince, et que, sous son nom, il exercerait un empire absolu. Le roi, instruit de son dessein, le prévint, et le fit assassiner. Cette mort causa une joie universelle dans tout l'empire. Cet homme cruel et hautain avait gouverné avec dureté et violence. Il n'avait jamais pu souffrir qu'on ouvrît d'avis contraire au sien, ou qu'on apportât d'opposition à ses desseins, sans perdre ceux qui auraient eu le courage de le faire. Aussi s'était-il fait universellement haïr. Cette haine parut surtout à Apamée. Car dès qu'on y eut appris la nouvelle de sa mort, toute la ville, en furie, courut lapider sa femme et ses enfans.

Achéus, que nous avons vu ci-dessus refuser la couronne qu'on lui avait offerte après la mort de Séleucus Céraunus, pour éviter les mauvais desseins de ses ennemis, qui faisaient courir le bruit à la cour qu'il songeait à usurper la couronne, et que, dans cette vue, il avait des liaisons secrètes avec Philopator, se fit déclarer roi de toutes les provinces de l'Asie mineure, et prit la couronne qu'il avait refusée auparavant. Il devint bientôt l'un des plus puissans princes de l'Asie, et chacun recherchait avec empressement son alliance.

C'est contre lui et contre Ptolémée qu'Antiochus songeait à tourner ses armes. Mais il se détermina à marcher d'abord contre Philopator, avant d'attaquer Achéus, à qui l'on se contenta pour lors de faire de grandes menaces, et toutes les troupes eurent ordre de se rendre à Apamée, pour être employées contre la Célé-Syrie. Antiochus fit d'abord de grandes conquêtes dans cette province, et la soumit presque entièrement ; mais la campagne suivante ne lui fut pas si favorable. Il fut battu à Raphia, et la perte de cette bataille entraîna avec elle la perte de toutes les conquêtes de l'année précédente. Après cette bataille, le roi se retira à Antioche, d'où il envoya demander la paix à Ptolémée, et lui céda les provinces qui faisaient le sujet de leur querelle. Ptolémée Philopator, qui désirait de son côté de terminer la guerre, fut charmé de sa demande, et la paix fut conclue sur les conditions proposées par Antiochus.

Ce prince, après avoir fait la paix avec le roi d'Egypte, donna toute son application à la guerre contre Achéus, fit tous les préparatifs pour en commencer les opérations. Il passa le mont Taurus, et entra dans l'Asie mineure pour la réduire. Il pressa si fort Achéus, qu'il fut obligé d'abandonner la campagne, et de se renfermer dans Sardes, qu'on prit par ruse. Achéus s'étant retiré dans le château, s'y défendit encore long-temps; mais enfin il fut livré à Antiochus par deux traîtres Crétois. Cette trahison confirma le proverbe, qui disait (1) : *Que les Crétois étaient des menteurs et des fourbes.* Antiochus lui fit aussitôt trancher la tête, et termina par là cette guerre d'Asie.

(1) Cretenses semper mendaces. *Tit.* 1. 12.

ARTICLE II.

Expédition d'Antiochus vers l'Orient.

Après la mort d'Achéus, Antiochus, ayant An. M. 3792. employé quelque temps à mettre ordre à ses Av. J C. 212. affaires dans l'Asie mineure, marcha vers *Polyb. l. 18.* P. 597. 602. l'Orient, pour réduire les provinces qui avaient secoué le joug de l'empire de Syrie. Il commença son expédition par la Médie, qu'Arsace, roi des Parthes, venait de lui enlever pendant qu'il était occupé à la guerre de Philopator et d'Achéus. Il fit traverser les déserts à son armée, entra dans la Médie, chassa Arsace, et regagna toute cette province. Antiochus y passa le reste de l'année à rétablir l'ordre, et à faire les préparatifs nécessaires pour continuer la guerre.

Il entra de fort bonne heure l'année sui- An. M. 3794. vante dans le pays des Parthes, où il eut le Av. J. C 210. même bonheur qu'il avait eu dans la Médie l'année précédente. Arsace fut obligé de se retirer en Hyrcanie. Antiochus l'y suivit, et força tous les postes où Arsace avait placé des troupes pour garder l'entrée du pays, et alla assiéger Séringis, capitale de l'Hyrcanie. Il y fit, au bout de quelque temps, une grande brèche, et prit la ville d'assaut. Arsace ce- *Justin. l. 41.* pendant se donnait de grands mouvemens. c. 5. Il assembla une armée de cent mille hommes de pied et de vingt mille hommes de cavalerie. Alors il fit tête à l'ennemi, et arrêta ses progrès avec beaucoup de valeur. Sa résistance fit durer la guerre, qui paraissait presque à sa fin. Après bien des combats, Antiochus, voyant qu'il ne gagnait rien, jugea qu'il serait fort difficile d'abattre un ennemi si puissant, et de le chasser entièrement des provinces où il s'était si bien affermi avec le temps. Ainsi il commença à écouter les ouvertures d'accommodement qu'on lui fit, pour terminer une guerre si fâcheuse. On traita donc enfin, et l'on convint qu'Arsace garderait la Parthie et l'Hyrcanie, à condition qu'il aiderait Antiochus à recouvrer les autres provinces révoltées.

Antiochus, après cette paix, tourna ses armes contre Euthydème, roi de la Bactriane. Il fit tous ses efforts pour reconquérir cette province; mais la valeur et la vigilance d'Euthydème, qui la défendait, les rendit inutiles. Antiochus, dans cette guerre, donna des preuves d'une valeur extraordinaire. Dans un des combats qui s'y donnèrent, il eut un cheval tué sous lui, et reçut une blessure à la bouche, qui ne fut pas dangereuse, et se termina à lui faire sauter quelques dents. Il se lassa enfin d'une guerre par laquelle il vit bien qu'il ne viendrait jamais à bout de détrôner ce prince. Il se détermina donc à faire la paix avec lui. Il lui accorda le nom de roi, et promit à son fils une de ses filles en mariage. Après ce traité, Antiochus passa le mont Caucase, et entra dans l'Inde, où il renouvela l'alliance avec le roi du pays. Il passa de là dans l'Arachosie, ensuite dans la Drangiane, puis dans la Carmanie, établissant dans toutes ces provinces son autorité et le bon ordre.

Il passa l'hiver dans cette dernière province; de là il revint par la Perse, la Babylonie et la Mésopotamie, et arriva enfin à An-

tioche, au bout de sept ans qu'avait duré
cette expédition. La vigueur de ses entreprises, et la prudence avec laquelle il avait conduit toute cette guerre, lui acquirent la réputation d'un prince sage et vaillant, et le
rendirent formidable à l'Europe aussi-bien
qu'à l'Asie.

Fort peu de temps après son arrivée, il apprit la mort de Philopator. Pendant la vie de
ce prince, Antiochus et Philippe, rois de Macédoine, avaient paru fort attachés à ses intérêts, et toujours prêts à lui donner du secours. A peine fut-il mort, laissant après lui
un jeune enfant pour lui succéder, que ces
deux princes se liguèrent pour se défaire de
ce légitime héritier, et partager ensuite cette
succession. Antiochus entra pour cet effet
dans la Célé-Syrie et dans la Palestine ; et,
en moins de deux campagnes, il fit la conquête entière de ces deux provinces.

Quelques années après cette expédition ,
Antiochus attaqua vivement Attale , roi de
Pergame , par terre et par mer. Ce fut pendant ce temps-là que le ministre d'Alexandrie, le voyant occupé dans l'Asie mineure ,
à la guerre qui s'était allumée entre lui et
Attale , envoya Scopas dans la Palestine et
dans la Célé-Syrie, pour tâcher de reprendre
ces provinces. Il parut dans la suite que les
grands succès de Scopas venaient principalement de l'absence d'Antiochus. En effet,
dès que ce prince, à la sollicitation des Romains, eut mis bas les armes qu'il avait prises contre Attale, et qu'il fut venu en personne dans la Célé-Syrie, les choses changè-

Antiochus
fait la con-
quête de la
Célé Syrie.

An. M. 3800.
Av. J.C. 204.

Il la perd,
et en fait une
seconde fois
la conquête.
Liv. 32. Jo-
seph. Antiq.
l 12. c. 3.
An. M. 3806.
Av. J. C. 198.

rent de face, et la victoire se déclara bientôt pour lui. Scopas fut battu à Panéas, assiégé dans Sydon, où il s'était retiré, et obligé de se rendre au vainqueur à des conditions honteuses.

Joseph. ib.

De là Antiochus alla dans la Palestine, qu'il soumit. Dès que les Juifs, qui pour lors avaient tout sujet d'être mécontens de l'Egypte, surent que ce prince approchait de leur pays, ils allèrent avec empressement lui porter les clefs de toutes les places; et quand il vint à Jérusalem, les prêtres et les anciens sortirent en pompe au-devant de lui. Ils lui rendirent toutes sortes d'honneurs, et l'aidèrent à chasser du château la garnison que Scopas y avait laissée. Pour reconnaître ces services, Antiochus leur accorda plusieurs priviléges, et il ordonna, par un décret, qu'aucun étranger n'eût à entrer dans l'enclos du temple; défense qui paraissait véritablement faite à cause de l'attentat de Philopator, qui avait voulu y entrer par force.

Antiochus forme le dessein de se soumettre toute l'Asie mineure.
An. M. 3808.
Av. J.C. 196

Antiochus, après la conquête de la Célé-Syrie et de la Palestine, forma le dessein de conquérir l'Asie mineure. Son grand but était de remettre l'empire de Syrie sur l'ancien pied, en réunissant tout ce qu'avaient eu autrefois ses ancêtres, surtout Séleucus Nicator qui l'avait fondé. Il se mit pour cela à la tête d'une puissante armée : ses progrès furent rapides, et ses victoires firent craindre aux Romains qu'il ne passât en Europe.

Liv. l. 38. n. 38. 42.
Polyb. l. 17. p. 769. 770.

Smyrne, Lampsaque, et les autres villes grecques, qui jouissaient alors de la liberté, voyant bien que le but d'Antiochus était de

se les assujettir, résolurent de se défendre ; *App. de bell.*
et comme elles étaient par elles-mêmes trop *Sy. p* 86 88.
faibles pour résister seules à un si puissant
ennemi, elles eurent recours à la protection
des Romains, qui leur fut accordée sans peine.
On vit bien à Rome qu'il fallait arrêter les
progrès d'Antiochus vers l'occident, et de
quelle conséquence il serait de le laisser s'a-
grandir, en s'établissant sur les côtes d'Asie,
selon le plan qu'il en avait formé. On lui envoya donc incessamment une ambassade.

Cependant Antiochus avait fait des détachemens de son armée, qui avaient formé
les siéges de Smyrne et de Lampsaque. Ce
prince avait passé lui-même l'Hellespont avec
le reste de son armée, et soumis toute la
Chersonnèse de Thrace. Ayant trouvé la ville
de Lysimachie toute en ruines, il se mit à la *Il rebâtit la ville de Ly-*
rebâtir, dans le dessein de fonder là un royau- *simachie.*
me pour Séleucus son second fils, de lui soumettre tout le pays d'alentour, et de faire de
cette ville la capitale du nouveau royaume.

Ce fut justement dans le temps qu'il for- *Ambassade*
mait tous ces projets, qu'arrivèrent en Thra- *des Romains*
ce des ambassadeurs romains que le sénat *à Antiochus.*
lui avait députés. Dans les premiers entretiens qu'eut le roi avec les ambassadeurs, tout
se passa en civilités qui paraissaient sincères;
mais quand on commença à parler d'affaires, les choses changèrent de face. L. Cornélius, qui portait la parole, demanda qu'Antiochus rendît à Ptolémée Epiphane toutes
les villes de l'Asie qu'il avait usurpées sur lui;
qu'il évacuât toutes celles qui avaient appartenu à Philippe, n'étant pas juste qu'il re-

cueillît les fruits de la guerre que les Romains avaient eue avec ce prince ; qu'il laissât en paix les villes grecques de l'Asie, qui jouissaient de leur liberté. Il ajouta que les Romains étaient fort surpris qu'Antiochus eût passé en Europe avec deux armées si nombreuses de terre et de mer, et qu'il rétablît la ville de Lysimachie; entreprise qui ne pouvait avoir d'autre but que de les attaquer.

Antiochus répondit à tout cela, qu'Epiphane aurait satisfaction quand son mariage, qui était déjà arrêté, s'accomplirait; que pour les villes grecques qui demandaient à conserver leur liberté, c'était de lui qu'elles devaient la tenir, et non des Romains. A l'égard de Lysimachie, il dit qu'il la rebâtissait pour servir de résidence à son fils Séleucus; que la Thrace et la Chersonnèse qui en faisaient partie, étaient à lui ; qu'elles avaient été conquises sur Lysimaque par Séleucus Nicator, un de ses ancêtres, et qu'il y venait comme dans son héritage; que pour les villes qu'il avait prises sur Philippe, il ne savait pas sur quel titre les Romains prétendaient lui en disputer la possession ; qu'il les priait de ne se pas plus mêler des affaires de l'Asie, qu'il ne se mêlait de celles d'Italie. Les esprits s'échauffèrent, et l'assemblée se sépara en désordre : aucun des partis n'eut satisfaction, et tout prit le train d'une rupture ouverte.

Pendant ces négociations, il se répandit un bruit que le jeune roi d'Egypte était mort. Antiochus se mit aussitôt en mer pour aller prendre possession de ce royaume ; mais

ayant appris en route des nouvelles certaines
que le bruit de la mort de Ptolémée était faux,
il alla passer l'hiver à Antioche, sans rien entreprendre de nouveau cette année-là. Il sortit de cette ville au commencement du printemps, pour se rendre à Ephèse. A peine
était-il parti d'Antioche, qu'Annibal y arri- *Annibal se retire auprès d'Antiochus.*
va. Il venait se mettre sous sa protection. Ne
l'ayant point trouvé dans cette ville, il fut
obligé de le suivre à Ephèse.

Il l'y trouva justement dans le temps qu'il
balançait en lui-même s'il entrerait en guer- *Ce prince se détermine à faire la guerre aux Romains.*
re avec les Romains. L'arrivée d'Annibal fit
grand plaisir à Antiochus. Il ne douta point
qu'avec un homme qui avait battu tant de
fois les Romains, et qui par là s'était acquis à juste titre la réputation du plus grand
général qui eût jamais été, il ne pût venir à
bout de tout. Il ne roulait plus dans son ima-
gination que des victoires et des conquêtes.
La guerre fut résolue, et on employa toute
cette année et la suivante à en faire les préparatifs. Dans un conseil qu'on tint à ce sujet, l'avis d'Annibal fut dès lors, et il pensa
toujours de même dans la suite, qu'il fallait
porter la guerre dans l'Italie; qu'autrement
nul prince, nul peuple ne pouvaient être su-
périeurs aux Romains, et que l'Italie ne pouvait être vaincue que dans l'Italie même. Il
ne demandait que cent galères, dix mille
hommes de pied, et mille chevaux. Il assu-
rait qu'avec cette flotte il irait d'abord en
Afrique, où il espérait engager les Carthaginois à se joindre à lui; et que, s'il n'y réussissait pas, il irait droit en Italie, où il trou-

verait bien le moyen de susciter des affaires aux Romains ; qu'il fallait que le roi passât en Europe avec le reste de ses troupes, sans se transporter encore en Italie; mais faisant toujours mine de vouloir y passer. Le roi goûta d'abord extrêmement ce projet ; mais il n'eut pas la force de l'exécuter ; ce qui fut la véritable cause de tous ses mauvais succès dans cette guerre.

Antiochus commença par entrer dans la Grèce. Il se rendit maître de Chalcis et de toute l'Eubée. Ce prince compta pour beaucoup d'avoir, dans sa première campagne, fait la conquête et la réduction d'une île si considérable. Mais il était à la veille d'en voir faire de bien plus importantes sur lui. Les Romains, après avoir consulté la volonté des Dieux par la voix des augures, et fait tous les préparatifs nécessaires, firent passer le consul Acilius en Grèce, pour l'opposer à Antiochus. Ce prince, ayant joint les troupes des alliés aux siennes, se rendit maître de plusieurs villes de Thessalie. Puis il se retira à Chalcis, où il épousa la fille de son hôte, dont il était devenu éperdument amoureux : oubliant la grande entreprise qu'il avait formée, la guerre contre les Romains, il passa tout le reste de l'hiver en divertissemens et en fêtes, à l'occasion de ses noces.

Il ne revint de l'assoupissement où cette mollesse l'avait jeté, que quand il apprit que le consul Acilius marchait à grandes journées contre lui dans la Thessalie. Comme il n'avait que très-peu de troupes, tout ce qu'il put faire alors, fut de se saisir du dé-

An. M. 3813.
Av. J.C. 191.
Liv. l. 36.
n. 1.
Appian. in
Syr. p. 93 94.

filé des Thermopyles. Antiochus se croyait
ainsi en sûreté contre les Romains. Le consul s'en approcha, résolu de l'attaquer. Mais,
comme il était impossible de forcer le pas,
il envoya Caton, qui, ayant été consul, et à
la tête des armées en Espagne, servait alors
sous les ordres d'Acilius, sans croire se déshonorer; le consul l'envoya, dis-je, pour chercher quelque route écartée. Après avoir es-
suyé des fatigues incroyables, Caton traver-
sa les montagnes par le même sentier où
Xerxès, et Brennus après lui, s'étaient ouvert un passage. Quand il fut sur les hauteurs, il s'avança sans différer à la tête de son
détachement, et mit en fuite un corps de
troupes qui le gardaient. Dans le moment
même, le consul de son côté attaqua les retranchemens d'Antiochus avec toutes ses troupes, et les força. Le roi, blessé à la bouche,
d'un coup de pierre, qui lui fracassa les dents,
fut obligé par la douleur de tourner bride.
Après sa retraite, aucune partie de son armée n'osa tenir ferme, ni attendre les Romains. Toute l'armée fut taillée en pièces, à
la réserve de cinq cents hommes, avec lesquels Antiochus se sauva à Chalcis. La victoire remportée sur Antiochus fut suivie de
la reddition de toutes les places que ce prince avait prises, et en particulier de Chalcis,
de toute l'Eubée et de l'Etolie, que les Romains forcèrent, par la voie des armes, de se
soumettre, et d'abandonner Antiochus.

Pendant que tout ceci se passait en Grèce,
Antiochus demeurait tranquille à Ephèse où
il s'était retiré, s'assurant, sur la parole de

*Liv. l. 15.
n. 66. 27.
Plut. in
Caton. p. 343.
344.*

Il est défait
aux Thermo-
pyles par les
Romains.
An. M. 3813.
Av. J. C. 191.

*Liv. l. 36.
n. 41. 45.
Appian. in
Syr. p. 99.
100.*

ses flatteurs et de ses courtisans, qu'il n'avait rien à craindre des Romains, et qu'ils ne songeaient point à passer en Asie. Annibal fut seul capable de le tirer de cet assoupissement. Il lui déclara nettement qu'il devait compter qu'au premier jour il aurait à combattre par terre et par mer, contre les Romains, dans l'Asie et pour l'Asie, et qu'il fallait se résoudre, ou à renoncer à l'empire, ou à le défendre, les armes à la main, contre des ennemis qui n'aspiraient à rien moins qu'à se rendre maîtres de l'univers.

Il perd une bataille sur mer.

Le roi comprit alors le danger où il était. Il donna tous les ordres nécessaires, et alla lui-même dans la Chersonnèse pour y mettre toutes les places en état de faire une bonne défense, après quoi il revint à Ephèse. On y résolut dans un grand conseil, de hasarder un combat naval. Polyxénide, amiral de la flotte, eut ordre d'aller chercher C. Livius, qui commandait celle des Romains, et de l'attaquer. Ils se rencontrèrent près du mont Coryque en Ionie. Le combat fut fort opiniâtre. Enfin l'amiral d'Antiochus fut battu et obligé de prendre la fuite, après avoir perdu vingt-trois vaisseaux. Il se sauva à Ephèse avec le reste.

Liv. l. 37. n. 8.

Antiochus était à Magnésie, occupé à assembler ses forces de terre, lorsqu'il apprit la défaite de sa flotte. Il songea aussitôt à en équiper une nouvelle. Pour cet effet il fit réparer les vaisseaux qu'on avait sauvés, y en ajouta de nouveaux, et envoya Annibal en Syrie, pour lui envoyer ceux de cette province et de Phénicie. Ce grand capitaine fut attaqué à son retour par les Rhodiens, qui le battirent, le poussèrent dans un port, et l'y bloquèrent si bien, qu'il lui fut impossible d'agir et de rendre aucun service au roi. Ce prince reçut la nouvelle de cette défaite, à peu près en même temps qu'il eut avis que le consul romain, Cornélius Scipion, avec son frère Scipion l'Africain, s'avançait à grandes journées dans la Macédoine, et qu'il se préparait à passer en Asie par l'Hellespont. Pour empêcher que l'Asie ne devînt le théâtre de la guerre, le roi crut que le meilleur moyen était de recouvrer l'empire de la mer, qu'il avait presque perdu par la perte des deux combats dont j'ai parlé. Il résolut donc de hasarder encore une bataille; et pour cela il se rendit à Éphèse où était sa flotte. Il l'envoya sous la conduite de Polyxénide, avec ordre de chercher l'ennemi et de le combattre. Polyxénide trouva la flotte romaine près de Myonnèse, ville maritime d'Ionie, et l'attaqua avec aussi peu de succès qu'auparavant. Emilius remporta sur lui une victoire complète, et l'obligea de se retirer à Éphèse, après lui avoir coulé à fond vingt-neuf vaisseaux, et lui en avoir pris treize.

Antiochus fut si frappé de ce coup, qu'il en parut entièrement déconcerté, et, comme si le bon sens l'avait abandonné, il prit des mesures visiblement contraires à ses intérêts. Il fit demander la paix aux Romains; mais les conditions lui parurent si dures, qu'il ne put se résoudre à les accepter. Ainsi il se prépara à hasarder une bataille; et les Romains, qui étaient déjà passés en Asie, en firent au-

Ibid. n. 23. 24.
Corn. Nep. in Annib. c. 8.
App in Syr. p. 100.

Il en per une seconde

Liv. l. 17. n. 31.
Appian. in Syr. p. 104.

Bataille de
Magnésie.
Antiochus
est battu.
An. M. 3814.
Av. J.C 190.

tant de leur côté. Les deux armées s'étant rencontrées auprès de Magnésie, elles en vinrent aux mains ; le combat fut fort long, et fort opiniâtre. Antiochus, qui était à l'aile droite, avait enfoncé l'aile gauche des Romains, et les avait poursuivis jusqu'aux portes du camp. Mais son aile gauche et le corps de bataille ne se battirent pas avec le même succès. L'armée fut défaite, et Antiochus perdit en cette bataille plus de cinquante mille hommes qui furent tués ou faits prisonniers. Annibal et Scipion l'Africain ne se trouvèrent ni l'un ni l'autre à ce combat. Le premier était bloqué par les Rhodiens, et l'autre était resté malade à Elée.

Le roi se retira à Sardes avec ce qu'il put ramasser des troupes qui avaient échappé au carnage. De Sardes il passa en diligence le mont Taurus, et gagna Antioche. Dès qu'il y fut arrivé, il envoya des ambassadeurs pour

Traité de
paix.
Liv. l. 37.
n. 45.

demander la paix aux Romains. Elle lui fut accordée, à condition qu'il évacuerait toute l'Asie en deçà du mont Taurus, et qu'il payerait tous les frais de la guerre. Tel fut le succès de cette guerre, qui aurait tourné infailliblement à l'avantage d'Antiochus, s'il avait voulu suivre le plan qu'Annibal lui en avait tracé. Mais une sotte vanité l'empêcha de suivre des conseils si sages, et de faire usage d'un si grand capitaine, dont le nom seul faisait trembler les Romains. Il ne faut pas oublier ici qu'une des conditions du traité de paix, fut qu'Antiochus leur livrerait Annibal, aussi-bien que Thoas l'étolien; mais dès qu'ils eurent avis qu'on négociait un traité, jugeant bien qu'ils seraient sacrifiés, ils pourvurent l'un et l'autre à leur sûreté, en se retirant avant qu'il fût conclu. Ainsi fut terminée la guerre contre **Antiochus**, qui ne fut pas de longue durée, puisqu'elle ne dura que deux ans. Elle coûta peu de sang aux Romains, et contribua pourtant beaucoup à l'agrandissement de leur empire. Mais en même temps cette victoire contribua aussi, d'une autre manière, au dépérissement et à la ruine de ce même empire, en introduisant à Rome, par les richesses qu'elle y fit entrer, le goût du luxe, de la mollesse et des délices; car c'est à cette victoire remportée sur Antiochus, et à cette conquête de l'Asie, que Pline attache l'époque de la corruption des mœurs de la république romaine, et du funeste changement qui y arriva. L'Asie, vaincue par les armes de Rome, vainquit Rome à son tour par ses vices (1).

Antiochus était fort embarrassé de trouver l'argent qu'il fallait payer aux Romains. Il alla lui-même dans les provinces d'Orient, pour recueillir le tribut qu'elles lui devaient, et laissa la régence de la Syrie à son fils Séleucus. Quand il fut arrivé dans la province d'Elimaïde, il apprit qu'il y avait un grand trésor dans le temple de Jupiter Bélus. Sous un faux prétexte que les habitans de cette province s'étaient révoltés contre lui, il entra de nuit dans le temple, et en enleva toutes les richesses qui y étaient gardées religieusement depuis fort long-temps. Le peuple, irrité de ce

An. M. 3817
Av. J. C. 187
Justin. l. 35
c. 2.

Mort d'Antiochus.

______

(1) Armis vicit, vitiis victus est. *Senec. de Alex.*

sacrilége, se souleva contre lui, et l'assomma avec toute sa suite.

Caractère de ce prince. C'était un prince fort louable pour son humanité, sa clémence et sa libéralité. Jusqu'à l'âge de cinquante ans, il s'était conduit dans ses affaires avec une valeur, une prudence et une application qui avaient fait réussir toutes ses entreprises, et lui avaient mérité le titre de Grand. Mais depuis ce temps, sa sagesse et son application avaient fort décliné, et ses affaires avaient pris le même train. Sa conduite dans la guerre contre les Romains, le peu d'usage, ou plutôt le mépris qu'il fit des sages conseils d'Annibal, la paix honteuse qu'il fut obligé d'accepter, ternirent tout l'éclat de ses premiers succès ; et sa mort, causée par une entreprise impie et sacrilége, laissa à son nom et à sa mémoire une tache ineffaçable.

Séleucus Philopator lui succède. Après la mort d'Antiochus-le-Grand, Séleucus Philopator, l'aîné de ses fils, qu'il avait laissé à Antioche en partant pour les provinces d'Orient, lui succéda. Ce prince vécut dans l'obscurité et le mépris. Son règne ne fut pas de longue durée, et n'eut rien de mémorable. *I. Mach.3.* C'est sous lui qu'arriva l'histoire célèbre d'Héliodore, rapportée dans le second livre des Machabées. Le roi fut bientôt puni *Sa mort. An M.3829. Av. J.C 175.* de ce sacrilége, par celui-là même qu'il avait employé pour piller le temple. Héliodore, croyant avoir trouvé une occasion favorable d'usurper la couronne, en se défaisant de Séleucus, le fit empoisonner. Ce prince n'avait régné qu'onze ans.

Antiochus, surnommé depuis Ephiphane,

qui

qui revenait de Rome en Syrie, apprit à Athènes la mort de son frère Séleucus. On lui donna avis que l'usurpateur avait un gros parti. Antiochus eut recours à Eumène, roi de Pergame, et à son frère Attale, qui le placèrent sur le trône après avoir chassé Héliodore. Ce prince prit le titre d'*Epiphane*, c'est-à-dire, l'*Illustre*. Jamais ce titre ne fut plus mal appliqué. Toute la suite de sa vie fera voir qu'il méritait bien plus celui d'*Epimane*, que quelques-uns lui donnèrent : ce mot signifie *insensé*, *furieux*.

On raconte de lui des choses qui prouvent combien est juste l'épithète de méprisable que lui donne l'Ecriture (1). Il sortait souvent du palais avec deux ou trois domestiques, et s'en allait courir les rues à Antioche. Il s'amusait à causer avec des artisans, et à disputer avec eux des minuties de leur art, qu'il se piquait ridiculement d'entendre aussi-bien qu'eux. Il buvait souvent avec des étrangers de la plus basse condition. Quand il apprenait qu'il y avait quelque partie de plaisir faite par des jeunes gens, il allait, sans rien dire, faire le fou, chanter et boire avec eux, ne gardant aucune mesure ni bienséance. On peut juger par ces traits, et par beaucoup d'autres semblables que je passe, si Antiochus ne méritait pas à plus juste titre le surnom d'Insensé, que celui d'Illustre.

A peine ce prince était-il bien établi sur le trône, que les ministres de Ptolémée Philométor, roi d'Egypte, qui n'était âgé que de seize ans, lui firent demander la Pales-

Antiochus Epiphane monte sur le trône de Syrie.

Conduite indigne d'Antiochus Epiphane.

An M. 3831.
Av. J.C. 173.
Il fait la guerre à Philométor, roi d'Egypte

(1) Stabit in loco ejus despectus. *Dan.* 8. 21.

Machab.
c. 4.

tine et la Célé-Syrie, qu'ils croyaient appartenir à leur maître. Les Egyptiens, pour soutenir leurs prétentions alléguaient que, dans le partage de l'empire d'Alexandre, fait après la célèbre bataille d'Ipsus, ces provinces avaient été assignées à Ptolémée Soter. Ils ajoutaient qu'Antiochus-le-Grand était convenu, en donnant sa fille en mariage au roi d'Egypte, de lui rendre en même temps ces provinces à titre de dot, et que c'avait été le principal article de ce mariage. Epiphane niait l'un et l'autre de ces faits, et faisait valoir ses prétentions. Toutes ces discussions ne se terminèrent à rien, et il fallut avoir recours aux armes pour en décider.

Liv. l. 42.
n. 9.
Polyb. in
Legat. c. 71.
72.
Justin. l. 34.
c. 2.
Diod. Legat. 18.
Hieronim.
in Daniel.
Ses succès en Egypte.

Antiochus se prépara sérieusement à la guerre, dont il voyait bien qu'il était menacé de la part de Philométor pour ces provinces. Se trouvant en état de la commencer, il résolut de ne la pas attendre dans ses Etats, et de la porter lui-même dans ceux de son ennemi. Il se mit donc à la tête de son armée, et marcha vers la frontière de l'Egypte. L'armée de Ptolémée et la sienne se joignirent entre le mont Casius et Péluse, et l'on en vint à une bataille, où Antiochus remporta la victoire, dont il profita si bien, qu'il mit la frontière en état de servir de barrière, et d'arrêter tous les efforts que pouvait faire l'Egypte pour regagner ces provinces. Ce fut là sa première expédition contre l'Egypte. Ensuite, sans entreprendre autre chose cette année, il retourna à Tyr, et mit son armée en quartier d'hiver dans les places voisines.

Il employa tout l'hiver à faire de nouveaux

préparatifs de guerre, pour une seconde expédition en Egypte, et dès que la saison le permit, il l'attaqua et par mer et par terre. Philométor avait mis une nombreuse armée sur pied. Mais elle ne tint pas devant le roi de Syrie. Celui-ci gagna une seconde bataille sur la frontière, prit la ville de Péluse, et entra jusque dans le cœur de l'Egypte. Philométor fut pris, ou du moins vint se mettre lui-même entre les mains d'Antiochus, qui lui laissa sa liberté entière. Ils mangeaient à la même table, vivaient en amis, et pendant quelque temps même, Antiochus affectait de prendre soin des intérêts de ce jeune roi son neveu, et de régler les affaires comme son tuteur.

Antiochus, ayant eu avis que les Alexandrins avaient mis sur le trône le frère de Philométor, en prit occasion de revenir encore pour une troisième fois en Egypte, sous prétexte de rétablir le roi déposé, mais en effet pour se rendre maître absolu du royaume. Il battit les Alexandrins dans un combat naval près de Péluse, entra par terre en Egypte, et marcha droit à Alexandrie, dans le dessein d'en former le siége. Dans cette extrémité, Ptolémée Evergète et Cléopâtre sa sœur, qui étaient dans la place, envoyèrent des ambassadeurs à Rome, représenter le triste état où ils étaient réduits, et implorèrent le secours du peuple romain. Le sénat, touché des représentations des ambassadeurs, et persuadé d'ailleurs qu'il n'était pas de l'intérêt des Romains de laisser si fort agrandir Antiochus, résolut d'envoyer une ambassade en

Egypte pour mettre fin à la guerre. C. Popilius Lénas, C. Décimus, et C. Hostilius, furent les trois qu'on choisit pour cette importante négociation.

Liv. l. 45. n. 11. Cependant Epiphane, voyant la résistance d'Alexandrie, dont il sentit qu'il faudrait lever le siége, fit semblant de se raccommoder avec Philométor, leva le siége d'Alexandrie, marcha droit à Memphis, et remit Philométor en possession de tout le pays, excepté Péluse, qu'il garda comme une clef pour entrer quand il lui plairait en Egypte. Après cet accommodement simulé, il retourna à Antioche.

Il entre en Egypte pour la quatrième fois. Les deux frères, ouvrant les yeux sur leurs véritables intérêts, parlèrent d'accommodement, et l'accommodement se fit en effet, par le moyen de Cléopâtre leur sœur. Dès qu'Antiochus eut appris la réunion des deux frères, il résolut d'employer contre eux toutes ses forces. Il se mit en effet à la tête d'une puissante armée, entra en Egypte, perça jusqu'à Memphis, et prit ensuite la route d'Alexandrie, dans le dessein de former le siége de cette ville, dont la prise l'aurait rendu maître absolu de tout le royaume. Il y aurait infailliblement réussi, s'il n'eût trouvé en y allant une ambassade de Rome, qui l'arrêta, et rompit toutes les mesures qu'il avait prises depuis long-temps pour s'assujettir l'Egypte.

Ambassade des Romains à Epiphane. Liv. l. 45. n. 11. Pol. Legat. 92. Les ambassadeurs romains le rencontrèrent à Eleusine, qui n'était qu'à un quart de lieue d'Alexandrie. Popilius lui présenta le décret du sénat, lui dit de le lire, et de lui rendre réponse sur-le-champ. Epiphane, après l'avoir lu, lui dit qu'il en délibérerait avec ses amis, et lui rendrait sa réponse dans peu. L'ambassadeur romain, indigné que le roi parlât de délai, fit, avec une baguette qu'il avait à la main, un cercle sur le sable, autour d'Antiochus, et haussant la voix : *Il faut*, lui dit-il, *que vous rendiez réponse au sénat, avant que de sortir du cercle que je viens de tracer.* Le roi, étourdi d'un ordre si fier, après avoir un peu pensé en lui-même, répondit qu'il ferait ce que le sénat souhaitait. Ce qui inspirait à l'un tant de hardiesse, et à l'autre tant de docilité, était la nouvelle qu'on avait reçue tout fraîchement de la grande victoire que les Romains avaient remportée sur Persée, roi de Macédoine. Antiochus sortit de l'Egypte au jour marqué, rendit aux Egyptiens l'île de Cypre, et retourna à Antioche.

Epiphane, à son retour de l'Egypte, outré de se voir arracher par les Romains une couronne sur laquelle il avait compté, et dont il se voyait presque en possession, fit tomber tout le poids de sa colère sur les Juifs, qui ne lui en avaient donné aucun sujet. Il détacha, en traversant la Palestine, vingt-deux mille hommes, dont il donna le commandement à Apollonius, et lui ordonna de détruire la ville de Jérusalem. Celui-ci exécuta fidèlement, et avec une cruauté inouïe, sa commission. Comme ce trait d'histoire est connu de tout le monde, et qu'il revient mieux à celle des Juifs qu'à celle que nous écrivons ici, il suffit d'indiquer les originaux où cette histoire est rapportée.

An. M. 3836.
Av. J. C. 168.
Ses cruautés contre les Juifs.

I. Machab.
l. 30 et 11. 6 et 7.
Joseph. Antiq. l. 12. c. 7.

Après toutes les sanglantes exécutions que
ce prince impie et barbare avait faites, par
lui-même ou par ses généraux, sur la nation juive, au retour d'une expédition qu'il
avait faite en Perse, et qui ne lui avait pas
mieux réussi que celle de ses officiers en Judée,
la main de Dieu le frappa, et il fut attaqué
d'une effroyable douleur dans les entrailles,
et d'une colique qui le tourmentaient cruellement. *Et ce fut avec beaucoup de justice,*
dit l'Ecriture, *puisqu'il avait déchiré lui-
même les entrailles des autres par un
grand nombre de nouveaux tourmens.*

Mais ce premier coup n'abattit point encore son orgueil : au contraire, se laissant
aller aux transports de sa fureur, et ne res-
pirant que feu et flamme contre les Juifs, il
commanda qu'on hâtât son voyage. Lorsque
ses chevaux couraient avec impétuosité, il
tomba de son chariot ; il eut tout le corps
fracassé et les membres tout meurtris de cette
chute. Il fallut le mettre dans une litière, où
il souffrait des tourmens horribles. Il sortait
des vers de son corps ; toutes les chairs lui
tombaient par pièces, avec une odeur si effroyable, que toute l'armée n'en pouvait souffrir la puanteur. Ne pouvant lui-même la supporter : *Il est juste,* s'écria-t-il, *que l'homme soit soumis à Dieu, et que celui qui
est mortel ne s'égale pas au Dieu souverain.* Reconnaissant que c'était la main de
Dieu qui le frappait à cause des maux qu'il
avait faits dans Jérusalem, il faisait à Dieu
de magnifiques promesses, par lesquelles *il*
espérait fléchir sa colère. *Mais,* ajoute l'E-

Il est frap-
pé de la main
du Seigneur.

criture, *ce scélérat priait le Seigneur, de qui il ne devait point recevoir miséricorde.* En effet, ce meurtrier, ce blasphémateur (ce sont les noms que le Saint-Esprit substitue au surnom d'*Illustre* que les hommes avaient donné à ce prince), frappé d'une horrible plaie, et traité comme il avait traité les autres, finit sa vie criminelle par une mort misérable.

Avant de mourir, il recommanda à Philippe son frère de lait et son favori, qu'il établit régent pendant la minorité de son fils, âgé alors de neuf ans, d'employer tous ses soins à élever ce jeune prince de la manière la plus propre à lui enseigner l'art de régner et de gouverner les peuples avec justice et modération. Ce sont des instructions que la plupart des princes ne donnent à leurs enfans qu'en mourant, après leur avoir donné, pendant toute leur vie, des exemples tout contraires : aussi ne font-elles pas un grand fruit. Philippe prit le soin de faire transporter le corps du roi à Antioche. Ce prince avait régné onze ans.

Antiochus, surnommé Eupator, âgé de neuf ans seulement, succéda à son père Antiochus Épiphane, dans le royaume de Syrie. Philippe, à qui le feu roi avait donné la régence pendant la minorité de son fils, en arrivant à Antioche, trouva qu'un autre avait déjà usurpé l'emploi que la confiance du feu roi lui avait destiné. Lysias, sur les premiers avis de la mort d'Epiphane, avait d'abord mis sur le trône Antiochus son fils, dont il était gouverneur, et avait pris, avec sa tutelle, les ré-

4

nes du gouvernement, sans avoir aucun égard
à la disposition qu'avait faite le roi en mourant.
Philippe vit bien qu'il n'était pas alors en état
de là lui disputer. Il se retira en Egypte, dans
l'espérance de trouver à cette cour l'assistance
dont il avait besoin pour rentrer dans ses
droits et chasser l'usurpateur.

*Machab. V.
1. 68. 3. Ma-
chab. X. 14.
38.*
Judas Machabée cependant signalait son
courage par plusieurs victoires considérables
qu'il remporta sur les ennemis du peuple de
Dieu, qui lui faisaient toujours une guerre
implacable. On peut voir le détail de ces victoires dans l'histoire des Juifs, ou dans les
livres des Machabées, ou bien dans Joseph.

Philippe, que le feu roi avait établi régent
du royaume, voyant bien qu'il n'avait rien à
espérer du côté de l'Egypte, à cause de la
brouillerie qui était survenue entre les deux
frères, Ptolémée Philométor et Ptolémée Evergète, qui régnaient conjointement, retourna
dans l'Orient, y ramassa quelques troupes
de Mèdes et de Perses, et profitant de l'absence du roi, qui marchait en personne contre les Juifs, il s'empara de la capitale de
l'empire. Sur cette nouvelle, Lysias jugea
qu'il était nécessaire de faire la paix avec les
Juifs, afin de tourner ses armes contre son
rival en Syrie. La paix se fit donc à des conditions fort avantageuses et fort honorables
pour les Juifs. Le prompt retour d'Antiochus
chassa Philippe d'Antioche, et mit fin à sa
courte régence, et bientôt après à sa vie.

*An. M. 3841.
Av. J.C. 163.*
Démétrius, fils de Séleucus Philopator, qui,
depuis l'année que mourut son père, avait
toujours continué de demeurer en otage à

Rome, était dans la vingt-troisième année
de son âge, quand il apprit la mort d'Antiochus Epiphane, et l'avénement d'Eupator son
fils à la couronne, qu'il prétendait avec justice lui appartenir de droit, comme fils du
frère aîné d'Epiphane. Il proposa au sénat de
le rétablir sur le trône de son père ; et, pour
.'y encourager, il lui représenta qu'ayant été
élevé à Rome dès son bas âge, il la regarderait toujours comme sa patrie, les sénateurs
comme ses pères, et leurs fils comme ses frères. Le sénat eut plus d'égard aux intérêts de
la république qu'au droit de Démétrius, et
jugea qu'il serait plus avantageux aux Romains qu'il y eût un roi mineur sur le trône
de Syrie, qu'un prince comme Démétrius,
qui pourrait dans la suite leur devenir formidable. Ainsi, ils firent un décret pour con-
firmer Eupator, et envoyèrent en Syrie Cn.
Octavius, Sep. Lucrétius et L. Aurélius, avec
le caractère d'ambassadeurs, pour y régler
toutes choses conformément aux articles du
traité fait avec Antiochus-le-Grand. Leur
vue était d'affaiblir de toutes manières les
forces du royaume.

Quand les ambassadeurs furent arrivés en
Syrie, ils trouvèrent que le roi avait plus de
vaisseaux et d'éléphans que le traité fait avec
Antiochus-le-Grand, après la bataille du
mont Sypile, ne le portait. Ils firent brûler
les vaisseaux, tuer les éléphans qui se trouvèrent passer le nombre stipulé dans le traité, et réglèrent toutes les autres choses de la
manière qui leur parut la plus avantageuse
aux Romains. Ce traitement parut insuppor-

*Appian. in
Syr. p. 117.
Justin. l. 34.
c. 3.*

table, et souleva l'esprit du peuple contre eux. Un nommé Leptine en fut si indigné, que, de rage, il se jeta sur Octavius pendant qu'il était au bain, et le tua. On soupçonna Lysias, régent du royaume, d'avoir trempé sous main dans cet assassinat. On envoya aussitôt des ambassadeurs à Rome pour justifier le roi, et protester qu'il n'avait eu aucune part à cet attentat. Le sénat les renvoya sans leur donner aucune réponse, pour marquer, par ce silence, combien il était indigné du meurtre commis dans la personne d'Octavius, dont il se réservait l'examen et la vengeance. Cependant, pour honorer sa mémoire, il lui *Cicer. Ph-* érigea une statue parmi celles des grands hom-*lipp 9. n. 4.* mes qui avaient versé leur sang pour la défense de la patrie.

Démétrius crut que le mécontentement des Romains contre Eupator était pour lui une conjoncture favorable dont il fallait profiter, et il s'adressa une seconde fois au sénat pour en obtenir la permission de retourner en Syrie. Il fit cette démarche contre l'avis de la plupart de ses amis, qui lui conseillaient de se sauver sans rien dire. L'événement lui fit bientôt connaître qu'ils pensaient juste. Comme les mêmes raisons d'intérêt qu'avait eues d'abord le sénat de le retenir à Rome subsistaient toujours, il en reçut la même réponse, et eut la douleur d'essuyer un second refus. Alors il revint au premier conseil de ses amis; et Polybe l'historien, qui était alors à Rome, fut un de ceux qui le pressèrent le plus vivement de l'exécuter secrètement, mais promptement. Il le crut. Après avoir pris toutes ses mesures, il sortit de Rome sous prétexte d'une partie de chasse, se rendit à Ostie, et s'embarqua avec une petite suite dans un vaisseau carthaginois qui allait à Tyr, et qui l'attendait.

Démétrius se sauve de Rome.
Polyb. Legat. 107.

Démétrius ayant débarqué à Tripoli en Syrie, le bruit se répandit que c'était le sénat qui l'avait envoyé prendre possession de ses États, et qu'il était bien résolu de l'y soutenir. Aussitôt on regarda Eupator comme un homme perdu, et tout le monde l'abandonna pour prendre le parti de Démétrius. Eupator et Lysias, arrêtés par leurs propres soldats, furent livrés au nouveau venu, qui les fit mourir. Ainsi Démétrius se trouva établi sur le trône sans opposition, et avec une rapidité prodigieuse.

Une des premières actions de son règne, fut de délivrer les Babyloniens de la tyrannie de Timarque et d'Héraclide, qui avaient été les deux grands favoris d'Antiochus Epiphane. Il avait fait le premier gouverneur, et le second trésorier de cette province. Timarque ayant ajouté la rébellion à ses autres crimes, Démétrius le fit mourir ; il se contenta de bannir l'autre. Les Babyloniens eurent tant de joie de se voir délivrés de l'oppression de ces deux frères, qu'à cette occasion ils donnèrent à leur libérateur le titre de *Soter* ou *Sauveur*, qu'il porta toujours depuis.

Sur le faux et calomnieux rapport qu'Alcime, à la tête d'une troupe de Juifs apostats, vint faire au nouveau roi, que Judas et ses frères avaient tué tous ceux du parti du roi, qui étaient tombés entre leurs mains,

Guerre contre les Juifs

Démétrius s'imaginant que tous les Juifs étaient révoltés contre lui, envoya contre eux les généraux avec de puissantes armées. Mais Judas Machabée dissipa tous leurs efforts, les mit en fuite et les tailla en pièces. Démétrius voyant la défaite de ses troupes, et ayant peut-être même reçu la lettre du sénat en faveur des Juifs, par laquelle on lui enjoignait de ne les plus tourmenter, et qu'on le menaçait de la guerre, s'il continuait de le faire, retira ses troupes de la Judée, et laissa ce pays jouir quelque temps de la tranquillité. En effet, Démétrius ménageait extrêmement les Romains dans ce temps-là, et se donnait de grands mouvemens pour les engager à le reconnaître pour roi, et à renouveler le traité fait avec les rois ses prédécesseurs. Enfin, à force de sollicitations pressantes, il obtint ce qu'il voulait. Les Romains le reconnurent pour roi de Syrie, et renouvelèrent les traités faits avec cette couronne.

An. M. 3844.
Av. J.C. 160.
Polyb. Legat. 120.

An. M. 3845.
Av. J.C. 159.
Ambassade de Démétrius à Rome.

Pour cultiver leur amitié, il envoya l'année suivante Ménochare en ambassade à Rome, conjointement avec quelques autres. Ils furent chargés d'une couronne, pesant dix mille pièces d'or (1), dont il faisait présent au sénat, pour lui témoigner sa reconnaissance des bons traitemens qu'il en avait reçus pendant qu'il était en otage à Rome. Le sénat reçut les ambassadeurs avec les honneurs ordinaires, et accepta le présent qu'ils apportaient.

Démétrius, qui se trouvait sans guerre et

(1) Elle valait plus de dix mille pistoles. *Polyb. Legat.* 120.

sans occupation, commençait à donner dans les plaisirs, menait une vie oisive, et d'une bizarrerie assez singulière. Cette conduite lui faisant négliger tous les devoirs de la royauté, souleva bientôt tous les esprits contre lui. Il se forma une conspiration pour le déposer. Elle fut découverte, mais elle ne fut pas éteinte. Les mécontens, soutenus sous main par Ptolémée Philométor, Attale et Ariarathe, qui cherchaient à se venger de quelques mécontentemens qu'ils avaient reçus de Démétrius, suscitèrent un imposteur, pour lui faire jouer le personnage de fils d'Antiochus Epiphane, et pour le charger des prétentions héréditaires à la couronne de Syrie. Cet imposteur était un nommé Alexandre Bala, de basse extraction, mais fort propre à jouer le rôle qu'on lui donnait.

Quand il fut bien dressé, les trois rois qui étaient du secret, le reconnurent pour roi. Ensuite il fut mené à Rome avec Laodice, fille véritable d'Antiochus Epiphane, afin de mieux couvrir l'imposture. A force de sollicitations et d'adresse, on le fit reconnaître, et on obtint un décret du sénat en sa faveur, qui non-seulement lui permettait de retourner en Syrie pour recouvrer ses Etats, mais qui lui accordait même l'assistance du peuple romain pour cet effet. Le sénat connaissait fort bien l'imposture et la fiction, mais il était bien aise d'humilier Démétrius dont il était mécontent. Avec cette déclaration des Romains, l'imposteur n'eut pas de peine à trouver des troupes. Il se saisit de Ptolémaïde dans la Palestine, et là, sous le nom d'A-

An. M. 3850.
Av. J.C. 154.
Démétrius s'abandonne aux plaisirs.
Joseph. Antiq. l. 13. c. 3.
Justin. l. 35. c. 1.
Athen. l. 10. p. 449.

Imposture de Bala, surnommé Alexandre.
An. M. 3851.
Av. J.C. 153.

lexandre, fils d'Antiochus Epiphane, il prit le titre de roi de Syrie, et plusieurs mécontens vinrent l'y trouver et se ranger autour de lui.

Cette nouvelle fit sortir Démétrius de son indolence, pour songer à se défendre. Il assembla tout ce qu'il put de troupes. Alexandre de son côté arma aussi. Les deux rois se mirent en campagne. Démétrius, qui ne manquait ni de courage ni de bon sens, quand le vin ne lui troublait pas la raison, remporta la victoire dans une première bataille, mais il n'en tira aucun avantage. Alexandre eut bientôt de nouvelles troupes, que lui fournirent les trois rois qui l'avaient produit, et qui continuaient à le soutenir vigoureusement. On en vint à un second combat, qui fut décisif. Démétrius fut défait, et dans la retraite, son cheval le précipita dans une fondrière, où ceux qui le poursuivaient le tuèrent à coups de flèches. Il avait régné douze ans. Alexandre, par cette victoire, se trouva maître de l'empire de la Syrie. Dès qu'il se vit tranquille, il envoya demander en mariage à Ptolémée, roi d'Egypte, Cléopâtre sa fille. Elle lui fut accordée, et son père la conduisit lui-même jusqu'à Ptolémaïde, où se célébra le mariage.

Le nouveau roi se trouvant paisible possesseur de la couronne de Syrie, crut qu'il n'avait plus rien à faire, qu'à prendre tous les plaisirs que lui fournissaient l'abondance et le pouvoir où il était parvenu. Il laissa entièrement le soin des affaires à son favori, nommé Ammonius. Ce favori insolent et cruel

An. M. 38.2.
Av. J C 152.

An. M. 3854.
Av. J C. 150.
Démétrius est tué dans un combat.

I. Machab.
l. 5. v. 56.

An. M. 3856.
Av. J.C. 148.
Mauvaise conduite d'Alexandre.
Liv Ep.
l. 50.
Justin. l. 35.
c. 2.
Joseph. Antiq. l 3 c. 8.

fit mourir Laodice, sœur de Démétrius et
veuve de Persée, roi de Macédoine; Antigone, fils de Démétrius; enfin tous ceux du
sang royal qu'il put trouver. Cette conduite
lui attira bientôt, et à son maître aussi, la
haine des peuples.

Démétrius, l'aîné des fils de Démétrius,
était à Cnide. Quand il eut avis de cette haine
des peuples, il crut l'occasion favorable pour
rentrer dans ses droits. Il alla débarquer avec
quelques compagnies de Crétois en Cilicie.
Il y vint bientôt un assez grand nombre de
mécontens, pour en former une armée, avec
laquelle il se rendit maître de tout ce pays-
là. Alexandre se réveilla, et quitta son sérail
pour songer à ses affaires. Il se mit à la tête
d'une armée qu'il forma de tout s les troupes
qu'il put assembler. Les deux armées se joignirent, et on en vint aux mains. Alexandre
perdit la bataille, et s'enfuit avec cinq cents
chevaux vers Zabdie, prince arabe (1), à qui
il avait confié ses enfans. Trahi par celui en
qui il avait eu le plus de confiance, on lui
trancha la tête. Il avait été cinq ans sur le
trône. Démétrius, qui était parvenu à la couronne par cette victoire, prit le surnom de
Nicator, qui veut dire le vainqueur, titre
qu'il ne mérita pas trop bien.

Ce jeune prince, qui était sans expérience,
laissait tout faire à Lasthène, son favori; c'é-
tait un homme corrompu et téméraire, qui
se conduisait si mal, qu'il fit bientôt perdre
à son maître le cœur de ceux qui lui étaient

I. Machab.
X. 67. 89.
Diod. in
Except.
*Vales.p.*346.

An. M. 3859.
Av.J.C. 145.

____

(1) Il est nommé dans les livres des Machabées Emal-
cuel.

Démétrius
s'attire la
haine de ses
peuples
*Joseph. An-
tiq. l. 13. c.
8 et 9.*
Antiochus
Théos.
*Appian. in
Syr. p. 131.*

les plus nécessaires pour le soutenir. Démétrius s'abandonnant sans mesure à toutes sortes d'excès, de violences et de cruautés, poussa à bout la patience des peuples ; de sorte que tous ses sujets se trouvèrent disposés à une révolte générale. Diodore, surnommé Tryphon, amena en Syrie Antiochus, fils d'Alexandre Bala, et fit déclarer partout ses prétentions à la couronne par un manifeste. Les mécontens se rangèrent en foule auprès du prétendant, et le proclamèrent roi. Ils marchèrent sous ses étendards contre Démétrius, le battirent et l'obligèrent à se retirer à Séleucie. Ils se rendirent maîtres d'Antioche, y placèrent Antiochus sur le trône des rois de Syrie, et lui donnèrent le surnom de *Théos*, qui signifie Dieu.

An. M. 3860.
av. J.C. 144.
Tryphon
fait mourir
Antiochus,
et usurpe la
couronne.
*Justin. L 36.
c 1.*
*I. Machab.
XII. 19. 54.
XIII. 30.
Epit. Liv.
55.*

Tryphon, dont le plan était de se servir des prétentions d'Antiochus, jusqu'à ce qu'il eut détrôné Démétrius, et ensuite de se défaire de ce jeune prince, et de prendre la couronne pour lui-même, voyant tout au point où il voulait, pour commencer à exécuter le projet qu'il avait formé de faire périr Antiochus, le fit tuer secrètement. Il fit ensuite courir le bruit qu'il était mort de la pierre ; et en même temps il se déclara roi de Syrie en sa place, et prit possession de la couronne.

Démétrius cependant s'amusait à se divertir à Laodicée, et s'abandonnait aux plus infâmes débauches, sans devenir plus sage par l'adversité, et sans qu'il parût même qu'il

Expédition
de Démétrius
en Orient.

sentît le moins du monde ses malheurs. Il revint enfin un peu de sa léthargie, à l'occasion des députés qui lui vinrent de l'Orient, pour l'inviter à y passer. Les Parthes avaient inondé presque tout l'Orient, et subjugué tous les pays d'Asie, qui sont entre l'Inde et l'Euphrate. Démétrius, à la sollicitation de ses peuples, entreprit cette expédition, et passa l'Euphrate, laissant Tryphon en possession de la plus grande partie de la Syrie. Il comptait qu'étant une fois maître de l'Orient, avec ce surcroît de puissance, il serait plus en état à son retour de réduire ce rebelle.

Dès qu'il parut en Orient, tous les peuples se déclarèrent en sa faveur ; et avec les secours qu'il en tira, il défit plusieurs fois les Parthes, mais à la fin, sous prétexte de traiter avec lui, ils l'attirèrent dans une embuscade, où il fut fait prisonnier, et toute son armée taillée en pièces. Ce fut par ce coup que l'empire des Parthes s'établit d'une manière si ferme, qu'il se soutint ensuite pendant plusieurs siècles, et devint la terreur de tous ses voisins, jusqu'à aller de pair avec les Romains mêmes, par la force des armes et la réputation des exploits militaires.

Mithridate, roi des Parthes, prince brave et sage, entre les mains de qui tomba Démétrius, l'envoya en Hyrcanie, qui lui fut assignée pour sa résidence, et lui donna sa fille Rhodogune, en mariage. Cependant il était toujours regardé comme prisonnier de guerre, quoiqu'il eût d'ailleurs toute la liberté qu'on peut accorder dans cet état. Son fils Phraate, qui lui succéda, le traita de la même sorte. On remarque en particulier de ce Mithridate, qu'ayant subjugué plusieurs nations différentes, il prit de chacune ce qu'elle avait de meilleur dans ses lois et dans ses coutumes, et qu'il en fit un excellent corps de lois et de maximes d'Etat pour le gouvernement de son empire. C'est là faire un bel usage de ses victoires, d'autant plus louable, qu'il est rare et presque inouï, d'être plus attentif à profiter des sages coutumes des peuples vaincus, qu'à s'enrichir de leurs trésors.

Antiochus Sidète.
An. M. 3864.
Av. J C. 140.

Quand la reine Cléopâtre vit son mari pris et retenu prisonnier par les Parthes, et qu'elle eut appris que Démétrius avait épousé Rhodogune, elle en fut si outrée, qu'elle ne garda plus de mesure, et résolut de chercher de l'appui par un nouveau mariage. Dans cette vue, elle fit proposer à Antiochus, frère de Démétrius, de l'épouser, et en ce cas, de lui procurer la couronne. Antiochus accepta les offres de Cléopâtre, l'épousa, et prit le titre de roi de Syrie.

An. M. 3865.
Av. J. C. 139.
Joseph Antiq. XII. 12 et 13
I Machab. XV. 1 41, XVI. 1. 10.

Au commencement de l'année suivante, il fit une descente en Syrie avec une armée de troupes étrangères qu'il avait prises à sa solde en Grèce, dans l'Asie mineure et dans les îles ; et après avoir joint ce qu'il avait de troupes à celles de Cléopâtre, il se mit en campagne pour aller combattre Tryphon. La plupart des troupes de cet usurpateur, lasses de sa tyrannie, le quittèrent, et vinrent grossir l'armée d'Antiochus. Tryphon, qui ne se voyait pas alors en état de lui faire tête, se retira à Dora. Antiochus vint l'y assiéger par mer et par terre avec toutes ses forces. Comme la place ne pouvait pas tenir long-temps contre une armée aussi puissante que celle

du roi , Tryphon se sauva par mer à Ortho-
sie , d'où il gagna Apamée qui était le lieu
de sa naissance ; il y fut pris, et on le fit
mourir. Ainsi, Antiochus mit fin à cette usurpation , et resta tranquille possesseur du
royaume de son père , qu'il occupa neuf ans.
Sa passion pour la chasse lui fit donner le
surnom de *Sidète* ou *le chasseur*, du mot
Zidah , qui signifie la même chose dans la
langue syriaque.

Démétrius Nicator était toujours retenu prisonnier par les Parthes dans l'Hyrcanie, où
rien ne lui manquait que la liberté ; mais
sans elle tout le reste n'est rien. Il avait fait
quelques tentatives pour se la procurer, et pour
retourner dans son royaume. Elles furent toutes inutiles. Il fut arrêté, à deux différentes
reprises , dans le milieu de sa fuite, et pour
toute peine, ramené dans le lieu de son exil,
où il fut gardé avec plus de soin , mais traité
toujours avec la même magnificence.

Démétrius
chez les Par-
thes.
An. M. 3873.
Av. J.C. 131.
Val. Max.
l. 9. *c.* 1.
Jus in. l. 38.
c. 9. 10. *l.*
39. *c.* 1.

Antiochus Sidète , qui craignait que le roi
des Parthes, sous prétexte de venir rétablir
Démétrius dans son royaume, ne s'en em-
parât lui-même, voulut le prévenir , et marcha contre lui avec une puissante armée. Il
eut d'abord de grands succès. Il battit Phraate,
roi des Parthes, en trois batailles, et reprit la
Babylonie et la Médie. Toutes les provinces de
l'Orient, qui avaient autrefois appartenu à
l'empire de Syrie, secouèrent le joug des Parthes , et se soumirent à lui, excepté la Parthie même, où Phraate se trouva réduit dans
les bornes étroites de son premier royaume.
Ces premiers succès n'eurent point de sui-

Expédition
d'Antiochus
Sidète con-
tre les Par-
thes.
Ses succès.

te, Antiochus ayant mal-à-propos divisé ses troupes, et les ayant mises dans des quartiers d'hiver si écartés les uns des autres, qu'elles ne pouvaient pas aisément se rejoindre, et former un seul corps d'armée, pour se défendre si on les attaquait. Les habitans du pays, qui se trouvaient extrêmement incommodés de ces hôtes, à qui rien ne suffisait, conspirèrent avec les Parthes de les massacrer tous en un même jour dans leurs quartiers, sans leur donner le temps de se rassembler, et la chose s'exécuta. Antiochus, qui avait gardé quelques corps de troupes auprès de sa personne, se mit en devoir d'aller secourir les quartiers les plus proches de lui; mais il fut accablé par le nombre, et y périt lui-même. Tout le reste de l'armée fut massacré dans ses quartiers ou fait prisonnier.

La nouvelle de cette défaite répandit un grand deuil à Antioche, et y causa une grande consternation. On y pleura en particulier la mort d'Antiochus, prince estimable par plusieurs bonnes qualités. Plutarque rapporte de lui un mot qui lui fait honneur. Un jour qu'il prenait le divertissement de la chasse, s'étant égaré, et se trouvant seul, il se retira dans une cabane de pauvres gens qui le reçurent du mieux qu'il leur fut possible sans le connaître. Pendant le souper, lui-même ayant fait tomber la conversation sur la personne et la conduite du roi, ces bonnes gens lui dirent que le roi était un bon prince, mais que sa trop grande passion pour la chasse lui faisait négliger les affaires de son royaume, et qu'il s'en reposait sur des courtisans qui ne répondaient pas toujours à ses bonnes intentions. Antiochus ne répondit rien sur-le-champ. Le lendemain, sa suite étant arrivée à la cabane, il fut reconnu pour ce qu'il était. Il raconta à ses officiers ce qui s'était passé la veille, et leur dit, comme par reproche : *Depuis le temps que je vous ai attachés à mon service, je n'ai commencé qu'hier à entendre la vérité sur ce qui me regarde.*

Phraate, battu trois fois par Antiochus, avait enfin relâché Démétrius, et l'avait envoyé avec un corps de troupes en Syrie, dans l'espérance que son arrivée y pourrait causer quelques troubles qui obligeraient Antiochus d'y retourner. Mais après le massacre d'Antiochus et de son armée, il détacha un parti de cavalerie pour le rattraper. Démétrius, qui avait craint quelque contre-ordre de cette nature, avait fait tant de diligence, qu'il avait déjà passé l'Euphrate avant que ce parti fût sur la frontière. Ainsi il recouvra ses États, et en fit de grandes réjouissances, pendant que tout le reste de la Syrie pleurait la perte de l'armée, à laquelle il n'y avait presque point de famille qui n'y fût intéressée d'une manière particulière, par la perte de quelque proche parent.

Pendant que l'empire de Syrie était agité de ces troubles, Ptolémée Physcon gardait toujours la même conduite en Egypte. Pour se venger d'une invasion que Démétrius, depuis qu'il était remonté sur le trône de Syrie, avait faite dans ses Etats, il appuya contre lui un imposteur nommé Alexandre Zébina.

Démétrius remonte sur le trône de Syrie.
An. M. 3874.
Av. J.C. 130.

Justin. l. 38.
c. 8 et 9. l. 39. c. 1.
Val. Max.
l. 9. c. 2. 7.
An. M. 3877.
Av. J.C. 127.

Il était le fils d'un fripier d'Alexandrie, mais il se disait fils d'Alexandre Bala, et prétendait, en cette qualité, que la couronne de Syrie lui appartenait. Physcon lui prêta une armée pour s'en mettre en possession. Il ne fut pas plus tôt en Syrie, que, sans examiner les droits du prétendant, on vint en foule prendre son parti, parce qu'on ne pouvait souffrir Démétrius. Les Syriens ne se mettaient pas en peine quel roi ils prenaient, pourvu qu'ils se défissent de celui qu'ils avaient.

Alexandre Zébina défait Démétrius, et s'empare de la couronne. Mort de Démétrius.

A la fin, une bataille en décida. Démétrius fut entièrement défait, et s'enfuit à Ptolémaïde, où était Cléopâtre sa femme, qui lui en fit fermer les portes. Démétrius fut obligé de s'enfuir à Tyr, où il fut tué. Après sa mort, Cléopâtre conserva une partie du royaume ; Zébina eut tout le reste, et pour s'y affermir, il fit une alliance étroite avec Hyrcan, souverain sacrificateur des Juifs, qui profita, en habile homme, de toutes ces divisions, pour se bien établir, et pour procurer à ses peuples l'affermissement de leur liberté, et plusieurs autres avantages considérables, qui rendirent les Juifs redoutables à leurs ennemis.

An. M. 3880. Av. J.C. 124. Justin. l.39. c. 1 et 2. Liv. Epist. l. 69. Appian. in Syr. p. 132.

Séleucus, fils aîné de Démétrius, songea à monter sur le trône, et se fit déclarer roi. Cléopâtre sa mère, dévorée d'ambition, prétendait régner elle-même, et trouvait fort mauvais que son fils voulût s'établir à son préjudice. Elle avait aussi lieu de craindre qu'il ne lui prît envie de venger la mort de son père, dont on savait fort bien qu'elle

avait été la cause. Pour le prévenir, elle le Mort de
Séleucus.
tua de ses propres mains, en lui enfonçant
un poignard dans le sein. Il ne régna qu'un
an. On a de la peine à comprendre qu'une
femme et qu'une mère soit capable de se porter à de si horribles excès. Cléopâtre, après
avoir tué son fils aîné, plaça sur le trône Antiochus, son autre fils, mais sans lui donner aucune part aux affaires ; et comme ce
prince était fort jeune, n'ayant pas plus de
vingt ans, il la laissa gouverner assez patiem-
ment pendant quelque temps. Pour le distinguer des autres Antiochus, on lui donne
ordinairement le surnom de *Grypus*, qui est
pris de son grand nez. Josèphe l'appelle *Philométor* ; mais ce prince, dans ses médailles,
prenait le titre d'*Epiphane*.

Zébina s'étant bien établi, après la mort
de Démétrius Nicator, dans la possession
d'une partie de l'empire de Syrie ; Physcon,
qui le regardait comme sa créature, prétendait qu'il lui en fît hommage. Zébina le refusa nettement. Physcon résolut de l'abattre
comme il l'avait élevé ; et s'étant accommodé
avec sa nièce Cléopâtre, il envoya une armée
considérable à Grypus, et lui donna sa fille
Tryphène en mariage. Grypus, par le moyen Antiochus
Grypus dé-
fait Zébina.
de ce secours, battit Zébina, et l'obligea de
se renfermer dans Antioche, d'où il fut chassé honteusement, ayant été surpris pillant le
temple de Jupiter pour fournir aux frais de
la guerre. Ce prince supposé fut encore quelque temps errant de lieu en lieu à la campagne ; mais à la fin on le prit et on le fit
mourir.

An M. 3884.
Av. J.C. 120.

Après la défaite et la mort de Zébina, Antiochus Grypus se sentant assez âgé voulut commencer à gouverner par lui-même. L'ambitieuse Cléopâtre, qui voyait par là diminuer son pouvoir et éclipser sa grandeur, ne put le souffrir, et résolut de se défaire de Grypus, comme elle avait déjà fait de son frère Séleucus, et de donner la couronne à un autre fils en bas âge, qu'elle avait eu d'Antiochus Sidète. Cette scélérate femme et détestable mère prépara pour cet effet une coupe empoisonnée, et la présenta à son fils, au retour de quelque exercice qu'il venait de faire. Mais le prince instruit de son dessein, la pria d'abord, comme par honnêteté pour sa mère, de prendre cette coupe pour elle-même. Sur le refus constant qu'elle en fit, il lui fit entendre que le seul moyen de se purger du soupçon qu'on formait contre elle, était de boire la liqueur qu'elle lui avait offerte. Cette malheureuse et indigne princesse, se voyant sans issue et sans ressource, avala la coupe. Le poison fit son effet sur-le-champ, et délivra la Syrie de ce monstre, qui, par ses crimes inouïs, avait été si long-temps le fléau de cet état. Elle avait été femme de trois rois de Syrie ; savoir, Alexandre Bala, Démétrius Nicator et Antiochus Sidète ; et elle fut mère de quatre, qui sont Antiochus, fils de Bala, Séleucus et Antiochus Grypus, de Démétrius ; et Antiochus de Cyzique, d'Antiochus Sidète. Elle avait causé la mort de deux de ses maris ; et pour ses enfans, elle en tua un de sa propre main, et voulait se

Mort de Cléopâtre.
An. M. 3884.
Av. J.C. 120.

se défaire aussi de Grypus par le poison qu'il lui fit avaler à elle-même.

Antiochus Grypus se préparait à faire la guerre aux Juifs, lorsqu'il lui tomba sur les bras une guerre domestique, qui lui fut suscitée par Antiochus de Cyzique, son frère de mère. Il était fils de Cléopâtre et d'Antiochus Sidète, et né pendant que Démétrius était détenu prisonnier chez les Parthes. Sa mère l'avait envoyé à Cyzique où il fut élevé, d'où lui est venu le surnom de Cyzicénien. Grypus, à qui ce jeune prince donnait de l'ombrage, voulut le faire empoisonner. On découvrit son dessein, et le Cyzicénien, pour se défendre, prit les armes et tâcha de faire valoir les prétentions qu'il croyait avoir à la couronne de Syrie. Les deux frères en vinrent à une bataille, où le Cyzicénien fut défait, et obligé de se retirer à Antioche, d'où il sortit pour aller lever de nouvelles troupes. Il y laissa Cléopâtre sa femme, comme dans un lieu de sûreté et hors d'insulte. Mais Grypus étant venu mettre le siége devant la ville, et l'ayant forcée de se rendre, la princesse tomba entre ses mains et devint sa prisonnière. Triphène, sa femme, lui demanda de lui remettre Cléopâtre entre les mains. Cléopâtre s'était mise sous la protection d'un sanctuaire inviolable ; c'était un des temples d'Antioche. Grypus représenta à sa femme, que l'asile où sa sœur s'était réfugiée était respectable et sacré ; que Cléopâtre était sa sœur à elle, et à lui sa proche parente ; et qu'ainsi il la priait de ne lui en plus parler, parce qu'il ne pouvait pas y consentir. Triphène,

Guerre entre Grypus et Antiochus de Cyzique son frère.
An. M. 3890.
Av. J.C. 114.

loin de se rendre (1) à ses raisons, entra dans une plus grande fureur par un sentiment de jalousie, s'étant mis dans la tête que ce n'était pas par pitié, mais par amour, que son mari prenait ainsi le parti de cette malheureuse princesse : elle envoya donc des soldats dans le temple, qui ne purent l'arracher autrement de l'autel qu'en lui coupant les mains dont elle le tenait embrassé.

Le Cyzicénien revint, à la tête d'une nouvelle armée, livrer une seconde bataille à son frère, le défit et le chassa de la Syrie. Grypus se voyant obligé d'abandonner son royaume au vainqueur, se retira à Aspendus en Pamphylie. Mais un an après il revint dans la Syrie et la regagna. Les deux frères parta-

An. M. 3893.
Av. J.C. 111.

gèrent ensuite cet empire entre eux. Le Cyzicénien eut la Célé-Syrie et la Phénicie, et fit sa résidence à Damas. Grypus eut tout le reste et demeura à Antioche. Tous deux donnaient également dans le luxe et la débau-

An. M. 3907.
Av. J.C. 97.
Mort de Grypus.

che. Ils vécurent quelque temps en paix; mais la guerre se ralluma entre eux avec plus de chaleur que jamais, et dura jusqu'à la mort de Grypus. Ce prince fut assassiné par un de ses vassaux, après avoir régné vingt-sept ans. Il laissa cinq fils. Séleucus, l'aîné de tous, lui succéda à la couronne. Les quatre autres furent tous rois à leur tour, ou du moins prétendirent au trône.

Porphyr. in
Græc. Scalig.

Après la mort de Grypus, le Cyzicénien s'empara de la ville d'Antioche, et fit tous

(1) Sed quantò Grypus abnuit, tantò soror muliebri pertinaciâ accenditur, rata non misericordiæ hæc verba, sed amoris esse. *Just. l.* 39. *c.* 3.

ses efforts pour enlever le reste du royaume aux enfans de Grypus. Mais Séleucus, à qui il restait quantité d'autres bonnes villes, se maintint contre lui, et trouva de quoi soutenir ses droits. Il remporta même une grande victoire sur le Cyzicénien, le fit prisonnier et lui ôta la vie. Séleucus entra dans Antioche, et se trouva maître de tout l'empire de Syrie. Il ne sut pas le garder long-temps. Antiochus Eusèbe, fils du Cyzicénien, vint à Aradus (1), et s'y fit couronner. Il marcha ensuite contre Séleucus, le défit entièrement, l'obligea de se retirer à Mopsuestie, ville de la Cilicie, et d'abandonner le reste au vainqueur. Dans cette retraite il opprima si fort les habitans par les gros subsides qu'il demandait, qu'enfin ils se mutinèrent, vinrent tous investir la maison où il était, et y mirent le feu. Il y fut brûlé avec tous ceux qui s'y trouvèrent.

An. M. 3910.
Av. J.C. 94.
Joceph. Antiq. l. 13.

Antiochus et Philippe, qui étaient deux jumeaux, pour venger la mort de Séleucus leur frère, marchèrent contre Mopsuestie, la prirent, la rasèrent, et firent passer au fil de l'épée tout ce qui s'y trouva d'habitans. Mais au retour, Eusèbe les chargea et les défit. Antiochus se noya, en voulant passer l'Oronte à la nage sur son cheval. Philippe fit une belle retraite avec un corps considérable, qu'il trouva bientôt moyen de grossir assez pour tenir la campagne, et pour disputer l'empire à Eusèbe. Peu de temps après, il lui livra une grande bataille, dans laquelle il le défit. Par cette victoire, Philippe se trou-

Court règne d'Antiochus.
An. M. 3912.
Av. J.C. 92.

Sa mort.

(1) Ile et ville de Phénicie.

va supérieur à ses affaires, et en état de chasser Eusèbe de l'empire. Ce malheureux prince alla chercher un asile chez les Parthes.

Deux ans après, Eusèbe, secouru par les peuples qui lui avaient généreusement donné asile chez eux, revint en Syrie, rentra en possession d'une partie de ce qu'il avait auparavant, et suscita de nouvelles affaires à Philippe. Un autre concurrent lui tomba sur les bras presque en même temps; c'était Antiochus Denys son frère, le cinquième fils de Grypus. Il se saisit de la ville de Damas, s'y établit roi de la Célé-Syrie, et s'y maintint pendant trois ans.

Les Syriens donnent à Tigrane la couronne de Syrie.

An. M. 3921.
Av. J. C. 83.
*Justin. l. 4.
c. 1 et 2.*
Appian. in Syr. p. 118.
Joseph. Antiq. 13. 24.

Les Syriens, las des guerres continuelles que se faisaient dans leurs pays les princes de la maison de Séleucus pour la souveraineté, et ne pouvant plus souffrir le pillage, les meurtres et les autres calamités auxquelles ils se voyaient continuellement exposés, résolurent enfin de leur donner l'exclusion à tous, et de se soumettre à un prince étranger, qui pût les délivrer de tous les maux que ces divisions leur attiraient, et rétablir la paix dans leur pays. Après avoir délibéré sur le choix du prince à qui ils donneraient la couronne de Syrie, ils se déterminèrent pour Tigrane, roi d'Arménie, et lui envoyèrent des ambassadeurs pour lui faire savoir leur résolution, et le choix qu'ils avaient fait de lui. Tigrane l'accepta, vint en Syrie, prit possession de la couronne, et la porta quatorze ans.

Eusèbe, ainsi chassé de ses Etats par ses sujets et par Tigrane, se réfugia en Cilicie, où il passa le reste de ses jours dans l'obscurité. Pour Philippe, on ne sait ce qu'il devint. Sélène, femme d'Eusèbe, conserva Ptolémaïde avec une partie de la Phénicie et de la Célé-Syrie, et y régna encore plusieurs années; ce qui la mit en état de donner à ses deux fils une éducation digne de leur naissance. L'aîné s'appela Antiochus l'Asiatique, et le cadet Séleucus Cybiosacte. Ce premier régna quatre ans sur une partie de la Syrie, après que Tigrane l'eut abandonnée pour aller défendre son propre pays contre les Romains. Mais Pompée le dépouilla de son royaume, pendant la guerre contre Mithridate, et réduisit la Syrie en province de l'empire romain. Ainsi, pendant qu'on laissait l'Arménie à Tigrane, qui avait fait beaucoup de mal aux Romains dans le cours d'une longue guerre, on dépouilla Antiochus, qui ne leur avait jamais fait aucun tort, et ne méritait point du tout le traitement qu'on lui fit. La raison qu'on en donna, fut que les Romains avaient conquis la Syrie sur Tigrane; qu'il n'était pas juste qu'ils perdissent le fruit de leur victoire ; qu'Antiochus était un prince qui n'avait ni le courage ni la capacité nécessaires pour défendre le pays ; que le mettre entre ses mains, ce serait l'exposer aux ravages et aux courses continuelles des Juifs et des Arabes ; ce que Pompée n'avait garde de faire. En conséquence de ce raisonnement, Antiochus perdit sa couronne et fut réduit à la nécessité de vivre en simple particulier. C'est en lui que finit l'empire des Séleucides en Asie, qui avait duré près de deux cent cinquante ans.

Antiochus l'Asiatique dépouillé de ses Etats.

Appian in Syr. p. 183. *Justin. l.* 40. c. 2

An. M. 3939. Av. J.C. 65.

LIVRE DIX-NEUVIÈME.

HISTOIRE DES ROIS DE MACÉDOINE ET DE LA GRÈCE, DEPUIS LA CÉLÈBRE BATAILLE D'IPSUS.

APRÈS la bataille d'Ipsus, dans le partage que firent des E ats d'Alexandre les quatre princes confédérés contre Antigone et Démétrius, nous avons vu que Cassandre, fils d'Antipater, eut pour sa portion la Macédoine et la Grèce. Depuis ce partage solennel, la Macédoine changea souvent de maître. Cet empire ne subsista que cent cinquante-deux ans, après lequel espace, la Macédoine fut mise au nombre des provinces de l'empire romain.

Abrégé chronologique des rois de Macédoine.

An. M.		Av. J. C.
3704	CASSANDRE.	300
3707	PHILIPPE et ALEXANDRE, enfans de CASSANDRE.	297.
3710	DÉMÉTRIUS POLIORCÈTE.	294
3717	PYRRHUS et LYSIMAQUE.	287
3724	PTOLÉMÉE CÉRAUNUS. Son frère MÉLÉAGRE régna quelque peu de temps après lui.	280
3726	SOSTHÈNE.	278
3728	ANTIGONE GONATAS.	276
3762	DÉMÉTRIUS, fils d'ANTIGONE GONATAS.	242
3772	ANTIGONE DOSON.	232
3784	PHILIPPE.	220
3825	PERSÉE, dernier roi de Macédoine.	179

ARTICLE PREMIER.

Règne de Cassandre en Macédoine en qualité de roi.

An. M. 3704.
Av. J.C. 300.

L'HISTOIRE ne nous apprend rien de Cassandre depuis la fameuse bataille d'Ipsus.

Apparemment que ce prince, content de son lot, vivait tranquillement dans ses Etats, tandis que les trois autres rois étaient perpétuellement en guerre, pour tâcher de s'enrichir et de s'agrandir aux dépens les uns des autres. Peut-être même que la maladie dont il mourut trois ou quatre ans après le partage, commençait à se faire sentir, et rendait ce prince moins propre aux expéditions militaires, et le retenait malgré lui dans ses Etats. Quoi qu'il en soit, Cassandre mourut d'hydropisie, après avoir gouverné la Macédoine dix-neuf ans depuis la mort de son père Antipater, et trois ou quatre depuis le dernier partage. Il laissa trois fils qu'il avait eus de Thessalonice, sœur d'Alexandre-le-Grand. Philippe, qui lui succéda, étant mort fort peu de temps après lui, laissa la couronne en dispute entre ses deux frères.

Dans la querelle des deux fils de Cassandre pour la couronne, Thessalonice leur mère favorisait Alexandre qui était le plus jeune. Antipater l'aîné en fut si outré, que de rage il la tua de ses propres mains, quoiqu'elle le conjurât, par les mamelles qu'il avait sucées, de lui épargner la vie. Alexandre, pour venger ce parricide, appela à son secours Pyrrhus, roi d'Epire, et Démétrius qui régnait en Grèce. Pyrrhus arriva le premier, réconcilia les deux frères, retint quelques villes de Macédoine pour le prix du secours qu'il avait donné, et se retira. Démétrius survint dans le moment. Alexandre alla au-devant de lui, le reçut avec beaucoup de marques d'amitié et de reconnaissance, mais lui témoigna que l'état

Polyb. l. 15.
p. 572.

Mort de
Cassandre
An. M. 3707.
Av. J. C 297.

An. M. 3710.
Av. J C. 291.
Dispute
d'Antipater
et d'Alexandre.
Plut. in Demetr p 905.
Justin. l. 26.
c. 1.

des affaires était changé, et qu'il n'avait plus
besoin de son secours. Ce compliment déplut
fort à Démétrius. Au dehors cependant il ne
laissa pas d'en agir comme ami avec Alexandre, et ces deux princes se donnèrent plusieurs repas l'un à l'autre. Mais enfin Démétrius, sur un avis vrai ou supposé, qu'Alexandre pensait à se défaire de lui, le prévint et
le tua. Ce meurtre souleva d'abord les Macédoniens ; quand il leur eut rendu compte
de sa conduite, ils se déclarèrent pour lui, et
le proclamèrent roi de Macédoine. Il conserva cette couronne pendant sept ans. Antipater, infâme meurtrier de sa mère, se voyant
haï et rejeté de tous, s'en alla dans la Thrace, où il ne survécut pas long-temps à la perte de son royaume.

An. M. 3710.
Av. J.C. 294.

　　Par la mort de Thessalonice et de ses deux
fils, une des branches de la famille royale de
Philippe, roi de Macédoine, se trouva entièrement éteinte, comme l'autre, qui était par
Alexandre-le-Grand, l'avait été par la mort
du jeune Alexandre et d'Hercule ses deux fils.
Ainsi ces deux princes, qui, par leurs guerres
injustes, avaient porté de tous côtés le fer et
le feu, et causé la désolation de tant de provinces et de tant de familles royales, par une
juste punition de la Providence, éprouvèrent
dans leurs maisons les mêmes maux qu'ils
avaient fait souffrir aux autres. Philippe,
Alexandre, leurs femmes et tous leurs descendans, périrent de mort violente.

　　Démétrius, qui depuis la bataille d'Ipsus,
avait éprouvé d'étranges revers de fortune,
se croyant assez affermi en Grèce et en Ma-

Démétrius
fait de grands
préparatifs
de guerre.

cédoine, commença à faire de grands prépa- An. M. 3716.
ratifs pour recouvrer l'empire de son père en Av. J. C. 288.
Asie. Il forma pour cet effet une armée de *Plut. in De-*
plus de cent mille hommes, et équipa une *metr. p. 909.*
flotte de plus de cinq cent voiles. Il ne s'é- *Justin. l. 16.*
tait point vu de si grand armement depuis *c. 2.*
Alexandre-le-Grand. Ptolémée, Lysimaque
et Séleucus, informés des formidables préparatifs de Démétrius, en prirent l'alarme.
Pour en prévenir l'effet, ils renouvelèrent
leur alliance, et ils y engagèrent aussi Pyrrhus, roi d'Epire ; de sorte que Lysimaque
commença à attaquer la Macédoine d'un côté, tandis que Pyrrhus en faisait autant de
l'autre. Démétrius, qui était alors occupé en
Grèce à ses préparatifs pour l'expédition d'A-
sie qu'il méditait, accourut promptement
pour défendre ses propres Etats. Mais avant
qu'il pût s'y rendre, Pyrrhus lui avait déjà
enlevé Bérée, une des plus considérables villes
de Macédoine, où il trouva les femmes, les
enfans, et les effets de la plupart des soldats
de Démétrius.

La nouvelle de cette prise causa un désordre général dans l'armée de Démétrius.
Une grande partie refusa absolument de le
suivre. Ils déclarèrent d'un air mutin et séditieux, qu'ils voulaient s'en aller chez eux
défendre leurs familles et leurs biens. Enfin
la chose alla si loin, que Démétrius, voyant
qu'il ne pouvait rien gagner sur les esprits,
prit le parti de se sauver en Grèce, déguisé
en simple soldat, et l'armée entra au service
de Pyrrhus, qu'elle proclama roi de Macédoine.

H 5

Caractère de
Démétrius,
différent de
celui de Pyr-
rhus.

La différence du caractère de ces deux princes contribua beaucoup à un si prompt changement. Démétrius, qui prenait pour véritable grandeur, une vaine pompe et une fastueuse magnificence, s'était fait mépriser des Macédoniens, par l'endroit même par où il prétendait s'attirer leur estime. Il était fier, hautain, méprisant : ou il ne donnait pas le temps de parler, ou il traitait si durement ceux qui avaient affaire à lui, qu'il les renvoyait tous mécontens. Les Macédoniens avaient une toute autre idée de Pyrrhus. Ils entendaient dire, et ils l'avaient eux-mêmes éprouvé, qu'il était doux, affable, accessible, prompt et très-ardent à reconnaître les services qu'on lui avait rendus, lent à se mettre en colère et à punir. On voit, par cet exemple et par mille autres, combien il est important aux princes de s'attacher les peuples par l'affection, en les traitant avec bonté et douceur, et en les aimant véritablement ; moyen unique d'en être eux-mêmes aimés, ce qui fait leur plus solide gloire, leur plus essentielle obligation, et en même temps leur plus grande sûreté.

Plut. in Pyr.
p. 389. 390.

Lysimaque étant survenu dans le moment que Pyrrhus venait d'être proclamé roi de Macédoine, prétendit qu'il n'avait pas moins contribué que lui à la fuite de Démétrius, et que, par conséquent, il devait avoir sa part du royaume de Macédoine. Pyrrhus eut égard aux prétentions de Lysimaque. Ainsi ils partagèrent entre eux les villes et les provinces. Cet accord, loin de les concilier et de les réunir, fut pour eux un sujet continuel de haines et de divisions. Lysimaque même fit si bien, par ses émissaires, qu'il débaucha les troupes de Pyrrhus. Celui-ci, qui craignait les suites de cette désertion, se retira avec ses Epirotes et les troupes de ses alliés, et perdit la Macédoine de la même manière qu'il l'avait gagnée.

Pour ce qui regarde Démétrius, après la révolte de ses troupes, il s'était retiré dans la ville de Cassandrie : là, ayant ramassé les débris de sa fortune, il s'en retourna en Grèce, où il avait encore plusieurs villes qui lui étaient demeurées soumises et attachées. Après avoir mis le meilleur ordre qu'il put à ses affaires, il en laissa le gouvernement à son fils Antigone; et avec ce qu'il put amasser de troupes de ce pays-là, ce qui ne passait pas dix à onze mille hommes, il s'embarqua et fit voile vers l'Asie, résolu d'y chercher fortune en désespéré. Il eut d'abord quelques heureux succès; mais qui n'eurent point de suite. Après plusieurs tentatives inutiles pour pénétrer dans les provinces de l'Orient, abandonné de la plupart de ses troupes, errant dans les déserts et les bois, et mourant de faim, il fut obligé de se rendre à Séleucus, qui le fit mener sous bonne garde dans la Chersonnèse de Syrie, où il le retint prisonnier. On lui accorda la liberté de chasser dans un parc, et toutes les commodités de la vie en abondance.

Antigone, ayant appris la détention de son père, fut pénétré de la plus vive douleur, et écrivit à tous les rois et à Séleucus lui-même, pour le prier de relâcher Démétrius, s'of-

Plut. in Demetr. p. 910. 911.

frant en otage pour lui, et proposant d'abandonner, pour le prix de sa délivrance, tout ce qui lui restait encore. Plusieurs villes et un grand nombre de provinces firent pour lui la même prière. Lysimaque, au contraire, envoya offrir à Séleucus une grosse somme d'argent s'il voulait faire mourir son prisonnier. Une proposition si inhumaine et si barbare fit horreur à Séleucus ; et pour accorder une grâce qui lui était demandée de tant d'endroits, il semblait n'attendre que l'arrivée de son fils Antiochus et de Stratonice, afin que Démétrius leur eût obligation de sa liberté. Cependant ce prince infortuné, après avoir été détenu prisonnier pendant trois ans, tomba dans une grande maladie, causée par l'inaction, la bonne chère et l'excès du vin, et il en mourut à l'âge de cinquante-quatre ans. Antigone son fils, à qui l'on envoya l'urne qui renfermait ses cendres, lui fit de magnifiques funérailles.

Ce prince, surnommé Gonatas, qui, depuis la fatale expédition de son père en Asie, avait régné dix ans en Grèce après la mort de Ptolémée Céraunus et de Sosthène, qui avaient été tous les deux, successivement l'un après l'autre, assis quelque temps sur le trône de Macédoine, trouva le moyen d'y monter lui-même, et se mit en possession de ce royaume. Antiochus, fils de Séleucus, se mit en état de le lui disputer. Pendant que les deux princes faisaient les préparatifs de la guerre, et se disposaient à marcher l'un contre l'autre, on en vint à un traité, par lequel Antigone épousa Phila, sœur d'Antiochus, et

An. M. 3728.
Av. J.C. 276.

celui-ci lui céda ses prétentions sur la Macédoine. De cette sorte, Antigone Gonatas demeura paisible possesseur de la Macédoine, et la laissa à sa postérité, qui en jouit pendant quelques générations, jusqu'à Persée, le dernier roi de cette race, qui fut vaincu par Paul Emile, et dépouillé de ses Etats, dont les Romains firent dans la suite une province de l'empire.

Quelques années après la mort de Pyrrhus, Antigone Gonatas, roi de Macédoine, étant devenu fort puissant, et par cela même formidable aux Etats de la Grèce, les Lacédémoniens et les Athéniens firent une ligue contre lui, et engagèrent Philadelphe, roi d'Egypte, à y entrer. Antigone, pour dissiper la ligue qu'avaient formée ces deux peuples, et pour en prévenir les suites, commença, sans perdre de temps, par mettre le siége devant Athènes. Ptolémée aussitôt y envoya une flotte dont il donna le commandement à Patrocle. Arée, roi de Lacédémone, se mit en même temps à la tête d'une armée pour secourir la place par terre; mais Patrocle et Arée n'ayant pu convenir entre eux sur la manière d'attaquer l'ennemi, chacun se retira chez soi; et Athènes, abandonnée ainsi de ses alliés, demeura en proie à Antigone, qui y mit garnison. L'histoire ne nous dit plus rien de considérable au sujet de ce prince. Il mourut âgé de 80 ou 83 ans, après un règne de 34 en Macédoine, et de 44 en Grèce. Il eut pour successeur son fils Démétrius, qui régna dix ans, et qui se rendit maître de la Cyrénaïque et de toute la Libye. Il laissa un

fils nommé Philippe, qui était en très-bas
âge. On lui donna pour tuteur Antigone, lequel, ayant épousé la mère de son pupille,
monta sur le trône, et régna pendant douze
ans. Comme il était magnifique en promesses, mais sans effet, on lui donna le surnom
de *Doson* (1).

ARTICLE II.

Etat de la république des Achéens.

Nous voici arrivés au temps où la république des Achéens commence à paraître avec
éclat dans l'histoire, et soutient des guerres
en particulier contre celle de Lacédémone.
C'est ce qui m'engage à faire connaître auparavant cette république, et à exposer ici
son état présent.

Polyb.p.125. La république des Achéens n'était considérable dans les premiers temps, ni par le
nombre de ses troupes, ni par la grandeur
de ses richesses, ni par l'étendue de son domaine ; mais par une grande réputation de
probité, de justice et d'amour de la liberté.
Le gouvernement de cette république était
démocratique. Elle conserva sa liberté jusqu'au temps de Philippe et d'Alexandre; mais
sous eux, et depuis eux, elle fut soumise aux
Macédoniens, qui s'étaient rendus maîtres de
la Grèce, ou opprimée par de cruels tyrans.
Elle était composée de douze villes renfer-
mées dans le Péloponnèse, situées le long
d'une côte qui n'a ni ports ni abris.

(1) Ce nom en grec signifie un homme qui donnera,
c'est-à-dire, qui promet de donner, et qui ne donne
point.

Le bon ordre qui régnait dans cette république, y attira plusieurs villes voisines, qui furent associées à ses lois et à ses priviléges. Sicyone fut une des premières qui s'y joignit, par le moyen d'Aratus, l'un de ses citoyens, qui, après avoir délivré sa patrie du joug de la tyrannie, la porta à s'unir à la ligue des Achéens. Et ce fut un des plus grands services qu'il rendit à sa patrie, pour la maintenir dans la liberté qu'il lui avait procurée.

An. M. 3732.
Av. J.C. 272.

Aratus, après s'être engagé et avoir engagé sa ville dans la ligue des Achéens, alla servir dans leurs troupes, et se fit extrêmement aimer de ses généraux, par sa promptitude et sa vivacité à exécuter leurs ordres. Ayant été élu pour la première fois général des Achéens, il alla ravager la Locride, et tout le territoire de Calydon. Huit ans après, ayant été élu pour la seconde fois général, il rendit un grand service à toute la Grèce, par une action que Plutarque égale aux entreprises les plus fameuses des généraux grecs. Ce fut d'enlever à Antigone Gonatas, roi de Macédoine, la citadelle de Corinthe ; ce qu'il exécuta avec une promptitude, un courage et un bonheur qui lui attirèrent une réputation universelle. Cette hardiesse, suivie d'un si heureux succès, ne pouvait manquer d'avoir des suites très-favorables. Les Mégariens quittèrent le parti d'Antigone et se joignirent à Aratus. Leur exemple fut suivi de ceux de Trézène, d'Epidaure et de Mégalopolis.

Toutes les vues d'Aratus, et toutes ses entreprises, pendant qu'il fut en charge, tendaient à chasser les Macédoniens du Pélo-

Aratus rétablit les villes grecques dans leur an-

cienne liber-
té.

ponnèse, à abolir toutes les tyrannies, et à rétablir toutes les villes dans leur ancienne liberté, et dans l'usage de leurs lois. Et ce fut par ce motif que, tant que vécut Antigone Gonatas, il s'opposa fortement aux entreprises de ce prince. Il garda la même conduite sous Démétrius, qui succéda à Antigone son père. Depuis la mort de ce prince, qui n'avait régné que dix ans, Aratus trouva d'heureuses dispositions dans les esprits, pour venir à bout de ses desseins. Plusieurs des tyrans que ce prince soutenait de son crédit, prirent le parti de renoncer volontairement à l'autorité qu'ils avaient usurpée sur leurs concitoyens; d'autres, intimidés par les menaces d'Aratus, ou gagnés par ses promesses, imitèrent leur exemple.

Etat de la république de Sparte.
Plut. in Agid. p. 791. 801.

Après que l'amour de l'or et de l'argent se fut glissé dans la ville de Sparte, et qu'à la suite des richesses, l'avarice, le luxe, la mollesse et la volupté qui en sont inséparables, y eurent trouvé accès, en rompant les fortes barrières que la sagesse de Lycurgue y avait opposées, Sparte se vit déchue de son ancienne gloire et de son ancienne puissance, et fut réduite dans un état d'humiliation et de bassesse qui dura jusqu'au temps du règne d'Agis et de Léonide, dont nous avons maintenant à parler.

Caractère des deux rois de Sparte.

Agis était le sixième descendant du fameux Agésilas, qui passa en Asie, et fit trembler le Persan dans Suze. Léonide était de la maison des Agides, et le huitième qui régna à Sparte après Pausanias, qui avait vaincu Mardonius à la bataille de Platée. Ces deux rois étaient d'un caractère tout opposé. Léonide, qui avait vécu long-temps dans les palais des satrapes, et à la cour de Séleucus, était un homme livré au plaisir, au luxe et à la bonne chère. Agis, au contraire, faisait gloire d'aller vêtu d'une simple casaque, de rappeler les repas publics, les bains, et toute l'ancienne manière de vivre de Sparte. Il disait hautement : *Qu'il ne se soucierait pas d'être roi, s'il n'espérait de faire revivre les lois et l'ancienne discipline de Sparte.*

Cette discipline avait commencé à déchoir depuis le moment qu'après avoir ruiné le gouvernement d'Athènes, Lacédémone commença à se remplir d'or. C'est là l'époque fatale des abus, de la mollesse, du luxe et de la volupté qui se glissèrent dans Sparte, et qui la plongèrent dans le sein de la corruption, sans qu'elle ait jamais pu s'en relever.

An. M. 3756.
Av. J.C. 248.
Agis entreprend de réformer Sparte.

Tel était l'état de Sparte, quand Agis songea à remédier à des abus si crians, dans le temps même qu'Aratus travaillait à délivrer sa patrie. L'entreprise était belle, mais bien hasardeuse. Il trouva d'abord, contre son attente, les plus jeunes disposés à entrer dans ses vues ; mais la plupart des vieux, et les dames surtout, tremblèrent au seul nom de réforme et de Lycurgue. Elles s'y opposèrent toutes, voyant bien que cette vie simple et frugale qu'on voulait rétablir, allait leur faire perdre, non-seulement leur luxe et leurs délices, mais encore tous leurs honneurs, et toute la puissance qu'elles avaient à cause de leurs richesses.

Agis, persuadé que l'exemple serait plus

efficace que les discours, s'avança un jour au milieu de l'assemblée, déclara qu'il mettait en commun tous ses biens qui étaient très-considérables, et qui consistaient en terres labourables, en pâturages, et en six cents talens d'argent comptant; que sa mère et sa grand'mère allaient faire la même chose, aussi-bien que ses parens et ses amis, qui tous étaient les plus riches de Sparte. Tout le peuple fut étonné de la magnanimité de ce jeune prince, et en même temps ravi de joie de ce qu'on revoyait enfin un roi digne de Sparte. Léonide son collègue s'opposa, mais inutilement. Il fut obligé de s'enfuir, et on mit à sa place Cléombrote. Agis fit passer une loi qui abolissait toutes les dettes, et qui ordonnait un nouveau partage des terres. Le premier article fut exécuté au grand contentement des débiteurs. Agésilas, qui était pour lors éphore, et chargé de dettes, donna volontiers la main à l'exécution de cette loi. Il dit même d'un air insultant : *Que de sa vie il n'avait vu un feu si beau ni si clair* que celui qu'on alluma dans la place publique, pour brûler tous les contrats et toutes les obligations.

Pour le second article, il ne montra pas la même ardeur. Il ne voulait point abandonner sa terre. Aussi faisait-il toujours naître quelque nouvelle difficulté pour l'empêcher ; et alléguant prétexte sur prétexte, il gagna du temps, jusqu'à ce qu'Agis fut obligé de partir à la tête d'une armée, pour aller au secours des Achéens, avec qui ils étaient ligués contre les Etoliens. Agis partit donc

sans perdre de temps. Les soldats témoignè-
rent une joie extraordinaire de marcher sous
ses ordres. Il joignit Aratus auprès de Corinthe, où l'on délibéra si l'on devait hasarder une bataille, et sur la disposition que
l'on donnerait aux troupes. Aratus ayant résolu de ne pas combattre, il congédia ses alliés, après les avoir comblés de louanges.
Agis partit avec ses troupes, et reprit le chemin de Sparte.

Ce prince à son retour y trouva un grand *Mort cruelle*
changement. On avait fait revenir Léonide *d'Agis.*
son collègue, qui avait été obligé de s'enfuir, *An. M. 3760.*
et le peuple l'avait rétabli sur le trône. Agis, *Av.J. C. 244.*
voyant les choses en cet état, se réfugia dans
le temple de Minerve, et Cléombrote dans
celui de Neptune. Quoique Léonide fût plus
irrité contre Cléombrote, néanmoins parce *Plut. in*
qu'il était son gendre, et qu'il ne voulait pas *Agid. p. 802.*
affliger sa fille jusqu'au point de faire mou- *807.*
rir son mari, il se contenta de le chasser de
Sparte. Pour Agis, il le fit cruellement étrangler en prison. Sa rage n'étant pas encore
assouvie, il sacrifia à son ressentiment la
mère et l'aïeule de ce prince infortuné, qui,
au bruit du péril qui menaçait leur fils,
étaient accourues à la prison, remplissant
tout de leurs cris. Après cette cruelle et bar- *Plut. in*
bare exécution, Léonide alla au palais d'Agis, *Cleom. p. 895*
prit la femme de ce malheureux prince, et
l'obligea, par force, d'épouser son fils Cléomène, quoiqu'il ne fût pas encore en âge
d'être marié. Il ne voulait pas que cette veuve, qui était très-riche, et qui surpassait en
beauté et en bonnes grâces toutes les autres

dames de Sparte, tombât entre les mains d'un autre. Elle fit tout ce qu'elle put pour n'être point forcée à ce mariage, mais tout fut inutile. Elle fut donc unie à Cléomène, pour qui elle prit beaucoup d'affection; mais elle eut toujours une haine mortelle pour Léonide.

An. M. 3762.
Av. J.C. 242,
*Plut. in
Cleom. ibid.*

Après la mort de ce prince, qui ne survécut pas long-temps à la condamnation et à la mort d'Agis, son fils Cléomène lui succéda au trône. Quoique jeune, il vit avec peine qu'il n'avait que le vain titre de roi, et que toute l'autorité était entre les mains des éphores, qui abusaient étrangement de leur pouvoir. Il songea dès lors à changer le gouvernement. Il crut que la guerre lui en faciliterait l'exécution, et il travailla à commettre sa ville avec les Achéens, qui, sous la conduite d'Aratus, ravageaient le pays des Arcadiens.

Dès que les éphores furent informés de cet acte d'hostilité, ils mirent leurs troupes en campagne sous la conduite de Cléomène.

Heureux
succès de
Cléomène.

Celui-ci rencontra les Achéens près de Pallantium, ville d'Arcadie, et leur présenta la bataille. Mais Aratus, effrayé de cette audace, ne voulut point hasarder le combat, et se retira ; ce qui lui occasiona de violens reproches de la part des siens, et de vives railleries de celle des ennemis qui n'étaient pas en tout cinq mille hommes; au lieu que les troupes d'Aratus étaient de plus de vingt mille. Cette retraite enflamma tellement le courage de Cléomène, et le rendit si fier parmi ses citoyens, qu'il ne cessait de leur rappeler un mot d'un de leurs anciens rois, qui disait que les Lacédémoniens ne demandaient jamais combien les ennemis étaient, mais où ils étaient. Il battit les Achéens dans une seconde et troisième rencontre, et ces victoires lui firent un grand honneur et augmentèrent beaucoup son crédit.

Quand il fut de retour à Sparte, il pensa efficacement à mettre en exécution le projet de réforme qu'il méditait depuis quelque temps. Il fit assassiner les éphores, et bannir les plus mutins des citoyens qui s'opposaient à ses vues. Ayant convoqué une assemblée, il y déduisit les raisons de la conduite qu'il avait tenue. Il leur représenta qu'il ne cherchait point son propre intérêt, mais uniquement celui de la république, en faisant revivre parmi les citoyens l'égalité et la discipline que le sage Lycurgue y avait autrefois établies, et auxquelles Sparte devait toute sa gloire et toute sa réputation.

Après avoir parlé ainsi, il fut le premier qui mit son bien en commun; après lui ses parens, ses amis, et enfin tous les autres citoyens suivirent cet exemple, et tout le pays fut partagé. Bientôt les exercices et les repas reprirent leur ancien ordre, et leur ancienne gravité. Le luxe, la mollesse, l'intempérance et tous les autres vices furent bannis de Sparte, et on y vit revivre la tempérance, le travail, la modestie, et toutes les autres vertus.

Cléomène, se doutant bien que les Achéens et Aratus penseraient indubitablement qu'il n'oserait sortir de sa ville, dans le mouvement et le trouble qu'y avait excités le rétablissement de l'ancienne discipline, crut que rien ne lui serait plus honorable, ni plus utile à sa république, que de faire voir la bonne volonté de ses troupes à son égard, et en même temps l'affection de ses citoyens pour lui. Il se jeta donc d'abord dans les terres de Mégalopolis, y fit un grand dégât, et amassa un butin très-considérable. Quelque temps après, il suivit les Achéens, en les harcelant, et les défiant tous les jours avec audace. Il les contraignit enfin d'en venir au combat, où il remporta sur eux une grande victoire. Il mit leur armée en fuite, leur tua beaucoup de monde, et fit un grand nombre de prisonniers.

Les Achéens, réduits à l'extrémité, envoyèrent des députés à Cléomène, pour traiter de paix. Cléomène la leur accorda volontiers, à condition qu'ils lui accorderaient eux-mêmes le généralat de la ligue achéenne. Les Achéens, très-disposés à recevoir la paix à cette condition, prièrent Cléomène de se rendre à Lerne pour conclure ce traité. Un accident imprévu qui lui arriva, rompit l'entrevue, et Aratus, par envie et par jalousie pour Cléomène, manœuvra pour empêcher que la négociation ne se renouât.

Plut. in Cleom. p. 814. Cependant Cléomène allait toujours en avant, et s'empara d'un grand nombre de villes du Péloponnèse, dont Argos était la plus considérable, et enfin il se rendit maître aussi de Corinthe, mais non pas de la citadelle. Alors, sans plus délibérer, on envoya à Antigone *Doson*, roi de Macédoine, pour lui demander du secours, et il fut résolu qu'on lui livrerait la citadelle de Corinthe. Ce prin-

ce , sans perdre de temps , s'avança à grandes journées avec son armée. Cléomène, malgré la supériorité des troupes ennemies, forma
et exécuta de grandes entreprises , qui lui firent un grand honneur , et arrachèrent de
la bouche même de ses ennemis cet aveu et
cette louange, que Cléomène était un excellent capitaine, très-digne et très-capable de
conduire les affaires les plus grandes et les
plus difficiles. Après ces expéditions, les troupes des deux partis entrèrent en quartier d'hiver.

Dès que l'été fut venu, les Macédoniens et
les Achéens étant sortis de leurs quartiers ,
Antigone se mit à la tête de son armée , et
s'avança vers la Laconie. Son armée montait
à vingt-huit mille hommes de pied, et douze
cents chevaux. Celle de Cléomène n'était en
tout que de vingt mille hommes. Les deux
armées s'étant rencontrées au défilé de Sélasie , on fut quelques jours à se regarder , et
à reconnaître la situation des différens postes. Enfin, de part et d'autre on prit le parti
d'en venir à une bataille décisive. L'action
fut vive. Tantôt les Macédoniens reculaient,
pressés par la valeur des Lacédémoniens :
tantôt ceux-ci étaient pressés par le nombre
et la pesanteur de la phalange macédonienne. Enfin, les troupes d'Antigone s'avançant
piques serrées et baissées, et tombant sur les
Lacédémoniens avec cette violence qui fait
la force de la phalange doublée, les chassèrent de leurs retranchemens. Alors la déroute fut générale. Une grande partie des Lacédémoniens furent tués, le reste prit la fuite

Bataille de
Sélasie
An. M. 3781.
Av. J. C. 223.
Polyb. l. 2.
p. 150
Plut. in
Cléom. p 818.

Cléomène
vaincu.

en désordre. Il ne resta autour de Cléomène que quelques cavaliers avec lesquels il se retira à Sparte.

Lorsqu'il y fut arrivé, il conseilla à ses concitoyens de recevoir Antigone, et leur dit qu'en quelque état qu'il se trouvât, s'il pouvait faire quelque chose qui fût utile à Sparte, il le ferait avec un très-grand plaisir. Etant ensuite entré dans sa maison, il ne voulut ni boire, quoiqu'il eût grand soif, ni s'asseoir, quoiqu'il fût très-las ; mais après s'être appuyé quelque temps, tout armé, sur une colonne, repassant en lui-même les divers partis qu'il pourrait prendre, il sortit tout d'un coup, et alla avec ses amis au port de Gythium, et s'étant embarqué sur des vaisseaux qu'il avait fait préparer, il fit voile vers l'Egypte.

Il se retire en Egypte.

A peine Cléomène était-il parti, qu'Antigone arriva devant Sparte, et s'en rendit maître. Il parut la traiter, non en vainqueur, mais en ami, déclarant qu'il avait fait la guerre, non aux Spartiates, mais à Cléomène, dont la fuite avait satisfait et désarmé sa colère. Il ajouta qu'il serait glorieux pour son nom, que l'on dit dans la postérité, que Sparte avait été sauvée par le prince qui seul avait eu le bonheur de la prendre.

Antigone traite Sparte avec bonté.
Plut. in Cleom. p. 819.

Trois jours après qu'Antigone fut entré dans Sparte, il en partit sur les nouvelles qu'il reçut que la guerre était allumée dans la Macédoine, et que les barbares faisaient un dégât horrible dans tout le pays. Antigone était déjà attaqué d'une grande maladie, qui dégénéra enfin en une phthisie totale

Il se retire en Macédoine.

par

par un catarrhe général sur tout son corps ,
qui l'emporta deux ou trois ans après. Il ne
se laissa pourtant point abattre au mal, et il
trouva encore en lui des forces pour ffour-
nir à de nouveaux combats dans son propre
royaume. On dit qu'après la victoire qu'il
remporta sur les Illyriens, transporté de joie,
il répéta plusieurs fois : *O la belle, ô l'heureuse journée !* et il poussa ce cri avec un
si grand effort, qu'il se rompit une veine , et
perdit beaucoup de sang. Ce symptôme fut
suivi d'une fièvre continue très-violente, dont
il mourut. Il avait nommé auparavant pour
son successeur Philippe , fils de Démétrius,
âgé pour lors de quatorze ans, ou plutôt il
lui remit le sceptre, dont il n'avait été que
dépositaire.

Cependant Cléomène arriva à Alexandrie.
Quand il salua le roi pour la première fois ,
il en fut reçu assez froidement, et sans aucune distinction marquée. Mais quand il eut
donné des preuves de son grand sens , alors
Ptolémée connut tout son prix , et l'estima
infiniment. Il eut honte même, et se repen-
tit d'avoir négligé un si grand homme, et de
l'avoir abandonné à Antigone. Il tâcha donc
de relever et de consoler ce prince infortuné
par toutes sortes d'honneurs, et l'encouragea
en lui promettant qu'il le renverrait en Grèce
avec une flotte et de l'argent , et qu'il le ré-
tablirait sur le trône.

Mais Ptolémée Evergète mourut avant qu'il
eût pu accomplir la promesse qu'il avait faite
à Cléomène, de le renvoyer dans sa patrie.

Vers ce même temps, il était arrivé à Rhodes un grand tremblement de terre, qui y causa des dommages très - considérables. Tous les murs, les maisons des particuliers, tous les arsenaux, tous les endroits du port où les vaisseaux étaient enfermés, furent ruinés en partie. Le fameux colosse, qui passait pour une des merveilles du monde, fut abattu et entièrement détruit. Dans ce désastre commun, les Rhodiens, réduits à la dernière extrémité, députèrent chez tous les princes voisins pour implorer leur secours. Il y eut entre

eux, pour consoler et soulager cette ville désolée, une émulation bien digne de louange, et qui est sans exemple. Hiéron et Gélon en Sicile, Ptolémée en Egypte, se signalèrent entre tous les autres. Les premiers fournirent plus de cent talens. Ptolémée, sans parler de beaucoup d'autres dépenses qui montaient à des sommes considérables, fournit trois cents talens, un million de mesures de froment ; et en particulier, pour rétablir le fameux colosse, neuf millions. Antigone, Séleucus, Prusias, Mithridate, et tous les autres princes, ainsi que toutes les villes voisines, signalèrent leur libéralité. En assez peu d'années, Rhodes fut rétablie dans un état plus opulent et plus magnifique qu'elle n'avait jamais été, à l'exception du colosse.

Ce colosse était une statue du soleil d'une si énorme grandeur (1), que les navires passaient à pleines voiles entre ses jambes. Elle avait soixante et dix coudées, c'est-à-dire, 105 pieds de hauteur. Il y avait peu de gens qui pussent embrasser son pouce. Ce fut l'ou-

(1) La matière du colosse était d'airain.

vrage de Charès de Lyndus, qui y employa douze ans. On prétend que l'argent qu'on leva dans la contribution dont je viens de parler, montait à cinq fois autant que la perte. Les Rhodiens, au lieu d'employer cet argent, comme c'était la principale intention de ceux qui l'avaient donné, à relever le colosse, prétendirent que l'oracle de Delphes le leur avait défendu, et gardèrent cet argent dont ils s'enrichirent. Le colosse demeura abattu comme il était, sans qu'on y touchât, pendant 875 ans, au bout desquels, l'an de Jésus-Christ 653, Moawias, le sixième calife ou empereur des Sarrasins, ayant pris Rhodes, le vendit à un marchand juif, qui en eut la charge de neuf cents chameaux.

Strab. l. 14. p. 652.

Sort du fameux colosse de Rhodes. Zonar.

Les Étoliens, surtout dans le temps dont nous parlons, étaient devenus un peuple fort puissant. Leur domaine primitif s'étendait depuis le fleuve Archéloüs jusqu'au détroit du golfe de Corinthe, et jusqu'au pays des Locres, surnommés Ozoles. Mais, par la suite des temps, ils s'étaient emparés de plusieurs villes dans l'Acarnanie, dans la Thessalie, et dans d'autres contrées voisines. Ils vivaient à peu près sur terre, comme les pirates sur mer. Ils se distinguèrent particulièrement dans la guerre contre les Gaulois, qui firent une irruption dans la Grèce. L'accroissement de leur puissance les avait rendus fiers et insolens.

État et caractère des Étoliens. Strab. l. 10. p. 450.

Depuis que Cléomène de Sparte avait perdu son royaume, et qu'Antigone, par la victoire qu'il remporta à Sélasie, avait en quelque sorte pacifié la Grèce, les peuples du

Polyb. l. 4. p. 272.

Péloponnèse avaient entièrement négligé les armes et le métier de la guerre. Les Etoliens songèrent à profiter de cette indolence, ils entrèrent à main armée dans le Péloponnèse, et ravagèrent les terres des Messéniens. Aratus, général des Achéens, irrité de cette insolence et de cette perfidie, courut au secours des Messéniens : il fut défait près de Caphies, dans une grande bataille qui s'y donna.

Les Achéens se virent donc obligés de tendre encore les mains à la Macédoine, et d'appeler à leur secours le roi Philippe. Ce prince étant venu à Corinthe, reçut les plaintes de plusieurs villes contre les Etoliens, et d'un commun consentement la guerre leur fut déclarée. C'est ce qu'on appelle la guerre des alliés. Elle commença à peu près dans le temps qu'Annibal songeait à assiéger Sagonte. On profita de part et d'autre de la saison de l'hiver pour travailler aux préparatifs de guerre.

Cléomène, roi de Sparte, qui vivait réfugié à Alexandrie, ayant appris la mort d'Antigone, et que les Achéens étaient engagés dans une guerre contre les Etoliens; que les Lacédémoniens, ses sujets, s'étaient unis avec les derniers, contre les peuples d'Achaïe et de Macédoine, et que tout semblait le rappeler dans sa patrie, demanda avec empressement de sortir d'Alexandrie. Il supplia le roi de lui donner des troupes et des munitions suffisantes pour s'en retourner. Ne pouvant obtenir cette grâce, il pria du moins qu'on le laissât partir avec sa famille, et qu'on lui permît de profiter de l'occasion favorable qui se présentait de rentrer dans son royaume. Mais on lui refusa encore cette dernière grâce, sur des prévoyances timides, qui n'avaient pas la moindre vraisemblance. Le ministre de Ptolémée Philopator ne crut pas même qu'il fût sûr de le laisser libre dans Alexandrie : sur une accusation inventée à plaisir, et qu'il appuya d'une fausse lettre, que lui-même avait supposée à ce malheureux prince, il détermina le roi à le faire arrêter, et à l'enfermer dans une maison sûre, où il lui fournirait toujours le même entretien, et où il lui laisserait la liberté de voir ses amis, mais non celle de sortir.

Ce traitement jeta Cléomène dans un chagrin mortel ; et comme il ne voyait aucune fin à ses maux, il prit avec ses amis, qui le venaient voir, une résolution que le seul désespoir pouvait lui suggérer. C'était de repousser par les armes l'injustice de Philopator, de soulever contre lui le peuple , et de mourir d'une manière digne de Sparte. Ses amis ayant trouvé moyen de le tirer de prison, ils courent tous ensemble , les armes à la main, dans toutes les rues, exhortant et appelant le peuple à la liberté; mais personne ne s'émut. Ils tuent le gouverneur de la ville qui venait à leur rencontre, et quelques autres seigneurs. Cléomène, déchu de son espérance, allait errant çà et là par toute la ville, sans que personne se présentât pour le suivre ni pour le combattre, chacun au contraire prenant la fuite. Alors voyant que leur entreprise ne pouvait réussir, ils la terminèrent par une fin tragique et sanglante , en s'entre-égorgeant tous les uns les autres, pour

Mort tragique de Cléomène.
An. M. 3784.
Av. J. C. 220.
Polyb. l. 4.
p. 404.

3

se dérober à la honte du supplice. Ainsi finit Gléomène, après avoir régné seize ans à Sparte. Le roi fit mettre son corps en croix, et condamna à mort sa mère, ses enfans, et toutes les femmes qui l'avaient accompagné.

Depuis trois ans que Cléomène avait quitté Sparte, on n'avait pas songé à y nommer des rois, parce qu'on espérait toujours qu'il pourrait revenir, et que l'on conservait pour lui une grande estime et un grand respect. Dès qu'on eut appris sa mort, on procéda à l'élection des rois. On nomma d'abord Agésipolis, encore enfant, qui était de l'une des deux familles royales, et on lui donna pour tuteur Cléomène son oncle. Ensuite on choisit Lycurgue, dont aucun des ancêtres n'avait régné, mais qui avait gagné les éphores, en leur donnant à chacun un talent. C'était mettre la royauté à vil prix.

Polyb. l. 4.
p. 325.

Philippe, pour remplir les engagemens qu'il avait pris avec les Achéens contre les Etoliens, partit de Macédoine avec quinze mille hommes d'infanterie, et huit cents chevaux. Ce jeune prince se conduisit pendant le cours de cette guerre, qui dura deux ans, avec tant de sagesse, de capacité, d'activité et de courage, qu'il s'attira l'estime et l'admiration de tous les peuples de la Grèce, et commençait à se faire craindre, non-seulement de ses voisins, mais jusqu'en Italie, où la renommée avait porté la gloire de son nom et de ses armes. En effet, dans cette guerre des alliés, on voit des entreprises de ce prince si bien concertées, conduites avec tant de secret, et exécutées avec tant de prudence et de promptitude , qu'elles passent tout ce que l'on pouvait attendre d'un prince à l'âge où était alors Philippe, et portent le caractère d'un vieux guerrier, exercé de longue main , dans toutes les finesses et dans toutes les ruses de la guerre.

Les Etoliens , las et fatigués d'une guerre qui ne tournait pas à leur avantage comme ils l'avaient espéré (car ils croyaient se jouer de Philippe comme d'un enfant, et Philippe leur montra qu'en sagesse et en résolution , il était homme fait et consommé dans le métier , et qu'eux , ils s'étaient véritablement conduits en enfans dans toutes leurs entreprises) ; les Etoliens , dis-je , abattus et rebutés par les mauvais succès, firent demander la paix à Philippe, qui la leur accorda avec plaisir (1). Le traité fut ratifié, et chacun se retira dans son pays. Cette paix de Philippe et des Achéens avec les Etoliens , la bataille perdue par les Romains près du lac de Thrasimène, et celle qu'Antiochus-le-Grand perdit à Raphia ; tous ces événemens arrivèrent dans la troisième année de la cent quarantième olympiade.

La guerre des Carthaginois et des Romains, c'est-à-dire, des deux plus puissans peuples qui fussent alors, attirait l'attention de tous les rois et de tous les peuples de la terre. Philippe, roi de Macédoine, s'y croyait d'autant plus intéressé, que ses Etats n'étaient séparés de l'Italie que par la mer Adriatique, que nous appelons aujourd'hui le golfe de Venise. Quand il ap-

Polyb l. 5 p. 376.

An. M. 3787. Av. J.C. 217.

Philippe conclut un traité avec Annibal. An. M. 3788. Av. J.C. 216. Liv. l. 23. n. 33.

______

(1) La guerre que ce prince méditait contre les Romains, ne contribua pas peu à le déterminer à la paix.

prit par le bruit public qu'Annibal avait passé les Alpes, il fut bien aise, à la vérité, de
voir les Romains et les Carthaginois en guerre
les uns contre les autres ; mais comme l'événement était incertain, il ne voyait pas encore clairement quel parti il devait embrasser ; mais trois victoires remportées de suite
par Annibal, ayant levé tous ses doutes, il
lui envoya des ambassadeurs, qui malheu-
reusement tombèrent entre les mains des Romains. Philippe ayant appris l'aventure de ses
ambassadeurs, envoya à Annibal une seconde
ambassade qui fut plus heureuse que la première, et rapporta une copie du traité conclu avec Annibal.

Philippe, dès ce moment, ne fut plus occupé que du grand dessein de porter la guerre
en Italie. La pensée de cette entreprise ne le
quittait ni jour ni nuit ; de sorte que, dans
tous ses rêves, il ne parlait que de guerre et
de combats contre les Romains, et se réveil-
lait souvent en sursaut, plein de sueur et tout
hors de lui-même. Ce prince, encore jeune
était naturellement vif et ardent dans tout ce
qu'il entreprenait. Ses heureux succès, les
espérances que lui donnaient ses courtisans,
et le souvenir des grandes actions de ses prédécesseurs, allumaient en lui une ardeur qui
prenait tous les jours de nouvelles forces.
Après avoir fait tous les préparatifs nécessaires pour cette guerre, il s'embarqua pour
aller attaquer les Romains d'un côté, tandis
qu'Annibal le faisait avec tant de succès de
l'autre. Il eut d'abord quelques légers succès ;
mais ayant été surpris de nuit devant Apol-

Polyb. l. 5.
p. 419.

Ses bons
et mauvais
succès.

lonie, dont il formait le siége, il fut battu et entièrement défait ; de sorte qu'il se vit obligé de s'en retourner en Macédoine avec les tristes débris de ses troupes, presque désarmées et dépouillées.

Ce jeune roi, en qui jusque là on avait remarqué et admiré beaucoup de qualités d'un grand roi, changea tout d'un coup de caractère et de conduite. Au lieu de la douceur, de la sagesse, de la modération qu'il avait fait paraître jusque là, on le vit traiter les villes et les peuples, non-seulement avec fierté et hauteur, mais encore avec injustice et dureté ; et n'étant plus sensible comme auparavant à sa réputation, il s'abandonna sans retenue à toutes sortes de débauches et de déréglemens ; effet trop ordinaire de la flatterie, dont le poison mortel corrompt presque toujours les meilleurs princes, et ruine tôt ou tard toutes les belles espérances qu'on en avait conçues.

Plut. in Arat. p. 1049. Polyb. l. 8. p. 518.

Tandis que Philippe s'était conduit par les avis d'Aratus, tout lui avait réussi, et il s'était fait la réputation d'un grand roi, tout jeune qu'il était ; mais depuis que ce prince s'était livré aux conseils flatteurs de sa cour, et qu'Aratus s'était retiré, tout semblait aller en décadence. Philippe même, à qui les plus grands crimes ne coûtaient plus rien, résolut de se défaire d'un si grand homme ; à qui il avait de si grandes obligations, et le fit empoisonner d'un poison lent qui le consuma peu à peu. Aratus connut fort bien la cause de son mal ; mais comme il n'aurait rien avancé de s'en plaindre, il le supporta patiem-

Philippe fait empoisonner Aratus.
An. M. 3788.
Av. J. C. 216.

ment, sans en dire un mot, comme une maladie ordinaire et commune. Un jour seulement, ayant craché du sang en présence d'un ami qui était dans sa chambre, comme il vit que cet ami en était surpris : *Voilà, mon cher Céphalon*, dit Aratus, *le fruit de l'amitié des rois.* Il mourut de cette manière à Egium, lorsqu'il était capitaine général pour la dix-septième fois. On ne peut nier qu'Aratus n'ait été un des plus grands hommes de son temps. Il peut être regardé en quelque sorte comme le fondateur de la république des Achéens ; c'est lui du moins qui lui donna la forme et l'éclat qu'elle conserva long-temps depuis, et qui en fit un des plus puissans États de la Grèce.

Polyb l 8. Vers ce temps-là, Philippe fit une expédition
p. 519. contre les Illyriens, qui eut un heureux succès. Il souhaitait depuis long-temps de se rendre maître de la ville de Lissus ; mais il désespérait de pouvoir prendre le château, qui passait pour imprenable, tant il était bien situé et bien fortifié. Ne pouvant réussir par force, il eut recours à une embuscade qui eut tout le succès qu'il pouvait désirer. Un petit vallon séparait la ville du château. Il découvrit, dans cet intervalle, un endroit couvert d'arbres, et fort propre à cacher une embuscade. Il y plaça de nuit l'élite de ses troupes. Le lendemain, il attaqua la ville d'un autre côté. Les habitans, qui étaient en grand nombre, se défendirent très-courageusement, et pendant quelque temps l'avantage fut égal de part et d'autre. Enfin, ils firent une furieuse sortie, et poussèrent vivement les assié-

geans. La garnison du château, qui vit que Philippe se retirait, crut sa défaite assurée ; et, voulant avoir part au butin, sortit en grand nombre, et se joignit aux habitans. Cependant, ceux qui étaient en embuscade, attaquèrent le château, et l'emportèrent sans beaucoup de résistance. En même temps, sur le signal dont on était convenu, les fuyards tournèrent visage, et poursuivirent les habitans jusque dans la ville, qui se rendit peu de jours après.

Marcus Valérius Lévinus, en qualité de préteur, avait eu pour département la Grèce et la Macédoine. Il sentit bien de quelle importance il était, pour diminuer les forces de Philippe, de lui débaucher quelques-uns de ses alliés. Il commença par les Etoliens, et fit avec eux une ligue offensive et défensive, dans laquelle il paraît qu'entrèrent plusieurs rois, entre autres Attale, roi de Pergame, et les Lacédémoniens. Sparte était alors partagée en deux factions, dont les intrigues et les disputes, poussées jusqu'aux dernières violences, excitaient de grands troubles dans la ville. L'une portait avec chaleur les intérêts de Philippe, l'autre était ouvertement déclarée contre lui. Celle-ci prévalut. Il paraît que Machanidas était à la tête de ce parti, et que, profitant des troubles qui agitaient pour lors la république, il s'en rendit le maître, et en devint le tyran. Les actes d'hostilités commencèrent sur-le-champ. Les Achéens et les autres alliés députèrent vers Philippe, et le pressèrent de venir en Grèce pour les défendre et les soutenir. Ce prince ne tarda pas : il battit deux fois les troupes des alliés, et les Etoliens furent obligés de se renfermer dans la ville de Lamia. Le succès ne fut pas le même pour les Macédoniens, à la bataille qui se donna peu de temps après sous les murs de la ville d'Elis. Ils furent battus et mis en déroute par les alliés, auxquels s'étaient jointes quelques troupes romaines commandées par Sulpitius. Philopémen, qui était général de la cavalerie des Achéens, se distingua beaucoup dans cette journée, et tua de sa main Démophante, qui commandait la cavalerie des Eléens.

Education et grandes qualités de Philopémen. *Plut. in Philop. p.* 356. 361.

Philopémen, dont il sera beaucoup parlé dans la suite, était de Mégalopolis, ville de l'Arcadie dans le Péloponnèse. Il reçut une excellente éducation par les soins de Cassandre de Mantinée, qui, après la mort de son père, par reconnaissance pour les services importans qu'il en avait reçus, servait au jeune pupille de tuteur et de gouverneur. Dès qu'il fut sorti des mains de ses maîtres et de ses gouverneurs, il se mit dans les troupes que la ville de Mégalopolis envoyait faire des courses dans la Laconie, pour piller et pour emmener des troupeaux et des esclaves ; et dans toutes ces courses, il était toujours le premier quand on sortait, et le dernier quand on revenait.

Pendant qu'il n'y avait point de troupes en campagne, il occupait son loisir à se rendre robuste et léger par les exercices de la chasse, ou bien il s'appliquait à cultiver la terre. Le soir, il se jetait sur une méchante paillasse, comme l'un de ses esclaves, et passait ainsi la nuit. Le lendemain, à la pointe

du jour, il allait avec ses vignerons travailler à
la vigne ou mener la charrue avec ses labou-
reurs, après quoi il s'en retournait à la ville,
où il vaquait aux affaires publiques avec ses
amis et les magistrats. Il tâchait d'augmenter ses revenus en mettant ses terres en valeur, qui est le plus juste de tous les gains ;
persuadé qu'il n'y a rien qui convienne plus
à un homme de probité, que de faire profiter
son bien, en s'abstenant de celui des autres.

Philopémen écoutait volontiers les discours
des philosophes, et lisait avec plaisir et avec
fruit leurs traités, non pas tous indifférem-
ment, mais seulement ceux qui pouvaient
l'aider à faire des progrès dans la vertu. Quant
aux livres qui traitent d'autres matières, il
aimait surtout lire les traités d'Evangélus,
qu'on appelle les *Tactiques*, c'est-à-dire, l'art
de ranger des troupes en bataille, et les his-
toires de la vie d'Alexandre. Il était également propre et à combattre et à commander,
n'étant inférieur à aucun soldat pour un coup
de main, ni au-dessous des plus vieux capitaines en sagesse et en prudence. Etant encore tout jeune, il se distingua dans la bataille de Sélasie ; et on peut dire qu'Antigone,
en un certain sens, fut redevable de cette
victoire au courage et à la prudence du jeune
Philopémen. Ce prince lui rendit un témoignage bien éclatant et bien glorieux ; car,
après la bataille, faisant semblant d'être fâché de ce que la cavalerie avait chargé avant
le signal, contre l'ordre qu'il en avait donné, et Alexandre, général de la cavalerie,
ayant répondu que ce n'était pas lui, mais

un jeune officier de Mégalopolis qui avait commencé contre ses ordres, Antigone lui dit : *Ce jeune homme, en saisissant l'occasion, s'est conduit en grand capitaine, et vous, capitaine, vous vous êtes conduit en jeune homme.*

Il est vrai qu'Aratus fut le premier qui éleva la communauté des Achéens à ce haut degré de gloire et de puissance où elle parvint ; mais il manquait de hardiesse et de courage pour la soutenir sans le secours d'autrui ; et c'est ce qui le fit recourir aux rois de Macédoine, avec qui il contracta amitié, et auxquels par là sa république demeura soumise. Mais, dès que Philopémen eut commencé à prendre en main le gouvernement, comme il était grand homme de guerre, et qu'il avait fait pencher la victoire de son côté dans tous ses premiers combats, il releva le courage des Achéens ; et les trouvant en état de résister par eux-mêmes à leurs ennemis, il leur fit secouer le joug des puissances étrangères.

Il faut avouer que Philopémen, de quelque côté qu'on l'envisage, est un grand homme de guerre et un beau modèle pour tous ceux que la Providence appelle à la profession des armes. On ne peut trop exhorter les officiers et la noblesse à étudier avec attention un si parfait modèle, et à s'y conformer en tout ce qui est imitable pour eux. Il fut appelé le *dernier des Grecs*, comme Brutus dans la suite fut appelé *le dernier des Romains*, pour marquer que la Grèce, après Philopémen, n'avait produit aucun grand homme qui fût digne d'elle.

Dès que le printemps fut venu, le proconsul Sulpitius et le roi Attale se rendirent à
Lemnos avec leurs flottes, qui, jointes ensemble, faisaient soixante galères. Philippe,
de son côté, pour être en état de faire face
à l'ennemi, soit par terre, soit par mer, s'a-
vança vers Démétriade. Il écouta favorable-
ment les ambassadeurs des alliés, qui y
étaient venus de tous côtés pour implorer son
secours. Afin de pouvoir courir à propos au
secours des alliés qui seraient attaqués, il établit dans la Phocide, dans l'Eubée et dans la
petite île de Péparèthe, des signaux, et plaça
de son côté sur le Tisée, montagne fort haute
de Thessalie, des gens pour les observer, afin
d'être averti promptement de la marche des
ennemis, et des endroits qu'ils auraient dessein d'attaquer. Je vais expliquer en quoi consistaient ces signaux, cette matière étant assez
curieuse pour faire excuser une digression
que l'on peut passer si l'on craint qu'elle en-
nuie. Nous reprendrons ensuite les expéditions de Sulpitius et de Philippe.

Je rapporterai presque mot à mot ce que
dit Polybe de ces signaux, et j'y joindrai la
description de l'instrument dont on se servait pour cela, telle que M. Chevalier, pro-
fesseur de mathématiques au collége royal de
Paris, l'a tracée. Tite-Live, dans le récit des
expéditions de Philippe, a copié presque lit-
téralement Polybe, mais en faisant mention
de ces signaux par le feu (1), il se contente

Diverses ex-
péditions de
Philippe et
de Sulpitius.
An. M. 3797.
Av J.C. 207.
Polyb. l. 10.
p. 612. 614.
Liv. l. 28.
n. 5. 8.

Digression
sur les si-
gnaux par le
feu.

____

(1) Philippus ut ad omnes hostium motus posset accur-
rere, in Phocidem atque Eubeam, et Peparethum mittit,
qui loca alta eligerent, undè editi ignes apparerent : ipse

de les indiquer simplement, parce que l'invention n'en étant pas due aux Romains, cela regardait moins son histoire.

*Polyb. l. 10.
p. 614. 618.*

Comme la manière de donner des signaux par le feu, dit Polybe, quoique d'un grand usage dans la guerre, n'a pas été jusqu'à présent traitée avec exactitude, je crois qu'il est à propos de ne point passer légèrement sur cette matière, mais de m'y arrêter un peu pour en donner une connaissance parfaite.

C'est une vérité reconnue de tout le monde, que l'occasion peut beaucoup en toutes choses, mais principalement dans la guerre. Or, de tout ce qui s'est inventé pour la saisir, rien n'est plus utile que les signaux par le feu. Que les choses viennent de se passer ou qu'elles se passent actuellement, il est facile, par ce moyen, de les faire savoir à trois ou quatre journées de là, et quelquefois même à une plus grande distance, et par là on se met en état de recevoir à point nommé les secours dont on a besoin.

Autrefois cette manière d'avertir, parce qu'elle était trop simple, n'était presque d'aucune utilité; car, pour en faire usage, il fallait être convenu de certains signaux; et comme il y a une infinité de divers événemens, la plupart ne pouvaient se connaître par cette voie. Par exemple, il était facile de faire savoir qu'il était arrivé une armée navale à Orée, à Péparèthe ou à Chalcis, parce

in Tisæo (mons est in altitudinem ingentem cacuminis editi) speculam posuit, ut ignibus procul sublatis, signum, ubi quid molirentur hostes, momento temporis acciperet. *Liv. l.* 28. *n.* 5.

qu'on avait prévu ces cas, et qu'on était convenu des signaux qui pouvaient les marquer;
mais une révolte subite, une trahison, un
grand meurtre commis dans la ville, et d'autres choses pareilles qui arrivent assez souvent, et qu'on ne peut prévoir; ces sortes
d'événemens qui demandent néanmoins que
sur-le-champ on en-délibère et qu'on y ap-
porte un prompt remède, ne pouvaient s'annoncer par le moyen des fanaux; car il n'est
pas possible de convenir d'un signal pour des
événemens qu'il n'est pas possible de prévoir.

Enée (1), cet auteur dont nous avons un
ouvrage sur les devoirs d'un général d'armée,
s'est efforcé de remédier à cet inconvénient,
mais il s'en faut beaucoup qu'il l'ait fait avec
tout le succès qu'on aurait souhaité, et qu'il
s'était proposé lui-même. On en va juger.

Ceux, dit Enée, qui veulent s'entre-don-
ner des signaux pour des affaires pressantes,
doivent commencer par préparer deux vaisseaux de terre qui soient également larges
partout, et également profonds. C'est assez
qu'ils aient quatre pieds et demi de largeur.
Il faut avoir ensuite des morceaux de liége
qui soient proportionnés à l'ouverture de ces
vaisseaux, mais qui aient un peu moins de
largeur, pour pouvoir descendre aisément
jusqu'au fond des vaisseaux. On fiche au milieu de ce liége un bâton qui doit être dans
l'un et dans l'autre des deux vases d'une éga-

(1) Enée vivait du temps d'Aristote; il écrivit un ouvrage sur l'art militaire. Cinéas, conseiller de Pyrrhus,
fit un abrégé de ce livre. Pyrrhus écrivit aussi sur la
même matière. *Ælian. Tact. c. 1.*

le grandeur. On divise ce bâton par des intervalles bien marqués, de trois doigts chacun, pour y écrire les choses qui arrivent le
plus ordinairement dans une guerre. Sur l'un
de ces intervalles, par exemple : *Il est entré
de la cavalerie dans le pays.* Sur l'autre :
*Il est arrivé de l'infanterie pesamment ar-
mée.* Sur le troisième : *De l'infanterie légère.* Sur le suivant : *De l'infanterie et de la
cavalerie.* Sur un autre : *Des vaisseaux.*
Ensuite : *Des vivres ;* et ainsi du reste, jusqu'à ce qu'on ait rempli tous les intervalles
des choses que l'on prévoit, et qui peuvent
vraisemblablement arriver dans la guerre
dont il s'agit.

Après cela, il faut observer que les deux
vaisseaux aient chacun un petit tuyau ou robinet d'une égale grosseur, afin que les eaux
se vident également. Pour lors, on remplit
d'eau les vases ; on pose dessus les morceaux
de liége avec leurs bâtons, et l'on ouvre les
robinets. Cela fait, il est clair que, les vases
étant égaux, le liége descendra, et les bâtons
s'enfonceront dans les vases à proportion que
ceux-ci se videront. Pour être plus sûr de
cette justesse, il est bon d'en faire l'épreuve
auparavant, et d'examiner si tout s'accorde
et concourt ensemble par une exécution uni-
forme de part et d'autre.

Quand on s'en est bien assuré, on porte les
deux vases aux deux endroits où l'on doit
donner et observer les signaux ; on y verse de
l'eau, et on y met le liége avec le bâton. A
mesure qu'il arrivera quelqu'une de ces choses qui auront été écrites sur les bâtons, on

lève un flambeau ou un fanal, et on le tient élevé jusqu'à ce que de l'autre côté on en lève un autre. (Ce premier signal n'est que pour s'assurer de part et d'autre qu'on est prêt et attentif.) Alors on baisse le fanal et on ouvre les robinets. Quand l'intervalle, c'est-à-dire, l'endroit du bâton où la chose dont on veut avertir est écrite, sera descendu au niveau des vases, celui qui donne le signal lève son flambeau, et de l'autre côté, sur-le-champ, le correspondant ferme le robinet de son vase, et regarde ce qui est écrit sur la partie du bâton qui touche à l'ouverture du vaisseau : si de part et d'autre tout a été exécuté avec la même promptitude, de part et d'autre on lira la même chose.

On s'aperçoit aisément que cette méthode marque les événemens d'une manière trop vague et trop indéterminée ; car, outre qu'on ne peut avertir de quelque chose à quoi on ne s'attendait pas, ce qui est écrit sur le bâton n'est point du tout précis et circonstancié. On n'y voit pas combien il est arrivé de cavalerie ou d'infanterie, ni en quel endroit du pays sont ces troupes, ni combien il est arrivé de vaisseaux, ni ce qu'on a de vivres.

La dernière méthode a pour auteur Cléoxène, d'autres l'attribuent à Démoclète ; mais nous l'avons perfectionnée. C'est toujours Polybe qui parle. Elle fixe tout, et par son moyen on peut avertir de tout ce qui se passe ; elle demande seulement beaucoup de précaution et d'exactitude. La voici.

On prend les vingt-quatre lettres de l'alphabet ; on les divise en cinq parties, et on

les inscrit dans une tablette de haut en bas,
selon leur ordre naturel, sur cinq colonnes,
cinq dans chacune, excepté la dernière qui
n'en a que quatre.

L'alphabet étant rangé de la sorte, celui
qui doit donner le signal commencera par
montrer deux fanaux, deux flambeaux, et
il les tiendra levés jusqu'à ce que, de l'autre
côté, on en ait aussi levé deux. Ce premier
signal servira à faire connaître que, de part
et d'autre, on est prêt, après quoi on baisse
ces flambeaux.

Il s'agit maintenant de faire lire dans cet alphabet, à celui que l'on instruit de loin, ce
qu'on lui veut apprendre. Celui qui donne le
signal élèvera des flambeaux à sa gauche,
pour faire connaître par leur nombre, à l'autre, dans quelle colonne il doit prendre des
lettres pour les écrire à mesure qu'on les lui
montrera ; de sorte que si c'est la première
colonne, il n'élève qu'un flambeau ; si c'est
la seconde, il en élève deux, et ainsi du reste,
et cela toujours à gauche. Il en fera autant
à sa droite, pour marquer à celui qui reçoit
le signal quelle lettre d'une colonne il faudra
qu'il observe et qu'il écrive. Voilà de quoi ils
conviendront mutuellement.

Après ces conventions, chacun s'étant mis
à son poste, il faudra que celui qui donne le
signal ait un instrument géométrique garni
de deux tuyaux, afin qu'il connaisse par l'un
la droite, et par l'autre la gauche de celui qui
doit lui répondre. On dressera la tablette proche de cet instrument, et l'on élèvera, à droite
et à gauche, un solide de dix pieds de largeur,

et environ de la hauteur d'un homme, afin que les flambeaux qu'on élèvera au-dessus fassent une lumière sûre et aisée à discerner, et que quand on voudra les abaisser, ils soient entièrement cachés derrière.

Tout cela disposé ainsi de part et d'autre, je suppose, par exemple, qu'on veuille annoncer que *cent* hommes de l'île de Crète se sont retirés chez les ennemis ; on choisira d'abord les mots qui marqueront cela en moins de lettres qu'il sera possible, comme *Krétois cent ont déserté*, ce qui exprime la même chose avec beaucoup moins de lettres. On l'annoncera ainsi.

La première lettre est un K (1), qui est dans la seconde colonne. On élèvera donc à gauche deux flambeaux, pour marquer à celui qui reçoit le signal, que c'est la seconde colonne, c'est-à-dire un K. Ensuite on élèvera quatre flambeaux à gauche, pour marquer le P (2), qui est dans la quatrième colonne, puis deux à droite pour l'avertir que cette lettre est la seconde de la quatrième colonne. On fera la même chose pour les lettres suivantes.

Par cette méthode, il n'arrive rien qu'on ne puisse annoncer d'une manière fixe et déterminée. Voilà ce que propose Polybe, grand homme de guerre, comme on sait, et grand politique. On pourrait perfectionner cette méthode, et en faire usage en plusieurs occasions.

Dans les temps fabuleux, lorsque les cin-　*Pausan. l. 2.*
p. 130.

____

(1) Cela est ainsi disposé dans le grec.

(2) Le Rho ou r s'écrit ainsi en lettre majuscule dans la langue grecque.

quante Danaïdes égorgèrent toutes en une seule nuit leurs maris, excepté Hypermnestre qui épargna Lyncée, on dit que l'un et l'autre s'étant sauvés par la fuite, et étant arrivés chacun de son côté en un lieu de sûreté, ils se le firent savoir mutuellement par des signaux de feu, et que de là était venue la fête des flambeaux établie à Argos.

Agamemnon, en partant pour l'expédition de Troie, avait promis à Clytemnestre que le jour même que la ville serait prise, il l'avertirait de sa victoire par les feux qu'il ferait allumer. Il lui tint parole, comme on voit dans la tragédie d'Eschyle, qui porte le nom de ce prince, où la sentinelle, chargée d'observer ce signal, marque qu'elle passait de bien mauvaises nuits dans ce fâcheux poste.

César. bell. gall. l. 2 et 7. On voit dans les mémoires que César nous a laissés sur la guerre des Gaules, qu'il employait aussi ce moyen.

Le même César en rapporte un autre usité chez les Gaulois. Lorsqu'il arrivait quelque chose d'extraordinaire, ou qu'on avait besoin d'un prompt secours, ils s'entre-avertissaient par des cris redoublés qui étaient portés d'un lieu à un autre; de sorte que le massacre des Romains, qui avait été fait à Orléans, au lever du soleil, fut su vers les huit à neuf heures du soir en Auvergne, à quarante lieues de là.

Col. Rhodig. l. 2. c. 8. On parle d'une voie bien plus courte. On prétend que le roi de Perse, lorsqu'il porta la guerre dans la Grèce, avait disposé des espèces de sentinelles d'un lieu à un autre, qui se communiquaient par la voix les nouvelles que l'on voulait faire porter au loin, et qu'elles pouvaient arriver d'Athènes à Suze (l'espace est de plus de cent cinquante lieues) en quarante-huit heures.

Diodore dit que les Perses plaçaient des gens qui avaient bonne voix, sur des hauteurs assez proches l'une de l'autre, pour qu'ils pussent s'entendre, et ils se criaient l'un à l'autre la chose qui était arrivée. Ainsi la nouvelle volait de bouche en bouche par toutes les satrapies ou gouvernemens, jusqu'aux extrémités du royaume, de sorte qu'en un jour elle arrivait à un lieu éloigné de trente journées de chemin. Il fallait bien des voix, et la nouvelle n'était guère secrète.

Lib. 19 p 666.

Pline rapporte un moyen d'une autre espèce, qui n'était pas tout-à-fait sans vraisemblance. Décimus Brutus défendait la ville de Modène, assiégée par Antoine, qui la serrait de près, et ne lui laissait aucun moyen de donner de ses nouvelles aux consuls, ayant fait des lignes autour de la ville, et fait dresser des filets dans la rivière. Brutus se servit de pigeons, aux pieds desquels il attacha ses lettres, qui arrivèrent en sûreté où il voulait.

Lib. 7. c. 37.

Les voyageurs rapportent que pour porter des nouvelles d'Alexandrette à Alep, lorsque les vaisseaux sont arrivés dans ce port, on se sert de pigeons qui ont des petits à Alep; on leur attache au cou ou aux pieds un billet contenant les nouvelles qu'on veut communiquer. Les pigeons s'envolent, s'élèvent fort haut, et vont à tire d'aile à Alep, où l'on prend les bulletins : on emploie le même moyen en plusieurs endroits.

DESCRIPTION

De l'instrument employé dans les signaux par le feu.

Voici, dit M. Chevalier, comme je conçois l'instrument décrit par Polybe, pour se communiquer des nouvelles à une grande distance par des signaux de feu.

A B est une traverse de bois de 4 ou 5 pieds de long, sur 5 ou 6 pouces de large, et 2 ou 3 pouces d'épaisseur. A ses extrémités sont attachées à tenons et à mortaises , et bien perpendiculairement par leur milieu , deux autres tringles de bois CD, EF, de même largeur et épaisseur que la traverse, et de 3 ou 4 pieds de long. Les côtés de ces tringles doivent être bien parallèles, et leur surface supérieure très-unie. On tracera sur le milieu de la surface de chacune de ces tringles, une ligne droite parallèle à leurs côtés, et par conséquent ces lignes seront parallèles entre elles. A un pouce et demi ou deux pouces de distance de ces lignes , et précisément au milieu de la longueur de chaque tringle, on enfoncera solidement et bien à plomb une vis de fer ou de cuivre 2 , dont la partie supérieure , qui doit être ronde ou cylindrique , et avoir 5 ou 6 lignes de diamètre, excédera la surface des tringles de 7 ou 8 lignes.

Ces tringles servent à placer deux tuyaux ou cylindres creux GH, IK, au travers desquels se font les observations. Ces tuyaux doivent être exactement cylindriques, et faits de quelque métal dur et solide, pour ne point

se

se déjeter. On leur donnera un pied de longueur plus qu'aux tringles qui les portent ;
ainsi, ils les déborderont de six pouces à chaque bout. Il faut que ces tuyaux soient attachés et fixés sur deux règles de même métal,
qui auront dans le milieu de leur longueur
une partie excédante et arrondie 3, d'environ
un pouce. Cette partie 3 sera percée dans
son milieu, d'un trou bien rond, d'environ
un demi-pouce de diamètre ; de sorte qu'ap-
pliquant les règles qui portent ces tuyaux
sur les tringles de bois CD, EF, ce trou soit
exactement rempli par la partie excédante
et cylindrique de la vis 2 qu'on y a mise,
sans qu'ils puissent varier. La tête de la vis
peut surpasser de quelques lignes la surface
de la règle. Il faut observer que les tuyaux
puissent tourner avec leur règle de métal autour de ces vis pour les aligner sur les massifs P, Q, derrière lesquels se font les signaux
de feu, suivant les différentes distances des
lieux où se feront les signaux.

On doit noircir les tuyaux en dedans, afin
que l'œil, appliqué à l'un de leurs bouts, ne
reçoive point de rayons réfléchis. Il faut
aussi placer vers le bout du côté de l'obser-
vateur, un diaphragme de trois ou quatre
lignes d'ouverture, et placer à l'autre bout
deux fils, l'un vertical, l'autre horizontal, qui
se croisent dans l'axe du tuyau.

Au milieu de la traverse AB, on fait un
trou rond de 2 pouces de diamètre, pour
porter le pied LMNOP, qui porte toute la
machine, et autour duquel elle tourne comme sur un pivot. L'on peut nommer cette

machine alidade, quoiqu'elle soit différente de celles que l'on applique à des cercles, demi-cercles, et même à des carrés géométriques dont on se sert pour lever des cartes, des plans, faire des arpentages, etc.; mais elle a le même usage, qui est de prendre des alignemens.

Celui qui donne le signal, et celui qui le reçoit, doivent avoir chacun un semblable instrument; autrement celui qui reçoit le signal ne pourrait distinguer si les signaux qu'on lui donne sont à droite ou à gauche de celui qui les fait, ce qui est essentiel dans l'exécution de Polybe.

Les deux massifs P, Q, destinés à marquer la droite et la gauche de celui qui donne les signaux, à découvrir ou cacher les feux, suivant les circonstances de l'observation, doivent être plus ou moins grands, et plus ou moins éloignés l'un de l'autre, selon que la distance entre les lieux où se donnent et reçoivent les signaux sera plus ou moins grande.

On n'a cherché, dans la description de la machine précédente, qu'à expliquer la manière dont on pourrait exécuter l'idée de Polybe pour donner des signaux par des feux, sans en approuver l'usage pour des distances un peu considérables; car il est certain que, quelque machine que l'on puisse faire, ces signaux de 2, 3, 4 et 5 flambeaux, ne se distingueront point à une distance de 5 ou 6 lieues au plus, comme il le suppose. Il faudrait pour cela, non des flambeaux qu'on puisse hausser ou baisser à la main, mais des feux très-grands et étendus, comme des charretées de paille ou de bois, pour qu'ils puissent être aperçus, et par conséquent des massifs d'une grandeur énorme pour les cacher.

L'on ne connaissait point les lunettes d'approche du temps de Polybe ; elles n'ont été découvertes ou perfectionnées que dans le dernier siècle. Elles auraient rendu ces signaux possibles à une distance beaucoup plus grande que de simples tuyaux mais je doute encore qu'elles pussent être employées à l'usage auquel Polybe destine ces signaux, pour une distance plus grande que deux ou trois lieues. Mais je crois qu'une place assiégée pourrait communiquer ses besoins à une armée de secours, ou lui marquer combien de temps elle est en état de se défendre , afin qu'elle prît ses mesures , et que réciproquement l'armée de secours pourrait communiquer ses desseins à la ville assiégée , surtout en se servant de lunettes d'approche.

Le proconsul et le roi Attale s'avancèrent vers l'Eubée , et formèrent le siége d'Orée , qui en est une des principales villes. Elle avait deux châteaux très-bien fortifiés, et pouvait faire une longue résistance; mais Plator qui y commandait pour Philippe, la livra par trahison aux assiégeans. Il avait donné exprès les signaux trop tard pour que Philippe pût la secourir. Il n'en fut pas ainsi de Chalcis, que Sulpitius avait assiégée aussitôt qu'Orée eut été prise. Les signaux y furent donnés à propos, et le commandant, sourd et inaccessible aux promesses du proconsul, se préparait à faire une bonne défense. Sulpitius vit bien qu'il avait fait une tentative impru-

Suite des expéditions de Philippe et de Sulpitius.

2

dente, et il eut la sagesse d'y renoncer sur-
le-champ. La ville était très-bien fortifiée
par elle-même, et d'ailleurs située dans l'Eu-
ripe, ce détroit fameux (1) dans lequel le flux
et le reflux n'arrivent pas sept fois seulement
par jour, à des temps fixes et marqués, comme c'est le bruit commun, dit Tite-Live, mais
où il est bien plus fréquent, et où les flots
sont agités tantôt d'un côté, tantôt de l'autre, avec tant de violence, qu'on dirait que
ce sont des torrens qui se précipitent du haut
des montagnes; de sorte que les vaisseaux n'y
peuvent jamais trouver ni repos ni sûreté.

Attale assiégea Opunte, ville située assez
près de la mer, chez les Locriens, dans l'A-
chaïe. Philippe fit une diligence extraordinaire pour la secourir, ayant fait dans un
seul jour plus de soixante milles, c'est-à-dire,
plus de vingt lieues. La ville venait d'être
prise quand il en approcha, et il aurait pu
surprendre Attale qui la ravageait, si celui-
ci, averti de son arrivée, ne se fût retiré précipitamment. Philippe le poursuivit jusqu'au
bord de la mer.

Attale s'étant retiré à Orée, et là, ayant appris que Prusias, roi de Bithynie, était entré
dans ses États, il reprit le chemin de l'Asie,
et Sulpitius retourna à l'île d'Egine. Philippe, après avoir pris plusieurs petites villes,

(1) Haud alia infestior classi statio est. Nam et venti
ab utriusque terræ præaltis montibus subiti ac procellosi
se dejiciunt, et fretum ipsum Euripi, non septies die,
sicut fama fert, temporibus statis reciprocat : sed teme-
re, in modum venti nunc huc nunc illuc verso mari, ve-
lut monte præcipiti devolutus torrens rapitur. Ita nec
nocte, nec die quies navibus datur. *Liv.*

et fait échouer le dessein de Machanidas,
tyran de Sparte, qui songeait à attaquer les
Éléens occupés à préparer la célébration des
jeux olympiques, se rendit à l'assemblée des
Achéens qui se tenait à Egium, où il comptait trouver la flotte carthaginoise et la joindre à la sienne; mais sur la nouvelle du départ de celle des Romains et d'Attale, elle
s'était retirée.

Philippe (1) avait une vraie douleur de ce
que, quelque diligence qu'il pût faire, il n'arrivait jamais à temps pour exécuter ses projets ; la fortune, disait-il, prenant plaisir à
lui enlever sous ses yeux toutes les occasions,
et à rendre ses courses et tous ses mouvemens inutiles. Il dissimula pourtant son chagrin dans l'assemblée, et y parla avec un air de
fermeté et de confiance. Ayant pris les Dieux
et les hommes à témoin, qu'il n'avait manqué aucune occasion de se mettre en marche pour chercher partout l'ennemi, il ajouta
qu'il ne pouvait dire de quel côté il y avait
eu le plus de promptitude, ou du sien à voler au secours des alliés, ou de celui des ennemis à se dérober de ses mains par la fuite.
Que c'était déjà de leur part un aveu qu'ils
se croyaient inférieurs à lui en forces ; mais
qu'il espérait remporter bientôt sur eux une
victoire complète, qui en serait une preuve
sensible. Ce discours rassura beaucoup les
alliés. Après avoir donné les ordres néces-

(1) Philippus mœrebat et angebatur, cùm ad omnia
ipse raptim isset, nulli tamen se rei in tempore occur-
risse, et rapientem omnia ex oculis elusisse celeritatem
suam fortunam. *Liv.* 28, 8.

5

saires, et fait quelques légères expédilions,
il retourna en Macédoine, pour y porter la
guerre contre les Dardaniens.

Célèbre vic-
toire   rem-
portée   par
Philopémen
près de Man-
tinée.
An. M. 3798.
Av. J.C. 206.
Polyb. l. xi.
p. 629.

Les Romains, uniquement occupés de la
guerre contre Annibal, à laquelle ils avaient
résolu de mettre fin, prirent peu de part à
celle des Grecs, et les laissèrent à eux-mêmes pendant deux ans, sans se mêler de leurs
différens. La première de ces deux années,
Philopémen fut nommé capitaine général des
Achéens. Revêtu de cette première charge de
la république, il assembla les alliés avant
que de penser à se mettre en campagne, les
exhorta fortement à seconder son zèle par
leur courage, et à soutenir dignement sa réputation et la leur. Ensuite il partit pour vi-
siter les villes et pour donner ordre à tout,
et leva des troupes. Après avoir passé près
de huit mois aux préparatifs de la guerre, il
se mit en campagne, et assembla ses troupes
auprès de Mantinée. Dès qu'il eut des nouvelles que Machanidas, tyran de Lacédémone,
qui épiait avec une puissante armée l'occasion d'assujettir tout le Péloponnèse, était arrivé sur les terres de Mantinée, il songea à
lui livrer bataille. Le tyran l'accepta, et des
deux côtés on se mit en état de bien faire
son devoir. L'heure du combat étant venue,
Philopémen le commença vigoureusement par
la cavalerie des Tarentins, dans un terrain
qui se trouvait fort propre à la faire agir. Le
premier choc fut très-violent et le sort du
combat fort long-temps douteux. Enfin les
troupes étrangères, que le tyran avait à sa
solde, eurent l'avantage. L'aile gauche de

Philopémen ne put résister à un choc si rude. Elle fut entièrement rompue, et s'enfuit en hâte vers la ville de Mantinée, qui n'était guère éloignée que d'un quart de lieue du champ de bataille.

Philopémen, loin d'être ébranlé par le mauvais succès de ce premier choc, et de perdre la tête, ne fut attentif qu'à profiter des fautes que pourrait faire l'ennemi. Il en fit une essentielle en effet, qui est fort ordinaire dans ces occasions, et dont on ne peut trop se donner de garde. Après la déroute de l'aile gauche, Machanidas, au lieu de mettre à profit cet avantage, et d'attaquer de front avec son infanterie le centre des ennemis, se laissa emporter en jeune homme par l'ardeur de ses troupes, et poursuivit sans ordre les fuyards. Alors Philopémen donna toute son attention pour attaquer avec succès le centre des ennemis. Il en saisit le moment, lorsque, pour venir à lui, ils s'étaient jetés dans un fossé qui séparait les deux centres. Il fit sonner la charge, tailla en pièces un grand nombre des ennemis, et mit le reste en fuite. Philopémen tua de sa propre main le tyran, qui, de retour de la poursuite de l'aile gauche des ennemis, venait au secours de son corps d'armée. Par cette action, le général achéen mit le comble à cette glorieuse victoire. Cette bataille ne coûta pas beaucoup de monde aux Achéens; mais les Lacédémoniens n'y perdirent pas moins de quatre mille hommes, sans compter les prisonniers qui étaient encore en plus grand nombre. La mort de Machanidas ne rendit pas à Sparte son ancienne liberté, elle se termina simplement à lui faire changer de maître. Le tyran avait été exterminé, mais non la tyrannie. Machanidas eut pour successeur Nabis, encore pire que lui, sans que nous voyions dans Sparte aucun mouvement, aucun effort pour secouer le joug de l'esclavage. Nabis, dans le commencement, ne forma aucune entreprise au dehors. Il ne s'occupait qu'à jeter des fondemens solides d'une longue et dure tyrannie. Pour cela, il s'attacha à perdre tout ce qui restait de Spartiates dans cette république. Il en chassa les plus distingués en richesses et en naissance, et il abandonna leurs biens et leurs femmes aux principaux de son parti.

Nabis tyran de Sparte. Polyb. l. 13. p. 67.

Les Etoliens cependant se voyant négligés des Romains, qui étaient occupés à une guerre plus importante pour eux que celle de la Grèce, firent leur paix avec Philippe. Les Romains leur en surent mauvais gré, et surtout de l'avoir faite contre la teneur expresse du traité, sans leur consentement. Cependant, comme de part et d'autre on voulait la paix, Philippe, pour mettre ordre aux affaires de son royaume, les Romains, pour être plus en état de pousser vigoureusement la guerre contre Carthage, le traité fut bientôt conclu. Les alliés des deux côtés y furent compris. Ainsi fut terminée cette guerre des alliés par une paix qui ne fut pas de longue durée.

Traité de paix conclu entre Philippe et les Romains. An M. 3800. Av. J.C. 204. Liv. l. 29. n. 12.

ARTICLE III.

Les Romains portent la guerre en Grèce.

Philippe, depuis le traité conclu avec les Romains, n'avait cessé de molester les alliés qui y étaient compris. Tout récemment il avait envoyé des troupes et de l'argent à Annibal en Afrique. On apprenait qu'actuellement il remuait en Asie. Tous ces mouvemens donnaient de l'inquiétude au peuple romain. Il se souvenait des peines que Pyrrhus lui avait données avec une poignée d'Epirotes, nation bien inférieure aux Macédoniens. Ainsi, délivré de la guerre de Carthage, il crut devoir prévenir les entreprises de ce nouvel ennemi, qui pouvait devenir redoutable, si on lui laissait le temps de se fortifier. On reçut aussi des lettres de Lévinus, propréteur, et d'Aurélius son lieutenant, par lesquelles on apprit qu'on avait tout à craindre de la part de Philippe ; que le danger était pressant, et qu'il n'y avait point de temps à perdre. Sur ces nouvelles, il fut résolu qu'on déclarerait la guerre à Philippe. Le consul P. Sulpitius, à qui la Macédoine était échue par le sort, se mit en mer avec une armée, et y arriva bientôt.

Les Romains déclarent la guerre à Philippe.
An. M. 3804.
Av. J. C. 200.

Claudius Cento, que le consul avait envoyé au secours d'Athènes, étant entré dans le Pyrée avec ses galères, rendit aux habitans le courage et la confiance. Il ne se contenta pas de mettre la ville et tout le pays voisin en sûreté; mais ayant appris que la garnison de Chalcis ne gardait aucune règle ni aucune discipline, il partit avec sa flotte pour la surprendre. Ayant trouvé les sentinelles endormies, il y entra sans peine, mit le feu aux greniers remplis de blé, et à l'arsenal qui était plein de machines de guerre, tailla en pièces toute la garnison, et après avoir fait porter dans ses vaisseaux le butin immense qu'il avait amassé, il retourna au Pyrée d'où il était parti.

Expéditions du consul Sulpitius dans la Macédoine.
Liv. I. 31.
n. 22 27.

Le consul, qui campait entre Apollonie et Dyrrachium, envoya en Macédoine un détachement assez considérable, sous la conduite du lieutenant Apastius, qui ravagea le plat-pays, et se rendit maître de plusieurs petites villes. Philippe, qui était alors en Macédoine, travaillait fortement aussi de son côté aux préparatifs de la guerre. Quand tout fut prêt pour la campagne, il alla à la tête de son armée, au-devant du consul qui était déjà entré en Macédoine. Les deux armées s'étant rencontrées, furent deux jours à se regarder. Le troisième, Sulpitius sortit de son camp, et rangea ses troupes en bataille. Philippe, qui craignait de hasarder une action générale, envoya un détachement de quinze cents hommes, auxquels les Romains en opposèrent un pareil nombre, qui eut l'avantage et mit l'autre en fuite. Quelques jours après le combat s'engagea; Philippe eut d'abord l'avantage, et si ses troupes avaient su se modérer dans la poursuite des Romains, cette journée aurait décidé non-seulement de la bataille présente, mais peut-être encore du succès de toute la guerre. Mais pour s'être livrées témérairement à une ardeur inconsidérée, elles tombèrent au milieu des cohortes romaines. Pour lors la face du combat changea; ceux qui poursuivaient auparavant, prirent la fuite, et il y en eut beaucoup de tués. Le roi lui-même courut un grand danger; et si un cavalier ne lui eût donné son cheval, il allait être percé de coups.

Philippe arriva enfin à son camp, d'où il sortit le même soir avec les débris de son armée, craignant d'être forcé, s'il attendait jusqu'au lendemain.

Les Etoliens, qui n'attendaient que l'événement pour prendre parti, ne tardèrent pas alors à se déclarer en faveur des Romains. *Alliance des Etoliens avec les Romains.* Ils firent quelques courses dans la Macédoine, qui leur réussirent mal, Philippe les ayant battus en plusieurs occasions. Il vainquit aussi les Dardaniens, qui étaient entrés dans son pays pendant son absence, et se consola par ces petits avantages du mauvais succès qu'il avait eu contre les Romains. La campagne suivante il ne se passa rien de considérable, parce que les consuls n'entraient dans la Macédoine que dans l'arrière-saison, et que tout le reste du temps se passait en escarmouches. T. Quintius Flaminius ayant été nommé consul, et la Macédoine lui étant échue, il n'imita pas ses prédécesseurs, mais il partit de Rome au commencement du printemps.

Dès que Flaminius fut arrivé dans son département, Philippe eut avec lui une entrevue, dans laquelle il fit inutilement des propositions de paix. Ils ne purent s'accommoder, et il fallut en venir à la voie des armes. *Philippe est vaincu par Flaminius. An. M. 3805. Av. J.C. 199.* Il se donna plusieurs légers combats, qui ne décidaient rien. Enfin les Romains ayant at-

6

taqué les Macédoniens en tête et en queue, ceux-ci perdirent courage et prirent tous la fuite. Il n'en périt pourtant pas plus de deux mille, parce que la difficulté des lieux empêcha de les poursuivre. Les vainqueurs pillèrent le camp, et prirent leurs tentes et leurs esclaves.

Après cette bataille, Flaminius passa par l'Epire où tout se soumit à lui. De là il entra en Thessalie, dont il prit plusieurs villes des plus considérables. Ensuite étant entré dans la Phocide, la plupart des villes se rendirent à lui volontairement. Il n'y eut qu'Elatie qui lui ferma ses portes. Il fut obligé de l'assiéger dans les formes. Après une longue et vigoureuse résistance de la part des assiégés, il se rendit maître d'abord de la ville, puis de la citadelle.

Les Achéens se déclarent en faveur des Romains. Les Achéens se trouvaient fort embarrassés et divisés sur le parti qu'ils devaient prendre. Les uns voulaient qu'on fît alliance avec les Romains, et les autres tenaient le parti de Philippe avec beaucoup de chaleur. Enfin, après de longues et de vives altercations, le parti qui favorisait les Romains prévalut, et on abandonna Philippe. Il n'y eut que les Dyméens, les Mégalopolitains et ceux d'Argos qui lui restèrent fidèlement attachés.

Le commandement est continué à Flaminius.
An. M. 3807.
Av. J.C. 197.
Liv. l. 30.
Polyb. l. 17.
p. 712.
Plut. in Flam. p 371.
On nomma de nouveaux consuls à Rome. Mais comme on attribuait, et avec raison, le retardement des affaires de Macédoine aux fréquens changemens de ceux qui en étaient chargés, on continua Flaminius dans son commandement, et on lui envoya des recrues. Philippe lui envoya un héraut d'armes

pour lui demander une entrevue; il ne se rendit pas difficile, et la lui accorda. Le lieu et le jour pris, ils s'y rendirent de part et d'autre. Chacun y fit ses propositions; mais on ne put convenir de rien. Tout le temps s'étant passé en altercations, l'assemblée fut renvoyée au lendemain ; mais on n'avança pas plus les affaires dans cette seconde conférence que dans la première. Enfin, dans une troisième, Philippe se réduisit à demander du temps pour envoyer à Rome des ambassadeurs. On ne put lui refuser une demande si raisonnable, et l'on convint d'une trève, à condition néanmoins que sur-le-champ il ferait sortir ses troupes de la Phocide et de la Locride. On envoya de part et d'autre des ambassadeurs à Rome.

Quand ils furent arrivés, on commença par entendre ceux des alliés, qui maltraitèrent fort Philippe sur plusieurs points. On fit ensuite entrer les ambassadeurs du roi. Comme ils commençaient un grand discours, on leur coupa la parole, en demandant s'ils céderaient les villes de Démétriade, de Chalcis et de Corinthe, ou non. Ayant répondu qu'ils n'avaient point reçu d'ordre ni d'instruction sur cet article, ils furent renvoyés sans avoir rien obtenu. On laissa Flaminius maître de faire la paix, ou de continuer la guerre. Il se détermina à ce dernier parti, parce qu'il aimait bien mieux terminer la guerre par une victoire, que par un traité de paix. Ainsi il n'accorda plus d'entrevue à Philippe, et lui fit déclarer qu'il n'écouterait plus aucune proposition de sa part, s'il ne convenait d'abord d'abandonner toute la Grèce.

Philippe alors songea sérieusement aux préparatifs de la guerre, et le proconsul à s'assurer l'alliance de Nabis, tyran de Sparte. Il faut avouer que cette alliance, avec un tyran aussi décrié par ses injustices et ses cruautés que l'était Nabis, fait peu d'honneur aux Romains. Mais Rome, alors peu délicate sur les moyens de parvenir à ses fins, croyait devoir prendre tous ses avantages aux dépens même de l'équité et de l'honneur. Ensuite le proconsul se transporta à Thèbes, suivi d'un détachement de troupes assez considérable ; ce qui ôta la liberté des suffrages dans l'assemblée. L'alliance avec les Romains fut résolue tout d'une voix, personne n'osant s'y opposer.

Les armées, des deux côtés, se mirent en marche pour en venir aux mains, et pour terminer la guerre par une bataille. Elles étaient à peu près égales en nombre, et composées chacune de vingt-cinq ou vingt-six mille hommes. Elles se rencontrèrent auprès de Scotusse. Une grosse pluie accompagnée de tonnerre étant tombée la nuit précédente, le lendemain matin, le temps était si couvert et si sombre, qu'à peine voyait-on à deux pas du lieu où l'on était. Philippe détacha un corps de troupes avec ordre de s'emparer du sommet des hauteurs appelées Cynoscéphales, qui séparaient son camp de celui des Romains. Quintius Flaminius en fit autant de son côté. Ce détachement rencontra celui des Macédoniens. D'abord on fut de part et

Bataille de Cynoscéphales.
Polyb. l. 17. p. 754.
Liv. l. 33. n. 3.
Plut. in Flam p. 372.
Justin. l. 30. c. 4.

d'autre un peu surpris de cette rencontre ; ensuite on se tâta les uns les autres. Les Romains, mal menés, dépêchèrent à leur camp pour demander du secours; et le renfort qui leur fut promptement envoyé, fit bientôt changer de face au combat. Les Macédoniens se voyant accablés, se sauvèrent par la fuite sur les hauteurs, et de là envoyèrent au roi demander du secours.

Philippe fit partir sur-le-champ la cavalerie de Thessalie et de Macédoine, et tous les soldats mercenaires. Quand ce renfort eut été ajouté au premier détachement, les Macédoniens reprirent courage, retournèrent à la charge, et à leur tour chassèrent les Romains des hauteurs. La victoire même eût été complète, sans la résistance qu'ils rencontrèrent dans la cavalerie étolienne, qui combattit avec une hardiesse et un courage étonnans. Il venait à Philippe courrier sur courrier, qui criaient que les Romains épouvantés prenaient la fuite, et que le moment était venu de les défaire entièrement. Philippe ne put se refuser à ces cris redoublés, ni aux instances de l'armée, qui demandait à combattre, et il la fit sortir de ses retranchemens. Le proconsul en fit autant de son côté, et mit son armée en ordre de bataille. Ainsi le combat devint général.

L'aile droite de Philippe eut d'abord tout l'avantage, et les Romains furent obligés de plier, mais son aile gauche ayant été entièrement renversée, entraîna avec elle l'autre aile quoique victorieuse. Philippe voyant toute son armée en désordre, son aile droite chargée en queue, et la gauche entièrement défaite, rassembla ce qu'il put de Thraces et de Macédoniens , et chercha son salut dans la fuite. Il se retira à Tempé , où il s'arrêta pour y attendre ceux qui s'étaient sauvés par la fuite. Les Macédoniens, dans cette bataille, perdirent treize mille hommes. La perte du côté des Romains fut d'environ sept cents hommes. Ainsi se termina la journée de Cynoscéphales.

Quelques jours après le combat , il vint des ambassadeurs de Philippe au général romain , qui était à Larisse , sous prétexte de demander une trève pour enterrer les morts, mais en effet pour obtenir de lui une entrevue. Le proconsul accorda l'une et l'autre , et ajouta des honnêtetés pour le roi , en disant qu'il devait avoir bonne espérance. Le général romain partit avec les alliés pour le rendez-vous qui était à l'entrée du Tempé. Le lendemain Philippe arriva au lieu de la conférence; et trois jours après, le conseil s'étant assemblé , il y entra et parla avec tant de sagesse et de prudence, qu'il adoucit tous les esprits. Il dit qu'il accepterait et exécuterait tout ce que les Romains et les alliés lui prescriraient, et que, pour le reste, il s'en remettait entièrement à la discrétion du sénat.

Flaminius accorda au roi quatre mois de trève, reçut de lui quatre cents talens , prit pour otage Démétrius son fils , et quelques autres de ses amis, et lui permit d'envoyer à Rome, pour recevoir du sénat la décision de son sort. Après cela tous les intéressés dépêchèrent à Rome, les uns pour solliciter la paix, les autres pour y mettre obstacle. L'affaire fut agitée dans le sénat. Les ambassadeurs y firent de longs discours, chacun selon ses intérêts et ses vues. Mais enfin l'avis de la paix l'emporta. La même affaire étant rapportée au peuple, le projet de Flaminius fut approuvé, et les conditions ratifiées. Les principaux articles du traité furent, que toutes les autres villes grecques, tant en Asie qu'en Europe, seraient libres et se gouverneraient selon leurs lois ; que Philippe, avant la fête des jeux isthmiques, évacuerait celles où il avait garnison ; qu'il rendrait aux Romains les prisonniers et les transfuges, et leur livrerait tous ses vaisseaux pontés, à l'exception de cinq felouques et de la galère à seize rangs de rames; qu'il donnerait mille talens, moitié incessamment, et l'autre moitié en dix ans, cinquante chaque année en forme de tribut. Parmi les otages qu'on exigea de lui, était Démétrius son fils, qui fut envoyé à Rome.

Liv. l. 38. *n.* 30. *Plut. in Flam. p.* 374. Au M. 3808. Av. J C. 196

Ce fut ainsi que Flaminius termina la guerre de Macédoine, au grand contentement des Grecs. Ce traité de paix, dès qu'on en eut connaissance, causa une joie universelle dans toute la Grèce. Mais lorsque, dans l'assemblée des jeux isthmiques, un héraut, par ordre de Flaminius, eut publié à haute voix, que le sénat et le peuple romain, et Quintius Flaminius déclaraient les Grecs libres, et voulaient qu'ils se gouvernassent par leurs lois et leurs usages, ils ne furent plus maîtres de leur joie. Ils se livrèrent sans mesure aux transports de leurs sentimens avec des cris

et des applaudissemens si souvent et si fortement répétés, que la mer en retentit au
loin, et que des corbeaux qui, dans ce moment, volaient par hasard sur l'assemblée,
tombèrent dans le stade; tant il est vrai que
de tous les biens humains, il n'en est point
de plus agréable à la multitude que la liberté.

Quand les jeux furent finis, presque tous
ceux qui composaient l'assemblée coururent
en foule vers le général romain. Chacun s'em-
pressait d'approcher de son libérateur, de le
saluer, de lui baiser les mains, et de jeter sur
lui des couronnes et des festons de fleurs. Je
demande en effet, s'il y eut jamais pour un
mortel une journée plus agréable ou plus glorieuse que celle-ci le fut pour Flaminius et
pour tout le peuple romain. Que sont tous
les triomphes du monde, en comparaison de
ce que nous venons de voir? Qu'on entasse
ensemble tous les trophées, toutes les victoires et toutes les conquêtes d'Alexandre et des
plus grands capitaines, que deviennent-elles,
rapprochées de cette unique action de bonté,
d'humanité, de justice? C'est un grand malheur que les princes ne soient pas sensibles,
comme ils devraient l'être, à une joie aussi
pure, et à une gloire aussi touchante que celle
de faire du bien aux hommes. Ainsi finit la
guerre contre Philippe.

Sur le rapport que firent les commissaires
que le sénat avait envoyés pour régler les affaires de Philippe, que la Grèce nourrissait
dans son sein un tyran plus avare et plus
cruel qu'aucun de ceux qu'on avait vus jusque là, qui songeait à l'asservir, et qu'elle ne

ferait que changer de maître, retombant dans
une servitude plus fâcheuse que la première;
le sénat chargea Flaminius de veiller sur Nabis. Tous les peuples de la Grèce goûtaient,
dans un tranquille repos, les douceurs de la
paix et de la liberté, et n'admiraient pas moins
dans cet état la tempérance, la justice et la modération du vainqueur romain, qu'ils avaient
admiré auparavant son courage et son intré-
pidité dans la guerre. Les choses étaient dans
cette situation, lorsque Quintius reçut de
Rome un décret qui lui permettait de déclarer la guerre à Nabis. Sur cela il convoqua
l'assemblée des alliés à Corinthe, et il fut
résolu, d'un commun consentement, qu'on
déclarerait la guerre au tyran de Sparte, s'il
refusait de rétablir Argos dans son ancienne liberté, et chacun promit d'envoyer de
prompts secours; ce qui s'exécuta fidèlement.

On avait songé d'abord à commencer la
campagne par le siége d'Argos; mais Quintius
jugea plus à propos de marcher droit au tyran. Il avait eu soin de bien fortifier Sparte,
et d'avoir de bonnes troupes. Il prit en même temps des mesures pour se précautionner
contre les mouvemens intérieurs et domestiques. Pour cela, il fit arrêter environ quatre-
vingts citoyens des principaux de la jeunesse,
qui lui étaient, disait-il, justement suspects,
avec promesse néanmoins de les relâcher
après qu'on aurait repoussé l'ennemi ; mais
la nuit suivante, il les fit tous égorger. Ayant
ainsi jeté la terreur dans les esprits, il songea
à se défendre courageusement, bien résolu
de ne point sortir de la ville dans le mouve-

An M. 3793.
Av. J.C. 211.
Liv. l. 26
n. 24.

ment où elle était, et de ne point hasarder une bataille contre des troupes beaucoup supérieures en nombre.

Quintius s'étant avancé jusqu'à l'Eurotas qui coule presque sous les murs de la ville, et travaillant à y établir son camp, Nabis détacha contre les ennemis ses troupes étrangères. Les Romains, qui ne s'attendaient pas à cette sortie, furent mis d'abord un peu en désordre, mais s'étant bien rétablis, ils repoussèrent l'ennemi jusque dans la ville. Le lendemain il y eut encore un choc qui fut très-rude de part et d'autre, mais toujours au désavantage de Nabis, qui y perdit beaucoup de monde.

Dans le même temps le frère du proconsul, qui commandait la flotte romaine, forma le siége de Gythium, place alors très-forte et très-importante. Les flottes d'Eumène et des Rhodiens survinrent fort à propos; car les assiégés se défendaient avec un grand courage. Enfin, après une longue et vigoureuse résistance, ils se rendirent.

La prise de cette ville alarma le tyran. Il envoya un héraut à Quintius, pour lui demander une entrevue qui lui fut accordée. Outre plusieurs raisons que Nabis faisait valoir en sa faveur, il insista fortement sur l'alliance, presque encore toute récente, que les Romains et Quintius lui-même avaient faite avec lui dans la guerre contre Philippe; alliance sur laquelle il devait d'autant plus compter, que les Romains se donnaient pour fidèles et religieux observateurs des traités, auxquels ils se vantaient de ne jamais donner d'atteinte. Que, de sa part, il n'y avait rien de changé depuis le traité; qu'il était le même qu'il avait toujours été auparavant, et qu'il n'avait donné aux Romains aucun nouveau sujet de plainte et de reproche. Ce raisonnement était concluant; et, pour dire le vrai, Quintius n'avait rien de solide à y opposer. Aussi, en lui répondant, ne fit-il que se répandre en plaintes vagues, et que lui reprocher son avarice, sa cruauté, sa tyrannie. Mais, lors du traité, était-il moins avare, moins cruel, moins tyran? Il ne fut rien conclu dans cette première entrevue.

Le lendemain Nabis convint d'abandonner la ville d'Argos, puisque les Romains l'exigeaient, comme aussi de leur rendre les prisonniers et les transfuges. Il pria Quintius, s'il avait quelque autre demande à lui faire, de les mettre par écrit, afin qu'il en pût délibérer avec ses amis. Quintius tint conseil avec les alliés; et quoique d'abord la plupart fussent d'avis de continuer la guerre contre Nabis, et d'exterminer, en sa personne, et le tyran et la tyrannie, ils revinrent tous à celui du général romain, qui sut si bien se retourner, que les alliés lui laissèrent la liberté de faire ce qu'il jugerait le plus utile pour le bien de sa république, et pour celui des alliés.

Alors Quintius n'ayant admis à son conseil que les principaux officiers de l'armée, convint avec eux des conditions qu'on pouvait offrir au tyran, et les lui envoya. Aucun des articles du traité ne plaisait au tyran; mais il fut surpris, et se trouvait heureux qu'on n'eût point parlé de faire revenir les bannis. Ce traité, quand on en sut le détail dans la ville, excita un soulèvement général ; ainsi il ne fut plus mention de paix, et la guerre recommença tout de nouveau.

Quintius alors songea à pousser vivement le siége, et commença par examiner attentivement la situation et l'état de la ville, pour l'attaquer en même temps de tous côtés, et y jeter la terreur, sans donner le temps aux ennemis de se reconnaître. En effet, ayant en même temps donné l'assaut à la ville de toutes parts, le tyran ne savait à quoi entendre, ni quels ordres donner; il fallait envoyer du secours, et il était tout hors de lui.

Les Lacédémoniens soutinrent quelque temps l'attaque des assiégeans, tant qu'on combattit dans des défilés et des lieux étroits; mais quand les Romains furent arrivés dans des rues plus larges, alors les Lacédémoniens, ne pouvant plus soutenir leur effort ni tenir devant eux, prirent la fuite, et se retirèrent dans les lieux les plus élevés et les plus escarpés. Nabis, croyant la ville prise, cherchait avec une grande inquiétude comment et de quel côté il pourrait s'échapper. Un des principaux officiers de son armée sauva la ville. Il fit mettre feu aux édifices qui étaient proches du mur. Les maisons furent bientôt enflammées ; l'incendie gagna en peu de temps, et la fumée seule était capable d'arrêter les ennemis. Le général romain fit sonner la retraite; et après s'être vu presque maître de la place, il fut contraint de ramener ses troupes dans le camp

Les trois jours suivans il profita de la terreur qu'il avait jetée dans la ville, tantôt en
faisant de nouvelles attaques, tantôt en faisant fermer, par des ouvrages, différens endroits, pour ôter aux assiégés toute issue et
toute espérance de se sauver. Nabis se voyant
sans ressource, députa Pythagore vers Quintius, pour ménager un accommodement. Il
refusa d'abord de l'écouter, et lui ordonna
de sortir du camp. Mais le suppliant s'étant
jeté à ses genoux, après beaucoup de prières,
il obtint enfin pour son maître la trève, aux
mêmes conditions qui lui avaient auparavant
été prescrites. L'argent qu'on exigeait fut
payé, et les otages remis entre les mains de
Quintius.

Le général romain, après avoir accordé la
paix à Nabis, et pris congé d'Eumène, des
Rhodiens et de son frère, qui étaient venus
à son secours au siége de Sparte, et qui re-
tournaient à leur flotte, se rendit à Argos
qu'il trouva dans des transports de joie incroyables. Ces peuples ne pouvaient lever les
yeux de dessus celui qui avait entrepris cette
guerre exprès pour eux, qui les avait délivrés d'une dure et honteuse servitude, et qui
venait de les faire rentrer dans leur ancienne
liberté. Tous les peuples de la Grèce voyaient,
avec un sensible plaisir, la paix rétablie dans
leur pays; mais Sparte laissée en servitude,
et un tyran maintenu au milieu de la Grèce,
troublaient leur joie et ne leur permettaient
pas d'en goûter toute la douceur.

Pour les Etoliens, on peut dire que la paix
accordée à Nabis était leur triomphe. Depuis

ce honteux et indigne traité (car ils l'appelaient ainsi), ils décriaient partout le peuple romain, et disaient qu'il s'était rendu le protecteur et le satellite du tyran.

An. M. 3810.
Av. J.C. 194.

Au commencement du printemps, Quintius se rendit d'Elatie, où il avait passé l'hiver, à Corinthe. Il y convoqua une assemblée générale des députés de toutes les villes. Là il leur représenta comment Rome s'était prêtée, avec joie et empressement, aux prières de la Grèce qui avait imploré son secours, et avait fait avec elle une alliance dont il espérait qu'on n'aurait pas lieu de se repentir. Il parcourut, en peu de mots, les actions et les entreprises des généraux romains qui l'avaient précédé, et rapporta les siennes avec une modestie qui en relevait le mérite. Il fut écouté avec un applaudissement général, excepté lorsqu'il vint à parler de Nabis, où l'assemblée, par un murmure modeste, fit sentir sa surprise et sa douleur, de ce que le libérateur de la Grèce avait laissé dans le sein d'une ville aussi illustre que Sparte, un tyran, non - seulement insupportable à sa patrie, mais redoutable à toutes les autres villes.

Quintius, qui n'ignorait pas la disposition des esprits à son égard sur ce sujet, crut devoir rendre compte de sa conduite en peu de mots ; mais il le fit d'une manière fort peu satisfaisante, n'ayant en effet rien de solide à dire, pour justifier à cet égard et la conduite des Romains et la sienne. Ce qu'il ajouta, qu'il se préparait à partir avec son armée pour retourner en Italie, et que dans dix jours ils entendraient dire qu'on aurait retiré

les

les garnisons de Démétriade et de Chalcis, et qu'il allait, à leurs yeux, rendre aux Achéens la citadelle de Corinthe, fut mieux reçu de l'assemblée, et la consola en quelque sorte, du moins calma-t-il les murmures qui s'étaient élevés au sujet de Nabis. En effet, l'assemblée n'était pas encore finie, qu'on vit la garnison descendre de la citadelle, puis sortir de la ville. Quintius la suivit de près, et se retira au milieu des acclamations des peuples qui l'appelaient leur sauveur et leur libérateur, et faisaient mille vœux au Ciel pour lui. Il tira pareillement les garnisons de Chalcis et de Démétriade, et y fut reçu avec les mêmes applaudissemens. De là il passa en Thessalie, où il trouva tout à réformer, tant le désordre était général.

Enfin il s'embarqua pour l'Italie, et étant arrivé à Rome, il y entra en triomphe. La cérémonie dura trois jours, pendant lesquels il fit passer en revue devant le peuple les précieuses dépouilles qu'il avait amassées dans la double guerre contre Philippe et contre Nabis. Démétrius, fils du premier, et Armène, fils du second, étaient parmi les otages, et ornaient le triomphe du vainqueur. Mais ce qui faisait le plus bel ornement, étaient les citoyens romains délivrés de l'esclavage, qui suivaient le char, la tête rasée, en signe de la liberté qui venait de leur être rendue.

A peine, pour ainsi dire, était-il parti de la Grèce, que Nabis alla mettre le siége devant Gythium. Les Romains, instruits par les Achéens de cette infraction du traité, envoyèrent en Grèce le préteur Acilius, avec une flotte pour prendre la défense des alliés.

Philopémen est battu sur mer par Nabis.
An. M. 3813.
Av. J.C. 191.
Liv l. 35.
n. 25.

Les Achéens avaient cette année-là pour gé-néral le fameux Philopémen. Il ne le cédait à personne pour les combats de terre, mais il n'avait aucune connaissance de la marine.

Il se chargea néanmoins du commandement de la flotte achéenne, se flattant d'y réussir aussi-bien qu'ailleurs (1) ; mais il apprit, à ses dépens, à compter moins sur lui, et connut de quel prix en tout était l'expérience. Nabis, qui avait équippé à la hâte quelques vaisseaux, le battit, et peu s'en fallut qu'il ne le fît prisonnier. Cette disgrâce ne le découragea pas, mais le rendit plus sage et plus circonspect, et c'est là l'usage que les personnes sensées doivent faire de leurs fautes, qui, par là, souvent leur deviennent plus utiles que les plus heureux succès. Nabis triomphait ; Philopémen se promit bien de lui rendre cette joie de courte durée. En effet, peu de jours après, l'ayant surpris lorsqu'il s'y attendait le moins, il brûla son camp, et fit un grand carnage de ses troupes.

Il remporte une grande victoire sur Nabis.

Il vit bien cependant que, pour humilier le tyran, il en fallait venir à un combat dans

(1) Le grand prince de Condé pensa et parla bien plus sagement. Comme on parlait d'une bataille navale, ce prince dit qu'il souhaiterait passionément d'en voir une pour sa propre instruction. Un officier de marine qui était présent, lui dit : « Monseigneur, si votre altesse y « était, il n'y a point d'amiral qui ne fût ravi de recevoir « vos ordres. Mes ordres, *reprit brusquement le prince* ; » je me garderais bien de dire seulement mon avis. Je » me tiendrais sur le pont bien tranquillement, et je re-« garderais tous les mouvemens et toutes les manœuvres « pour m'instruire. »

ses formes. En effet, la bataille se donna auprès de Sparte. Philopémen le battit, et fit une terrible boucherie de ses troupes, de sorte qu'à peine resta-t-il au tyran la quatrième partie de son armée. Cette victoire fit un grand honneur à Philopémen, parce qu'il était visible qu'on ne la devait qu'à sa prudence et à son habileté. Il retourna chez lui chargé de gloire. Mais Nabis ayant été tué quelque temps après en trahison, Philopémen, au premier bruit de la mort du tyran, marcha avec un assez gros corps de troupes vers Sparte, où il trouva tout en trouble et en confusion. Il convoqua les principaux, leur parla d'une manière conforme aux conjonctures présentes, et fit si bien, qu'il engagea cette ville à entrer dans la ligue des Achéens.

Quelque temps après, Dinocrate le messénien, ennemi particulier de Philopémen, détacha Messène de la ligue des Achéens, et songeait à s'emparer d'un poste considérable près de cette ville, nommée Corone. Philopémen, âgé pour lors de soixante-dix-ans, et général des Achéens pour la huitième fois, était actuellement malade. Dès qu'il eut appris cette nouvelle, il partit, fit une marche forcée, et s'avança vers Messène avec un escadron peu nombreux, mais composé de l'élite des jeunes gens de Mégalopolis. Dinocrate, qui était venu à sa rencontre, fut d'abord enfoncé et mis en fuite ; mais cinq cents chevaux qui gardaient le plat pays de Messène, étant survenus, et l'ayant renforcé, il tourna face, et mit à son tour Philopémen en dé-

Il va attaquer Messène.

Il est fait prisonnier et mis à mort.
An. M. 3821.
Av J.C. 183.
Plut. in Philop. pag. 366.

route. Celui-ci uniquement attentif à sauver les jeunes gens qui l'avaient suivi, fit des actions extraordinaires de courage; mais étant tombé de son cheval, et sa chute l'ayant blessé considérablement à la tête, il fut pris par les ennemis, qui le menèrent à Messène. On le mit en prison, et on le livra à l'exécuteur qui lui donna le poison. Philopémen le prit sans faire la moindre plainte. Le poison fit bientôt son effet, car il était si abattu et si faible, qu'il fut éteint dans un moment.

Les Achéens vengent la mort de leur général.

Quand le bruit de la nouvelle de sa mort se fut répandu parmi les Achéens, aussitôt tous leurs jeunes gens se rendirent à Mégalopolis. Là, dans un grand conseil qui fut tenu, on résolut de ne pas différer d'un moment la vengeance de cet horrible attentat. On choisit Licortas pour général, et on se jeta dans la Messénie, où tout fut mis à feu et à sang. Les Messéniens se voyant sans ressources et hors d'état de se défendre, députèrent vers les Achéens pour finir la guerre, et demander pardon de leurs fautes passées. Licortas, touché de leurs prières, ne crut pas devoir les rebuter, comme ils semblaient le mériter. Il leur dit que l'unique moyen d'obtenir la paix, était de livrer les auteurs de la rébellion et de la mort de Philopémen, de remettre tous leurs intérêts à la disposition des Achéens, et de recevoir garnison dans la citadelle. Ces conditions furent agréées et exécutées sur-le-champ.

Célèbre convoi de ce général.

Alors on pensa aux obsèques de Philopémen. Après qu'on eut brûlé son corps, qu'on eut ramassé ses cendres, et qu'on les eut mises dans une urne, on se mit en marche pour les porter à Mégalopolis. Cette cérémonie ressemblait moins à un convoi funèbre, qu'à une sorte de pompe triomphale; ou plutôt c'était un mélange de l'un et de l'autre. Tous les peuples des villes et des villages des environs venaient au-devant de ce convoi, comme pour honorer Philopémen au retour d'une victoire. Il fut enterré très-honorablement, et les prisonniers de Messène furent lapidés autour de son tombeau. Toutes les villes, par des décrets publics, lui décernèrent les plus grands honneurs, et lui érigèrent plusieurs statues avec de magnifiques inscriptions.

ARTICLE IV.

Plaintes contre Philippe.

Depuis que le bruit s'était répandu chez les peuples voisins de la Macédoine, que ceux qui allaient à Rome se plaindre de Philippe, y étaient écoutés, et que plusieurs s'étaient bien trouvés de l'avoir fait, un grand nombre de villes et de particuliers y portèrent leurs plaintes contre un prince dont le voisinage leur était fort à charge à tous. Le roi Eumène, entre autres, y envoya des ambassadeurs, à la tête desquels était son frère Athénée, pour donner avis au sénat que Philippe ne retirait pas ses garnisons de la Thrace, comme il avait promis de le faire, et pour se plaindre de ce qu'il avait envoyé du secours en Bithynie à Prusias, qui faisait la guerre à Eumène. Le sénat, par considération pour Démétrius, fils de Philippe, qui

An. M. 3821.
Av. J. C. 183.
Liv. l. 39.
n. 46.

était en otage à Rome, envoya avec lui des ambassadeurs en Macédoine, et termina tout sans bruit et sans éclat. Les marques de considération que le sénat donnait à ce jeune prince, pour relever son crédit auprès de son père, ne servirent qu'à exciter contre lui l'envie, et causèrent sa perte dans la suite.

Persée, frère aîné de Démétrius, mais fils d'une concubine de Philippe, voyait avec une peine et une douleur infinies, que la considération de son frère Démétrius dans la Macédoine, et son crédit chez les Romains, augmentaient de jour en jour. N'ayant plus d'espérance de parvenir au trône que par le crime, il y mit toute sa ressource. Il fit confidence de son dessein à ses amis, et engagea dans son parti presque tous les seigneurs de la cour. Il accusa Démétrius, devant Philippe, d'avoir voulu le faire assassiner. Le roi le fit comparaître devant lui, en présence de deux de ses confidens. Après leur avoir parlé avec beaucoup de force, il les entendit tous les deux. Persée parla le premier, et ne manqua pas, pour indisposer le roi contre Démétrius, de faire entrer dans ses charges l'amitié des Romains pour Démétrius, et le zèle de celui-ci pour la république romaine. Démé-

trius parla ensuite pour sa justification, et n'eut pas de peine à se laver du crime de fratricide. Philippe les ayant fait sortir l'un et l'autre pour un moment, après s'être entretenu avec ses amis, les fit rentrer, et leur

dit : « Qu'il ne déciderait pas leur affaire sur » de simples paroles, et sur des discours d'une » heure, mais sur l'information qu'il ferait

» de leur conduite, et de la manière dont ils
» se comporteraient dans les petites comme
» dans les grandes choses, dans leurs dis-
» cours et dans leurs actions. » Le jugement
fit assez connaître que si, d'un côté, Démétrius s'était lavé du crime d'avoir attenté à la
vie de son frère, de l'autre, néanmoins, ses
liaisons avec les Romains le rendaient sus-
pect à Philippe.

Démétrius se voyant sans espérance de pou- Démétrius songe à se retirer en Italie.
voir apaiser son père à son égard, surtout
quand il le vit obsédé par son frère, de telle
sorte qu'il ne pouvait plus en approcher, prit
la résolution de se retirer chez les Romains.
Mais le roi en ayant été averti, fut extrêmement indigné de cette dernière entreprise de
Démétrius. Une lettre supposée, écrite à Philippe de la part de Quintius, acheva de déterminer ce père infortuné à se défaire de ce
jeune prince, dont la sagesse et la modéra-
tion devaient faire sa consolation. Il donna Philippe donne des ordres pour s'en défaire secrètement.
ordre à Didas de l'en délivrer. Celui-ci lui
donna du poison dans un repas qui suivit la
cérémonie d'un sacrifice. Il n'eut pas plus tôt
pris ce breuvage qu'il se sentit saisi de douleurs violentes. Il se retira dans son appartement, se plaignant avec amertume de la
cruauté de son père, et accusant hautement le
fratricide de son frère, et le meurtre de Didas.
Comme il redoublait ses plaintes à mesure
que ses douleurs augmentaient, deux domestiques de Didas, qui étaient entrés dans la
chambre, lui jetèrent des couvertures sur la
tête, et l'étouffèrent. Telle fut la fin de ce
jeune prince, qui méritait un meilleur sort.

Liv. l. 40.
n. 54.
Philippe
punit les au-
teurs de la
mort de son
fils.

Il se passa près de deux ans, sans qu'on découvrît rien du complot formé par Persée contre son frère. Cependant Philippe, dévoré de chagrin et de remords, déplorait sans cesse la mort de son fils, et se reprochait à lui-même sa cruauté. Ce mystère d'iniquité fut enfin découvert par un nommé Xychus, qui avait servi de secrétaire dans cette détestable intrigue. Antigone, neveu d'Antigone Doson, le fit arrêter et conduire devant Philippe. D'abord il nia tout ; mais, dès qu'on fit mine de le mettre à la torture, il avoua tout, et développa toute l'intrigue. Les coupables furent punis, ou échappèrent par la fuite au supplice qu'ils méritaient.

Persée se
retire de la
cour.

Quoique le crime de Persée fût découvert, il connaissait trop son pouvoir et son crédit pour craindre pour sa vie. Il prit seulement la précaution de s'éloigner de la cour, et de se soustraire à l'indignation de son père, qui n'aurait pas manqué de le faire arrêter, pour le punir comme il le méritait, s'il en avait pu trouver le moyen. La seule pensée qui l'occupa, fut d'empêcher qu'avec l'impunité il ne pût encore jouir du fruit de son crime.

Philippe
destine An-
tigone pour
lui succeder.

Dans cette vue, il fit venir Antigone, à qui il était redevable de la découverte du complot, et qu'il jugeait très-propre à remplir le trône de Macédoine par son mérite personnel, et par la réputation et la gloire toute récentes de son oncle Antigone *Doson*.

« Réduit au triste état, lui dit-il, de sou-
» haiter pour moi ce que les autres pères dé-
» testent, comme le plus horrible des mal-
» heurs, je veux dire, d'être sans enfans, je

» songe à remettre entre vos mains un royau-
» me dont je suis redevable à la tutelle de
» votre oncle, et que non - seulement il m'a
» conservé, mais qu'il a encore beaucoup
» augmenté par son courage. Je n'ai que vous
» que je trouve digne du sceptre. Si je ne
» trouvais personne capable de le porter di-
» gnement, j'aimerais mieux qu'il pérît, et
» s'anéantît pour toujours, que de le voir pas-
» ser entre les mains de Persée, comme la
» récompense de sa perfide impiété. Je croi-
» rai Démétrius sorti du tombeau, et rendu
» à son père, si je puis vous substituer à sa
» place, vous, qui seul avez pleuré sur la
» mort de mon fils, et sur ma malheureuse
» crédulité, qui me l'a fait perdre. »

Depuis ce discours, il le combla de toutes
sortes d'honneurs, pour le mettre en vue,
et le produire en public. Il visita plusieurs
villes de Macédoine, et recommanda Antigone aux grands seigneurs avec beaucoup de
zèle et d'affection ; et s'il avait vécu plus long-
temps, on ne doute point qu'il ne l'eût mis
en possession du trône. Ce malheureux prince
tomba dans une fâcheuse maladie, dont il
mourut. Il expira en pleurant l'un de ses fils,
et en prononçant des exécrations contre l'au- Mort de Philippe.
tre. Antigone aurait pu être mis sur le trône, An. M. 3826.
si la mort du roi eût été d'abord rendue pu- Av. J.C. 178.
blique. Le médecin Calligène, qui était dans
les intérêts de Persée, la céla jusqu'à ce que
Persée fût arrivé. Il avait eu soin de lui
dépêcher des courriers dès les premiers indices que la maladie serait mortelle, et que
le roi n'en relèverait pas. Persée surprit tout

le monde par sa prompte arrivée, et se mit en possession du trône qu'il avait acquis par son crime.

Persée succède à Philippe.

Dès que Persée fut monté sur le trône, il fit mourir Antigone, que Philippe, à son préjudice, avait désigné pour lui succéder. Ensuite, pour s'y mieux affermir, il envoya des ambassadeurs aux Romains, pour leur demander qu'ils renouvelassent l'alliance qu'ils avaient faite avec son père, et que le sénat le reconnût pour roi. Persée ne faisait ces démarches que pour gagner du temps, et se préparer à loisir à la guerre qu'il méditait contre les Romains.

An. M. 3830.
Av. J.C. 174.
Liv. l. 41.
n. 27.

Sur les nouvelles qu'on eut, à Rome, que Persée avait envoyé des ambassadeurs à Carthage, et que le sénat leur avait donné audience de nuit dans le temple d'Esculape, on jugea à propos de faire passer des ambassadeurs en Macédoine, pour veiller sur la conduite de ce prince. Cependant, comme on voyait clairement, et à n'en pas douter, que tout se préparait à la guerre, et qu'il fallait s'attendre qu'elle éclaterait au premier jour, on commença à s'y préparer par les cérémonies de religion, qui, chez les Romains, précédaient toujours les déclarations de guerre, c'est-à-dire, par l'expiation des prodiges, et par divers sacrifices qu'on offrait aux Dieux.

Persée, de son côté, se donnait beaucoup de mouvement, et ne cessait de solliciter les villes de la Grèce par des ambassades, et par de magnifiques promesses. On y était assez porté d'inclination pour lui, soit que les Grecs aspirassent à quelque changement, soit parce qu'ils étaient bien aises d'avoir en lui un appui qui tînt en respect les Romains.

Ceux-ci n'ignoraient pas les mesures que prenait Persée pour gagner les peuples et les villes de la Grèce ; et ces mouvemens du roi les jetaient dans de grandes inquiétudes. Eumène, roi de Pergame, qui tenait son royaume des bienfaits des Romains, vint exprès à Rome pour achever de les en éclaircir. On donna, quelques jours après, audience aux ambassadeurs du roi Persée. Ils trouvèrent le sénat fort prévenu contre leur maître ; et celui d'entre eux qui portait la parole, et qui s'appelait Harpale, aigrit encore les esprits par son discours. Il dit que Persée souhaitait qu'on le crût sur sa parole, lorsqu'il déclarait n'avoir rien dit ni fait qui ressentît l'ennemi. Qu'au reste, s'il s'apercevait qu'on cherchât opiniâtrément contre lui un sujet de guerre, il saurait bien se défendre avec courage.

Harpale, étant retourné en Macédoine avec le plus de diligence qu'il lui fut possible, rapporta à Persée qu'il avait laissé les Romains dans la disposition de ne pas tarder longtemps à lui déclarer la guerre. Le roi n'en fut pas fâché, se croyant en état, avec les grands préparatifs qu'il avait faits, de la soutenir avec succès. Il en voulait surtout à Eumène, par qui il soupçonnait, avec raison, que Rome avait été instruite de toutes ses démarches les plus secrètes ; et ce fut contre lui qu'il commença à se déclarer, non par la voie des armes, mais par celle du crime et de la trahison. Il tenta la voie de l'assassinat et du poison ; mais ni l'une ni l'autre de ces deux voies ne lui réussit. Quand le sénat fut instruit de ces noirs complots de Persée, il ne délibéra plus s'il fallait déclarer la guerre à un prince qui employait les assassinats et les poisons pour se défaire de ses ennemis, et prit cependant toutes les mesures nécessaires pour réussir dans cette importante entreprise.

An. M. 3833.
Av. J.C. 171.On nomma pour consuls P. Licinius Crassus, et Cassius Longinus. La Macédoine échut par le sort à Licinius. Non-seulement Rome et l'Italie, mais tous les rois et toutes les villes, tant de l'Europe que de l'Asie, avaient les yeux tournés sur les deux puissans peuples qui allaient entrer en guerre : chacun d'eux prit parti, ou resta neutre, selon que ses inclinations ou ses intérêts le demandaient. Pour ce qui regarde les villes libres, presque partout la populace penchait du côté Les Romains déclarèrent la guerre à Persée.du roi et des Macédoniens. Après plusieurs ambassades, qui n'aboutirent à rien qu'à gagner du temps, la guerre fut déclarée dans les formes. Le consul Licinius, qui devait commander en Macédoine, reçut ordre de se préparer au plus tôt avec son armée.

Départ du consul pour la Macédoine.
Liv. l. 42.
n. 49. 63.Licinius, après avoir offert ses vœux aux Dieux dans le Capitole, partit de Rome revêtu d'une cotte d'armes selon la coutume. Mille pensées inquiétantes s'offrirent alors à l'esprit, sur le succès de la guerre, qui est toujours douteux et incertain. La puissance du roi de Macédoine, la gloire ancienne des Macédoniens ; celle de Philippe qui s'était rendu célèbre, surtout par la guerre qu'il

avait faite contre les Romains, augmentaient
beaucoup la réputation de Persée ; et l'on savait que, depuis qu'il était monté sur le trône, il n'avait cessé de se préparer à la guerre
qui éclatait alors. Pleins de ces pensées, les
citoyens conduisirent en foule le consul hors
de la ville. Il alla droit à Brindes, où était le
rendez-vous de l'armée, et ayant passé la
mer avec ses troupes, il arriva à Nymphée,
sur la terre des Apolloniates.

Persée, après un grand conseil qu'il tint
à Pella au sujet de cette guerre, donna ordre
à tous ses généraux d'assembler leurs troupes
à Citium, et il s'y rendit bientôt lui-même
avec tous les seigneurs de sa cour, après
avoir offert à Minerve une hécatombe, c'est-
à-dire, un sacrifice de cent bêtes. Il y trouva
l'armée tout assemblée, qui montait à trente-
neuf mille hommes de pied, et à quatre mille
chevaux. Il n'est pas hors de propos de re-
marquer ici que, depuis l'armée qu'Alexandre-le-Grand avait menée en Asie, nul roi
de Macédoine n'en avait eu une si nombreuse.

Les deux armées se mirent en mouvement. Mouvemens
Celle des Macédoniens, après quelques jours des deux ar-
de marche, arriva à Sicurie, ville située au mées.
bas du mont Oéta ; celle du consul, à Gom-
phi dans la Thessalie, après avoir surmonté
d'horribles difficultés dans les chemins et
dans les défilés, qui étaient presque inaccessibles. Le consul s'avança, et alla camper
sur le fleuve Pénée. Persée, cependant, envoya plusieurs détachemens pour ravager les
pays de Phères. Il fit un grand butin, qu'il
distribua à ses troupes. La lenteur des Ro-

mains à secourir les alliés les décriait dans leur esprit, et ils se reprochaient à eux-mêmes de n'avoir pas été au secours de ceux de Phères.

Le roi, tout fier de ce qu'on lui avait laissé ravager impunément les terres des Phéréens, marcha sans perdre de temps pour attaquer les Romains. Il se présenta, sur les dix heures du matin, à une demi-lieue de leur camp. Ceux-ci s'étant tenus en repos, sans faire le moindre mouvement, les troupes du roi s'en retournèrent dans leur camp. Elles firent la même chose pendant quelques jours; mais les Romains restaient toujours retranchés dans leur camp sans en sortir. Enfin, Persée ayant rangé son armée à la pointe du jour, mena sa cavalerie et ses troupes armées à la légère, vers le camp romain, et les mit en bataille à cinq cents pas des retranchemens du consul.

L'arrivée du roi, et la bonne contenance de ses troupes, jetèrent l'alarme dans tout le camp. Le général, se voyant comme forcé d'accepter le combat, rangea en bataille son infanterie dans le camp même, et fit sortir la cavalerie seule, et les troupes armées à la légère, qu'il mit en ordre de bataille devant les retranchemens. Ce ne fut ici qu'un combat de cavalerie, laquelle, de part et d'autre, était à peu près égale pour le nombre, et pouvait monter de chaque côté à quatre mille hommes, sans compter les soldats armés à la légère. L'action tourna entièrement à l'avantage du roi. Les Romains perdirent, dans ce combat, deux mille hommes de leur infanterie légère au moins, et eurent deux cents cavaliers de tués, et autant de pris : de l'autre côté, vingt cavaliers seulement, et quarante fantassins demeurèrent sur la place.

Hyppias et Léonat, qui commandaient la phalange macédonienne, étaient d'avis que le roi poussât vivement les ennemis, et allât les attaquer dans leurs retranchemens. Il paraît en effet que Persée, pour peu qu'il fît d'effort, pouvait rendre sa victoire complète, et que, dans l'ardeur où étaient ses troupes, et dans l'effroi qu'elles avaient jeté parmi les Romains, la pleine défaite de ceux-ci était assurée. Mais Persée, se rendant à la pensée folle et extravagante d'Evande, son homme de confiance, s'arrêta tout court dans ce moment décisif, et manqua une occasion, que l'on peut dire presque sûre, de défaire pleinement les ennemis, et qu'il ne retrouva plus. Il aurait pu réparer avantageusement cette première faute par un peu de vigilance pendant la nuit. Mais le Seigneur, qui l'avait arrêté au milieu de sa victoire, et qui voulait détruire le royaume de Macédoine, l'endormit et l'assoupit d'un profond sommeil, pour donner le temps à l'ennemi de s'échapper de ses mains.

En effet, Persée, le lendemain, s'avança pour attaquer les ennemis, et leur livrer combat ; mais il n'était plus temps, il trouva leur camp abandonné. Quand il les vit retranchés de l'autre côté de la rivière, il reconnut l'énorme faute qu'il avait faite la veille, de ne pas les avoir poursuivis vivement après leur défaite ; mais il avoua que ç'en était encore une plus grande, d'être demeuré tran

quille et sans action pendant la nuit. Car,
sans mettre le reste de l'armée en mouvement, s'il avait seulement détaché ses troupes armées à la légère contre les ennemis,
pendant qu'en trouble et en désordre ils passaient la rivière, il aurait pu sans peine défaire une partie de leur armée.

Les Romains, à la vérité, ayant mis une
rivière entre eux et l'ennemi, ne se voyaient
plus dans le danger prochain d'être attaqués
et mis en déroute ; mais l'échec qu'ils venaient de recevoir, et l'atteinte qu'ils avaient
donnée à la gloire du nom romain, les péné-
traient de la plus vive douleur. Les Macédoniens, au contraire, victorieux et chargés des
dépouilles de leurs ennemis, étaient enivrés
de gloire, et se promettaient tout de leur courage. Tous demandaient, avec une ardeur et
un empressement incroyables, qu'on les mît
seulement aux mains avec les ennemis. Si le
roi, en effet, eût su profiter de cette ardeur,
il n'y a pas de doute qu'il n'eût resté toujours
supérieur ; mais il laissa émousser cette pointe
de courage et cette confiance qui sont l'ame
du combat, et un gage presque assuré de la
victoire. Persée, au lieu de poursuivre vivement l'ennemi, et de l'attaquer sans lui donner aucun relâche, s'amusa à demander lâchement la paix à des vaincus, qu'on ne voulut lui accorder qu'aux conditions qu'il laisserait au pouvoir du sénat de disposer de sa
personne et de son royaume, comme il lui
plairait. Cette honteuse démarche de Persée
ranima extrêmement le courage des Romains,
qui, tout vaincus qu'ils étaient, voyaient,

pour ainsi dire, leur vainqueur à leurs pieds venir demander la paix. Il paraît, par cette conduite, que Persée avait peu de consistance, ou qu'il avait entrepris cette guerre bien témérairement, et sans savoir où trouver des ressources pour la soutenir et la pousser avec la vigueur qu'elle demandait ; ou bien enfin, qu'il était fort mal conseillé. Après plusieurs petites rencontres qui ne décidaient de rien, les deux armées prirent leurs quartiers d'hiver, Persée dans la Macédoine, et les Romains dans la Thessalie.

Il n'y eut rien de fort mémorable l'année suivante, excepté la perte que fit Claudius sous les murs de la ville d'Uscana en Illyrie. Cet officier ayant été envoyé par le consul Hostilius pour défendre le pays, alla camper à Lycnide près d'Uscana, qui appartenait à Persée, et où il avait une grosse garnison. Claudius, dans le dessein de s'emparer de cette ville, sur la parole qu'on lui avait donnée de la lui livrer, s'en approcha avec presque toutes ses troupes, sans défiance et sans avoir pris aucune précaution. Lorsqu'il y pensait le moins, la garnison fit une furieuse sortie contre lui, mit toutes ses troupes en fuite, les poursuivit fort loin, et en fit un très-grand carnage. D'onze mille hommes, à peine deux mille purent-ils se sauver dans le camp, où il en était resté mille pour la garde. La nouvelle de cette perte affligea beaucoup le sénat, d'autant plus qu'elle avait été causée par l'imprudence et l'avarice de Claudius.

Le soin de la guerre de Macédoine occupait fort les Romains. Q. Marcius Philippus

Claudius est repoussé avec perte de la ville d'Uscana.
An. M. 3834.
Av. J.C. 170.
Liv. l. 43.
n. 9 et 10.

Liv. l. 43.
n. 11.

l'un des deux consuls qui venaient d'être élus, en fut chargé. Avant qu'il partît, Persée avait cru devoir profiter du temps de l'hiver pour faire une expédition contre l'Illyrie. Elle lui réussit fort heureusement, et presque sans aucune perte de sa part. Il se rendit maître de toutes les places fortes, dont la plupart avaient garnison romaine, et fit un grand nombre de prisonniers. Il aurait pu engager dans son parti plusieurs princes et plusieurs républiques ; mais son avarice et la crainte de faire de la dépense, qui, comme le remarque Polybe, lui firent souvent manquer des entreprises très-importantes, lui firent négliger cet avantage. Il revint donc en Macédoine, content de son expédition, et alla tenir sa cour à Dium.

Polyb. Legat. 76 et 77.

Dès que le printemps fut venu, le consul Marcius partit de Rome, se rendit en Thessalie, et de là, sans perdre de temps, s'avança dans la Macédoine, persuadé que c'était dans le cœur de ses Etats, qu'il fallait attaquer Persée. Il eut, dans sa marche, des peines incroyables à surmonter, tant les chemins étaient escarpés et impraticables. Il fut encore extrêmement incommodé par les fréquentes attaques des troupes du roi : de sorte que le général romain était fort inquiet, ne pouvant ni avancer, ni reculer sans honte, ni même sans danger. Il est certain que si le consul avait eu à faire à un ennemi semblable aux anciens rois de Macédoine, dans le défilé étroit où ses troupes se trouvaient enfermées, il aurait infailliblement reçu un très-grand échec. Enfin, après bien des peines et des fatigues, l'armée arriva dans la plaine, et se trouva non-seulement en sûreté, mais même en situation de répandre partout la terreur.

En effet, bientôt après qu'elle fut sortie du défilé, pendant que le roi était au bain, on vint lui annoncer que les ennemis approchaient. Cette nouvelle le jeta dans une terrible alarme. Incertain du parti qu'il devait prendre, et de moment à autre changeant de résolution, il jetait des cris, et plaignait son sort de se voir vaincu sans combat. Enfin, il prit le parti de se retirer, laissant les entrées de son royaume ouvertes et libres à l'ennemi, et se retira avec précipitation, dans le temps qu'il aurait encore pu l'arrêter tout court, et le faire périr. Mais Dieu avait ôté à Persée le conseil et la prudence; et dans l'aveuglement où la terreur l'avait jeté, il ne vit et ne fit rien de tout ce qui pouvait le sauver.

Persée fuit
devant le
consul.

Le consul, après avoir fait connaître les passages qui conduisaient à Dium, se mit en marche et y arriva le second jour. Quand il fut entré dans la ville, il fut dans le dernier étonnement de voir que le roi eût si facilement abandonné une ville si bien fortifiée. Il continua sa marche, et se rendit maître de plusieurs places sans trouver presque aucune résistance. Mais, plus il avançait, moins il trouvait de vivres, et plus la disette augmentait; ce qui l'obligea de retourner à Dium. Il se trouva même dans la nécessité de quitter cette ville pour se retirer à Phila, où le préteur Lucrétius lui avait marqué qu'il trou-

Il reprend courage.

verait des vivres en abondance. Son départ de Dium avertit Persée qu'il devait maintenant recouvrer, par son courage, ce qu'il avait perdu par sa timidité. Il se remit donc en possession de cette ville, et en répara promptement les ruines. Il se fit de part et d'autre, plusieurs petites expéditions tant par mer que par terre; mais ces expéditions n'eurent pas des suites considérables.

Le temps des comices, c'est-à-dire, des assemblées pour élire à Rome des consuls, approchant, tout le monde attendait avec inquiétude sur qui tomberait un choix si important, et l'on ne parlait d'autre chose dans toutes les conversations. On n'était point content des consuls qui, depuis trois ans, avaient été employés contre Persée, et qui avaient fort mal soutenu l'honneur romain. Les formidables préparatifs qu'avait faits Persée, et quelques avantages qu'il avait remportés dans les premières campagnes, augmentaient la crainte des Romains, et les alarmaient presque sur l'événement de cette guerre. Ils voyaient bien qu'il en fallait confier le soin à un général qui eût de la sagesse, de l'expérience et du courage; en un mot, qui fût en état de conduire une guerre aussi importante que celle dont il s'agissait actuellement.

Paul Emile est nommé consul , et chargé de la guerre de Macédoine.
An. M. 3836.
Av. J.C. 768.
Plut. in Æmil.

Tout le monde jeta les yeux sur Paul Emile. Il fut élu consul tout d'une voix, et comme forcé de se rendre, malgré lui, au choix du peuple. On dit que le jour même qu'il fut nommé général pour aller faire la guerre contre Persée, comme il s'en retournait chez lui, accompagné de tout le peuple qui le suivait pour lui faire honneur, il rencontra sa fille Tertia, encore petite enfant, qui fondait en larmes. Il l'embrassa et lui demanda le sujet de *Paul. p. 259.* ses pleurs. Tertia le serrant avec ses petits bras, et le baisant : *Vous ne savez donc pas, mon père*, lui dit-elle, *que notre Persée est mort.* Elle parlait d'un petit chien qu'elle élevait, et qui avait nom *Persée.* Paul Emile, frappé de ce mot, lui dit : *A la bonne heure, ma chère enfant, j'accepte de bon cœur cet augure.*

Après que le consul eut tout préparé pour la guerre dont on l'avait chargé, il partit pour se rendre incessamment dans la Macédoine, aussi-bien que le préteur Cn. Octavius, qui avait le commandement de la flotte, et L. Anicius, autre préteur, qui devait succéder à Appius Claudius. Le nombre des troupes que chacun d'eux devait commander, fut réglé de la manière qui suit. L'armée du consul était de trente mille hommes, celle du préteur Anicius de vingt et un mille. Les troupes qui devaient servir sur la flotte, étaient de cinq mille hommes. Ces trois corps, réunis ensemble, faisaient cinquante - six mille hommes.

Comme la guerre qu'on se préparait à faire cette année dans la Macédoine, paraissait de la dernière conséquence, on prit toutes les précautions capables de la faire réussir. Il fut ordonné qu'on ne choisirait pour les emplois de tribun, que des hommes qui eussent déjà été en charge, et on laissa à Paul Emile la liberté de prendre pour son armée, parmi tous les tribuns ceux qui lui plairaient.

Rome ne pouvait se conduire avec plus de sagesse qu'elle fait ici.

Persée se met en état de résister au consul.
Liv. l. 44. n. 23.

Pendant qu'on avait travaillé, à Rome, aux préparatifs de la guerre, le roi de Macédoine, de son côté, ne s'était pas endormi. La crainte du danger prochain dont il était menacé, l'ayant enfin emporté sur son avarice, il convint de donner à Gentius, roi d'Illyrie, trois cents talens d'argent, et acheta à ce prix son alliance. Son avarice, néanmoins, lui fit trouver une ressource pour conserver son argent et l'amitié du roi d'Illyrie. Car ayant appris que ce prince avait fait empoisonner les ambassadeurs romains, sous prétexte qu'ils étaient des espions ; et le croyant suffisamment engagé et sans retour contre les Romains par ce coup d'éclat, il fit revenir ceux qui portaient les trois cents talens, se félicitant lui-même en secret de l'heureux succès de sa perfidie, et de son habileté à conserver son argent.

Son avarice lui fait manquer plusieurs alliances.

Son avarice lui fit manquer une autre alliance, qui ne lui aurait pas été moins favorable. Il avait fait venir d'au delà du Danube, un corps de troupes gauloises (1), composé de dix mille cavaliers, et d'autant de fantassins, et il était convenu de donner dix pièces d'or à chaque cavalier, cinq à chaque fantassin, et mille à leurs capitaines. Quand ce secours fut arrivé, Persée, qui aimait mieux garder son argent que sa parole, ne s'acquitta point de ses promesses. Les Gaulois, qui

---

(1) Ces Gaulois, depuis leur établissement dans la Sarmatie européenne près les embouchures du Niger, avaient pris le nom de Bastarnes.

n'étaient pas gens à se payer des beaux complimens que Persée leur avait fait faire à leur arrivée, frémirent de fureur et de rage, quand ils virent qu'on les avait trompés. Ils s'en retournèrent sur-le-champ ; et reprenant le chemin du Danube, ils ravagèrent la Thrace, qui se trouvait sur leur passage. Quel aveuglement ! Persée pensait bien différemment de Philippe, un de ses plus illustres prédécesseurs, qui avait coutume de dire : *Que l'on doit acheter la victoire par l'argent, et non pas conserver l'argent aux dépens de la victoire.*

Dès le commencement du printemps, les généraux romains s'étaient rendus chacun à leur département. Le consul en Macédoine, Octavius en Orée avec la flotte, et Anicius dans l'Illyrie. Ce dernier eut un succès aussi rapide qu'heureux. Il termina la guerre contre Gentius, avant qu'on sût à Rome qu'elle était commencée. Elle ne dura que trente jours. Ayant traité avec bouté Scorda, la capitale du pays, qui s'était rendue, les autres villes suivirent bientôt son exemple. Gentius lui-même vint se jeter aux pieds d'Anicius, et implorer sa clémence, avouant, les larmes aux yeux, sa faute, ou plutôt sa folie d'avoir abandonné le parti des Romains. Le préteur le traita humainement. Il envoya à Rome Perpenna porter la nouvelle de sa victoire, et, peu de jours après, il y fit conduire Gentius, sa mère, sa femme, ses enfans et son frère, avec les principaux seigneurs du pays. La vue de prisonniers si illustres augmenta fort la joie du peuple. On rendit des actions

Conquêtes du préteur Anicius dans l'Illyrie.
Liv l. 44. n. 30. 32.

de grâces aux Dieux, et il se fit au temple un grand concours de personnes de tout âge et de tout sexe.

Le consul tente de pénétrer dans la Macédoine.

Quand Paul Emile se fut approché des ennemis, il trouva Persée campé près de la mer, au pied du mont Olympe, dans des lieux qui paraissaient inaccessibles, où il s'était fortifié de telle sorte, qu'il se croyait entièrement en sûreté, et qu'il espérait de consumer, et de rebuter enfin le consul par la longueur du temps, et par les difficultés qu'il aurait à faire subsister ses troupes dans un pays déjà ravagé, et à s'y maintenir. En effet, Paul Emile eut besoin de toute son habileté et de toute sa prudence, pour se faire un passage pour pénétrer dans la Macédoine. Entreprendre de forcer les retranchemens des ennemis, c'eût été exposer les troupes à la boucherie. Il n'était pas aisé non plus de faire une diversion, et d'obliger le roi à retirer une partie de ses troupes. Le consul prit le parti de se tenir quelques jours en repos, pour trouver quelque expédient. Enfin, à force de chercher et de s'informer, il apprit de deux marchands Perrhébiens, dont la prudence et la fidélité lui étaient connues, qu'il y avait un chemin qui conduisait à Pythium, ville située au plus haut du mont Olympe ; que ce chemin n'était pas d'un difficile accès, mais qu'il était bien gardé. Le consul y envoya, sous la conduite de Scipion son fils, un détachement de cinq mille hommes, qui arriva sur la hauteur après trois jours de marche. Il y eut un combat fort rude sur cette hauteur, et la victoire demeura quelque temps douteuse. Mais enfin

enfin les troupes du roi furent forcées de toutes parts, et mises en déroute. Les Romains
les poursuivirent vivement, et allèrent camper dans la plaine.

Les fuyards étant arrivés au camp de Persée, y répandirent une si grande terreur, que
ce prince décampa sur l'heure, et se retira
saisi de frayeur, et presque sans espérance.
Il tint un grand conseil pour délibérer sur le
parti qu'il fallait prendre. Il fut conclu qu'on
se retirerait sous les murs de Pydna, et qu'on
s'y préparerait à donner bataille à l'ennemi.
Le prince, ranimé par le courage de ses officiers, va camper sous les murs de cette ville,
n'oublie rien pour profiter de l'avantage des
lieux, assigne à chacun son poste, et donne
tous les ordres avec beaucoup de présence
d'esprit, résolu d'attaquer les Romains dès
qu'ils paraîtraient.

Paul Emile étant arrivé à Pythium, et
ayant rejoint le détachement de Scipion,
descendit dans la plaine. Le roi lui présenta
la bataille. Mais, quand le consul eut consi-
déré la bonne disposition des Macédoniens,
et le nombre de leurs troupes, il fit halte
pour penser à ce qu'il avait à faire. Les jeunes officiers, pleins d'ardeur et d'impatience
pour le combat, s'avancent à la tête des troupes, s'approchent de lui, et le conjurent de
donner sans différer. Scipion, dont la confiance était augmentée par le succès qu'il venait d'avoir sur le mont Olympe, se distingua sur tous les autres par son empressement,
et fit les plus fortes instances.

« Autrefois, dit le consul au jeune Scipion,

» j'ai pensé comme vous faites aujourd'hui ,
» et un jour vous penserez comme moi. Je
» vous rendrai compte de ma conduite dans
» un autre temps : reposez-vous-en mainte-
» nant sur la prudence d'un ancien général. »
Le jeune officier se tut, bien persuadé que le
consul avait de bonnes raisons pour en user
ainsi. En achevant ces mots, il donna ordre
de former un camp : ensuite il fit entrer son
armée dans ses retranchemens , ne voulant
point mettre aux mains , avec des troupes
toutes fraîches, les siennes qui étaient haras-
sées de fatigue, et épuisées par une longue
et pénible marche. Le roi, de son côté, voyant
que les Romains refusaient de combattre ,
se retira aussi dans son camp , et le combat
fut différé jusqu'au lendemain.

Quoique des deux côtés la résolution de
combattre fût prise , cependant ce fut plutôt
une espèce de hasard qui engagea la bataille ,
que l'ordre des généraux, qui, de part et d'autre, ne se pressaient pas beaucoup. Des soldats thraces chargèrent quelques Romains
qui venaient du fourrage. Sept cents Ligu-
riens courent au secours de ces fourrageurs.
Les Macédoniens firent avancer des troupes
pour soutenir les Thraces; et les renforts qu'on
envoyait aux uns et aux autres , grossissant
toujours, la bataille se trouva enfin engagée.

La charge étant enfin commencée, la phalange macédonienne se distingua parmi toutes les troupes du roi d'une manière particulière. Elle mit en désordre toute la première ligne des troupes péligniennes, et la seconde commença à se ralentir beaucoup. Véri-

tablement elle ne prit pas la fuite ; mais au lieu d'avancer elle faisait sa retraite vers le mont Olocre. Ce que voyant Paul Emile, il déchira ses habits, pénétré de douleur de ce que ses premières troupes étant rendues, les Romains craignaient d'affronter la phalange. La victoire semblait se déclarer pour les Macédoniens; et elle n'aurait pas été douteuse, si Persée, au lieu de s'abandonner à ses frayeurs et de s'enfuir, eût, par sa présence et par son exemple, animé ses troupes, qui étaient toutes résolues à bien faire.

Paul Emile ne savait par quel endroit entamer la phalange, qui montrait un front hérissé et couvert de piques épaisses et serrées, comme d'un retranchement impénétrable. Mais s'apercevant que, par l'inégalité du terrain, elle était forcée de laisser des ouvertures et des intervalles, et qu'elle reculait d'un côté pendant qu'elle avançait de l'autre, il sépara ses troupes par pelotons, et leur ordonna de se jeter dans les espaces vides de la phalange des ennemis. Cet ordre, donné si à propos, fut cause du gain de la bataille. La phalange fut rompue et mise en désordre. Trois mille phalangistes, qui se distinguèrent sur tous les autres, furent tous taillés en pièces, sans qu'aucun d'eux quittât son rang, et cessât de combattre jusqu'au dernier soupir.

Cette grande bataille fut décidée si promptement, que le combat ayant commencé vers les trois heures après midi, la victoire se déclara avant quatre. Au milieu de la joie qu'elle causait dans tout le camp romain, le géné-

ral seul était plongé dans une extrême afflic‑
tion. Scipion, le plus jeune de ses deux fils ,
qui depuis fut appelé Africain et Numantin,
pour avoir ruiné Carthage et Numance , ne
paraissait point. On craignait qu'il n'eût été
tué. L'alarme fut générale dans le camp , et
changea les cris de joie en un morne silence.
Enfin , comme la nuit était fort avancée et
qu'on désespérait de le retrouver, il revint de
la poursuite des fuyards , et rendit la joie à
son père et à toute l'armée.

Cependant Persée continuant de fuir, avait
passé la ville de Pydna, et tâchait de gagner
celle de Pella avec toute sa cavalerie , qui
s'était sauvée de la bataille sans aucun échec.
Il y arriva sur le minuit, et tua de sa main,
à coups de poignard, les deux gardes de son
trésor, qui avaient eu la hardiesse de lui re‑
présenter les fautes qu'il avait faites, et qui,
avec une liberté hors de saison , lui avaient
donné des conseils sur ce qu'il devait faire
pour se relever. Ce traitement cruel à l'égard
de deux des premiers officiers de sa cour ,
qui n'avaient commis de faute que par trop de
zèle, aliéna de lui tous les esprits. Alarmé par
la désertion presque générale de ses officiers
et de ses courtisans, il alla à Amphipolis ,
emportant avec lui la plus grande partie de
ses trésors. D'Amphipolis, il passa dans l'île
de Samothrace, et se réfugia dans le temple
de Castor et de Pollux.

Le consul
se rend maî‑
tre de toute
la Macédoi‑
ne. Le consul étant parti de Pydna , arriva le
lendemain à Pella. Ayant appris que Persée
s'était réfugié dans la Samothrace, il se ren‑
dit à Amphipolis, pour passer de là dans l'île.

Pendant ce temps-là, le préteur Octavius, qui commandait la flotte, aborda à Samothrace, et tint le roi bloqué dans l'île ; de sorte qu'il ne pouvait ni s'embarquer, ni s'enfuir. Cependant, malgré toute la vigilance de l'amiral romain, Persée gagna secrètement un certain Oroandes de Crète, qui avait un vaisseau marchand, et lui persuada de le recevoir sur son bord avec toutes ses richesses : elles montaient à deux mille talens. Mais, soupçonneux comme il était, il ne se dessaisit pas du tout. Il n'en envoya qu'une partie, et réserva à faire porter le reste avec lui. Le Crétois, suivant en cette rencontre le génie de sa nation, embarqua sur le soir tout l'or et l'argent qu'on lui avait envoyé, manda à Persée qu'il n'avait qu'à se rendre vers le minuit sur le port avec ses enfans, et ses gens qui lui étaient absolument nécessaires pour le service de sa personne. Le roi s'y rendit avec sa femme et ses enfans, et le reste du trésor qui le suivait. On ne saurait exprimer sa douleur et son désespoir, lorsqu'il apprit qu'Oroandes, avec sa riche charge, était en pleine mer. Il fallut qu'il retournât à son asile avec sa femme, et Philippe son fils aîné. Il avait confié ses autres enfans à Jon de Thessalonique, qui avait été son favori, et qui le trahit dans sa mauvaise fortune ; car il livra ses enfans à Octavius ; ce qui fut la principale cause qui obligea Persée à se remettre lui-même au pouvoir de ceux qui avaient ses enfans entre leurs mains.

Il se livra donc lui et Philippe son fils au préteur Octavius, et celui-ci le fit embarquer

Persée se livre au vainqueur.

pour être conduit au consul, à qui auparavant il en avait donné avis. Paul Emile envoya au-devant de lui son gendre Tubéron. Persée, vêtu de noir., entra dans le camp avec son fils seul. Le consul le voyant arriver, se leva de son siége, et s'étant un peu avancé, lui tendit la main. Persée se jeta à ses pieds; mais il le releva sur-le-champ, et ne souffrit pas qu'il embrassât ses genoux. L'ayant introduit dans sa tente, il le fit asseoir vis-à-vis de ceux qui formaient l'assemblée. Après quelques demandes, auxquelles le roi ne répondit que par des sanglots et des larmes, le consul renvoya l'assemblée, et chargea Tubéron d'avoir soin de Persée. Il l'invita ce jour-là à venir manger avec lui, et ordonna qu'on lui rendît tous les honneurs qu'on pouvait lui rendre dans l'état où il se trouvait. Ainsi fut terminée la guerre de Ma-

An. M. 3836.
Av. J.C. 168.

cédoine entre les Romains et Persée, laquelle avait duré quatre ans. Ainsi finit un royaume si illustre, tant dans l'Europe que dans l'Asie. Persée avait régné onze ans. On le comptait pour le quarantième roi depuis Caranus, qui, le premier avait régné en Macédoine. Une conquête si importante ne coûta à Paul Emile que quinze jours.

La nouvelle de cette victoire causa à Rome une joie inexprimable. Le peuple s'y livra sans bornes et sans mesures. On ordonna des prières publiques et des sacrifices, en actions de grâces pour la protection éclatante que les Dieux avaient accordée à la république. On prorogea le commandement de l'armée dans la Macédoine à Paul Emile; puis on nomma dix commissaires pour aller régler les affaires de ce royaume. Lorsqu'ils y furent arrivés, Paul Emile, conformément aux instructions que les commissaires lui avaient apportées de Rome, déclara que la Macédoine serait libre, et qu'elle ne payerait aux Romains que la moitié des tributs qu'elle payait au roi : ce qui fut fixé à la somme de cent talens. Il ordonna de plus, que la Macédoine serait partagée en quatre cantons isolés l'un de l'autre, et sans aucun commerce.

Quand Paul Emile eut réglé toutes les affaires de ce pays, il prit congé des Grecs ; et après avoir exhorté les Macédoniens à ne pas abuser de la liberté que les Romains leur avaient accordée, il partit pour l'Epire, dont il livra au pillage, par ordre du sénat, les villes qui s'étaient déclarées en faveur du roi Persée. Après l'exécution de ce décret du sénat, Paul Emile prit le chemin de Rome. Quand il fut arrivé à l'embouchure du Tibre, il remonta cette rivière sur la galère du roi de Macédoine, qui était à seize rangs de rames. Tous les Romains en foule sortirent au-devant de lui, et l'accompagnèrent de dessus le rivage.

Après quelques débats, l'honneur du triomphe lui fut accordé. Il alla au Capitole, monté sur un char superbe et magnifiquement orné. Le malheureux Persée, ses enfans, ses courtisans et ses amis, servirent d'ornement au triomphe du vainqueur. Quelque compassion qu'eût Paul Emile des malheurs de Persée, et quelque porté qu'il fût à le servir, il ne put faire autre chose pour lui, que d'ob-

tenir qu'on le transférerait de la prison publique, dans un lieu plus commode. Lui et
son fils Alexandre furent menés par ordre du
sénat à Albe, où il fut gardé, et où on lui
fournit de l'argent, des meubles et des gens
pour le servir. La plupart des auteurs pré-
tendent qu'il se fit mourir lui-même en s'abstenant de manger. La Macédoine ne fut réduite en province romaine que vingt ans
après.

Le butin qu'on transporta de Macédoine
à Rome, en même temps qu'on y amena Persée, était immense, tant en or et en argent,
qu'en meubles et autres richesses. Paul Emile
n'était pas riche, et personne n'avait plus de
droit que lui sur ce butin. Cependant, par
un désintéressement qu'on ne saurait assez
louer, mais qui n'a guère d'imitateurs, il ne
s'en attribua rien. Il permit seulement à ses
fils, qui aimaient l'étude, de retenir pour eux
les livres de la bibliothèque de Persée. Les
jeunes seigneurs pour lors, et ceux qui étaient
destinés à commander un jour les armées,
ne témoignaient pas du mépris pour l'étude,
et ne la croyaient pas indigne de leur naissance, ou inutile à la profession des armes.
Revenons.

Pendant l'espace des 15 ou 16 premières
années qui suivirent la défaite et la mort de
Persée, il y eut dans la Grèce beaucoup de
troubles, que les Romains suscitaient et en-
tretenaient adroitement, pour affaiblir une
puissance qu'ils redoutaient et qu'ils voulaient s'assujettir. Au bout de ce temps un
certain Andriscus d'Adramytte, ville de la

Troade, dans l'Asie mineure, homme de la plus basse naissance, se donnant pour un fils de Persée, prit le nom de Philippe et entra en Macédoine, dans l'espérance de s'y faire reconnaître pour roi par les habitans du pays. Il avait composé sur sa naissance une fable qu'il débitait partout où il passait, prétendant qu'il était né d'une concubine de Persée. Il avait espéré qu'on le croirait sur sa parole, et qu'il se ferait dans la Macédoine un grand mouvement en sa faveur. Quand il vit que tout y demeurait tranquille, il se retira en Syrie chez Démétrius *Soter*, dont la sœur avait épousé Persée. Ce prince, qui connut tout d'un coup sa fourberie, le fit arrêter et l'envoya à Rome.

Comme il ne produisait aucune preuve de sa prétendue naissance, et que rien dans son extérieur n'annonçait un prince, on n'en fit pas grand cas à Rome. Il y fut traité avec beaucoup de mépris, et gardé avec beaucoup de négligence. Andriscus en profita pour s'enfuir, et s'échappa de Rome. Il se sauva dans la Thrace, où il trouva le moyen de lever une assez grosse armée, avec laquelle il se rendit maître de la Macédoine, soit de gré, soit de force, et prit les marques de la dignité royale. Il ajouta à cette première conquête une partie de la Thessalie, qu'il soumit à ses lois.

La chose commença à paraître sérieuse aux Romains. Ils nommèrent Scipion Nasica pour aller apaiser ce tumulte dans sa naissance, le jugeant avec raison très-propre pour cette commission. En effet, dès qu'il fut arrivé en Grèce, et qu'il eut été exactement instruit de l'état des affaires de la Macédoine et de la Thessalie , il leva une armée chez les alliés, avec laquelle il enleva bientôt au faux Philippe les conquêtes qu'il avait faites dans la Thessalie , et le poussa lui-même dans la Macédoine.

Cependant à Rome on donna ordre au préteur Juventius Thalna, de passer au plus tôt en Macédoine. Il s'y rendit sans perdre de temps. Mais ne regardant Andriscus que comme un roi de théâtre, il ne crut pas devoir prendre de grandes précautions contre lui , et s'engagea témérairement dans un combat où il perdit la vie avec une partie de l'armée. Q. Cécilius Métellus, nommé récemment préteur, alla remplacer Juventius. Il battit sous les murs de Pydna le faux Philippe, et le défit entièrement. Il se retira chez les Thraces, d'où il revint avec une nouvelle armée. Il eut la témérité de hasarder une seconde bataille , qui fut encore moins heureuse pour lui que la première. Il se réfugia dans son malheur chez un petit roi de Thrace, à la bonne foi duquel il s'abandonna. Mais son hôte, qui ne s'en piquait pas trop, et qui la faisait céder à ses intérêts, le remit entre les mains de Métellus, qui l'envoya à Rome.

Un autre aventurier, qui se disait aussi fils de Persée, et qui se faisait nommer Alexandre , eut le même sort que le premier , si ce n'est que Métellus ne put l'arrêter. Ce fut pour lors que la Macédoine fut entièrement soumise aux Romains, et réduite en province de l'empire.

Un troisième usurpateur, quelques années

Andriscus bat le préteur Juventius.

Il est lui-même battu, mis en fuite et fait prisonnier par Métellus.
An. M. 3856.
Av.J.C. 148.

après, parut encore sur les rangs, et se donna pour fils de Persée, sous le nom de Philippe. Sa prétendue royauté fut de peu de durée. Il fut vaincu et tué en Macédoine par Trémellius, surnommé Scrofa, parce qu'il avait dit qu'il dissiperait les ennemis *ut scrofa porcos.*

Métellus, après avoir pacifié la Macédoine, y demeura encore quelque temps. Il s'était élevé dans la ligue des Achéens de violens troubles, excités par la témérité et l'avarice de ceux qui occupaient les premières places. La ligue achéenne et Sparte avaient envoyé des ambassadeurs à Rome, sur une affaire qui les partageait. Damocrite cependant, et Diæus qui lui succéda dans la charge de général des Achéens, sans avoir aucun égard aux sollicitations de Métellus, entrèrent l'un et l'autre à main armée dans la Laconie, et la ravagèrent.

Des commissaires envoyés de Rome à ce sujet, étant arrivés en Grèce, on convoqua l'assemblée à Corinthe; Aurélius Orestè, qui était à la tête de la commission, notifia le décret du sénat, qui séparait de la ligue achéenne plusieurs villes. Quand les députés eurent rendu compte de ce décret, la multitude entra en fureur, se jeta sur les Lacédémoniens qui se trouvèrent à Corinthe, et les massacra tous. Elle poussa l'excès jusqu'à arracher de la maison des commissaires ceux qui s'y étaient réfugiés, et elle les aurait eux-mêmes maltraités, s'ils ne s'étaient dérobés à la violence par la fuite.

Oreste et ses collègues, de retour à Rome,

6

exposèrent ce qui leur était arrivé. Le sénat en fut très-indigné, et députa sur-le-champ Julius dans l'Achaïe, avec quelques autres commissaires; mais il le chargea de se plaindre modérément, et d'exhorter simplement les Achéens à ne pas prêter l'oreille à de mauvais conseils, de peur que, par imprudence, ils n'encourussent la disgrâce des Romains; malheur qu'ils pouvaient éviter, en punissant eux-mêmes ceux qui les y avaient exposés. Les commissaires s'acquittèrent exactement et avec habileté de leur commission; mais ils ne réussirent pas mieux que les premiers. Diæus et Critolaüs, et ceux de leur faction, soufflaient dans les esprits le feu de la discorde; faisant entendre, non sans fondement, que Rome voulait asservir toutes les villes de l'Achaïe, et détruire absolument la ligue achéenne. Enfin, par leurs discours séditieux, ils vinrent à bout d'engager les Achéens à faire la guerre aux Lacédémoniens, et par contre-coup aux Romains.

Guerre des Achéens avec les Romains.

Le magistrat des Béotiens, qui s'appelait Pythéas, aussi téméraire et aussi violent que Critolaüs, entra dans ses vues, et engagea les Béotiens à joindre leurs armes à celles des Achéens. La ville de Chalcis se laissa aussi entraîner dans leur parti. Les Romains avaient choisi pour l'un des consuls, Mummius, et l'avaient chargé de la guerre d'Achaïe. Métellus, pour lui enlever la gloire d'avoir terminé cette guerre, fit avancer ses troupes contre les rebelles, les atteignit près de Scarphée, ville de la Locride, et remporta sur eux une victoire considérable. Critolaüs disparut dans la bataille, sans qu'on sût ce qu'il était devenu. On croit qu'en fuyant il tomba dans des marais où il fut noyé. Diæus prit le commandement à sa place, et leva une nouvelle armée.

Métellus, après le combat, marcha avec son armée victorieuse vers Thèbes, qu'il trouva presque entièrement déserte. Touché du triste état de cette ville, il défendit tout acte d'hostilité. De Thèbes, après avoir pris Mégare, il fit marcher ses troupes vers Corinthe, où Diæus s'était retiré.

Les choses étaient en cet état lorsque le consul Mummius arriva. Il avait hâté sa marche dans la crainte de trouver tout pacifié à son arrivée, et qu'un autre que lui n'eût la gloire d'avoir terminé cette guerre. Métellus lui laissa le commandement, et retourna en Macédoine. Un léger avantage remporté sur le consul, enfla de telle sorte le courage des Achéens, qu'ils eurent la hardiesse de lui offrir la bataille. Le consul fit d'abord semblant de la refuser ; mais enfin il l'accepta, et le combat se donna auprès de Leucopétra (1), et du défilé de l'isthme. La victoire ne fut pas long-temps douteuse, les Achéens furent rompus et mis en fuite. Diæus, livré au désespoir, courut à toute bride vers Mégalopolis sa patrie; et étant entré dans sa maison, il y mit le feu, tua sa femme, avala du poison, et mit ainsi lui-même à sa vie une fin digne de tous les crimes qu'il avait commis.

Le consul étant entré dans la ville, l'abandonna au pillage. On fit main-basse sur tout

(1) Ce lieu est inconnu.

Le consul défait entièrement la ligue des Achéens.

Ruine de la ville de Corinthe.
An. M. 3858.
Av. J.C. 146.

ce qui était resté d'hommes ; les femmes et les enfans furent vendus. Après avoir placé à l'écart les statues, les tableaux et les meubles les plus précieux pour les envoyer à Rome, on mit le feu à toutes les maisons, dont l'incendie général dura plusieurs jours. Ensuite on abattit les murailles, et on les détruisit jusque dans les fondemens. Tout cela s'exécutait par ordre du sénat, pour punir l'insolence des Corinthiens, qui avaient violé le droit des gens, en maltraitant les ambassadeurs que Rome leur avait envoyés. Ainsi périt la ville de Corinthe, la même année que Carthage fut prise et détruite par les Romains, neuf cent cinquante ans depuis qu'elle eut été fondée par Alétès, fils d'Hippotès, le sixième des descendans d'Hercule. Depuis ce temps-là, la Grèce fut réduite en province romaine, sous le nom de province d'Achaïe.

Métellus, de retour à Rome, fut honoré du triomphe, comme vainqueur de la Macédoine et de l'Achaïe, et prit le surnom de *Macédonien*. Le faux roi Andriscus était traîné devant son char. Entre les autres dépouilles, il fit passer ce qu'on appelait *la troupe d'Alexandre-le-Grand*. Ce prince, à la bataille du Granique, avait perdu vingt-cinq de ses amis. Il leur fit faire à chacun par Lysippe une statue équestre, et y joignit la sienne. Ces statues avaient été placées à Dium, ville de Macédoine. Métellus les fit transporter à Rome, et en décora son triomphe.

Mummius obtint aussi l'honneur du triomphe, et, en conséquence de la conquête qu'il avait faite de l'Achaïe, il prit le surnom d'*A-*

chaïcus. Il eut soin de décorer la cérémonie d'un grand nombre de statues et de tableaux, qu'il avait trouvés à Corinthe, et qui firent depuis l'ornement des édifices publics de Rome et de plusieurs autres villes d'Italie.

Après avoir vu la ruine totale de la Grèce, qui nous a fourni pendant tant de siècles de si beaux exemples de vertu et d'événemens si mémorables, il doit nous être permis de retourner sur nos pas, pour considérer en abrégé et d'un même coup d'œil, la naissance, le progrès et la décadence des principaux États qui la composaient. Je ne m'arrête pas aux temps fabuleux de la Grèce, qui précèdent la guerre de Troie, et qui forment le premier âge, et pour ainsi dire l'enfance de la Grèce.

Le second âge, qui s'étend depuis la prise de Troie jusqu'au règne de Darius I chez les Perses, fut comme son adolescence et sa jeunesse, où elle se forma, se fortifia, se prépara aux grandes choses qu'elle devait faire dans la suite, et jeta les fondemens de cette puissance et de cette gloire, qui depuis portèrent si haut sa réputation. Les Grecs, formés dès le berceau à l'amour du travail, à la culture des terres et des arts, à l'estime de la pauvreté, ou du moins d'une fortune médiocre, de la simplicité dans les bâtimens, dans les meubles, dans les vêtemens, dans les équipages, dans les domestiques, dans la table, ne faisaient cas que de la probité, de l'honneur, de la gloire et de la liberté. Que ne devait-on pas attendre de peuples formés de la sorte, élevés et nourris dans ces principes, imbus dès la plus tendre enfance de maximes si propres à élever l'ame, et à lui inspirer de grands et de nobles sentimens ? L'effet surpassa toute l'espérance qu'on aurait pu en concevoir.

Troisième âge.

Ce sont ici les beaux jours de la Grèce, qui ont fait et feront toujours l'admiration de tous les siècles. Le mérite et la vertu des Grecs, renfermés dans l'enceinte obscure de leurs villes, n'avaient encore paru que faiblement jusqu'ici, et avaient jeté peu d'éclat pour les faire éclore pleinement, et les mettre dans tout leur jour ; il fallait quelque grande et importante occasion, où la Grèce, attaquée par un ennemi formidable, et exposée aux dangers les plus extrêmes, fût contrainte en quelque façon de sortir d'elle-même, et de se montrer au dehors telle qu'elle était. C'est ce que fit l'invasion des Perses dans la Grèce, d'abord sous Darius, puis sous Xerxès son fils. Qu'on repasse dans sa mémoire les prodiges de valeur et de fermeté qui éclatèrent alors, et qui continuèrent dans la suite. Qu'on se remette sous les yeux les journées de Marathon, des Thermopyles, de Salamine, de Platée, et la glorieuse retraite des dix mille. A quel degré de gloire et de réputation ces victoires n'élevèrent-elles pas la Grèce ?

La principale cause de l'affaiblissement et de la décadence des Grecs, fut la désunion qui se mit entre eux. La Perse qui les avait trouvés invincibles du côté des armes, tant qu'ils demeurèrent unis, mit toute son attention et toute sa politique à jeter parmi eux des semences de discorde. C'est à quoi depuis elle employa son or et son argent, qui lui réussirent mieux que n'avaient fait auparavant le fer et les armes. Dès lors les Grecs, attaqués sourdement de la sorte par les présens, commencèrent à se diviser, et à tourner contre eux-mêmes leurs armes victorieuses.

Cet affaiblissement donna lieu à Philippe et à Alexandre de les asservir. Les Romains achevèrent ce que ces deux princes n'avaient fait qu'imparfaitement, et les soumirent enfin totalement, mais ce fut par degrés et avec beaucoup d'artifice. Ils se servirent des Grecs pour abattre et détruire la puissance macédonienne; et ils se soumirent ensuite tous ces peuples les uns après les autres sous différens prétextes. Ainsi la Grèce fut enfin absorbée dans l'empire romain, et en devint une province sous le nom d'Achaïe.

Cependant, après que la Grèce eut été dépouillée de son ancien pouvoir, il lui resta une autre souveraineté, que les Romains ne purent lui enlever, et à laquelle eux-mêmes furent obligés de se soumettre et de lui rendre hommage. Athènes demeura toujours la métropole et la capitale des sciences, l'école des beaux-arts, le centre et la règle du bon goût pour toutes les productions de l'esprit. Rome, toute fière qu'elle était, reconnut ce glorieux empire. Elle envoyait ses plus illustres citoyens se former et se perfectionner en Grèce. Un Cicéron, déjà l'admiration du barreau, jugea qu'il lui manquait quelque chose, et ne rougit point de devenir le disciple des grands maîtres que la Grèce avait dans son sein.

LIVRE VINGTIÈME.

HISTOIRE DU ROYAUME D'EPIRE.

CHAPITRE PREMIER.

Histoire de Pyrrhus.

L'Epire est une province de la Grèce, séparée de la Thessalie et de la Macédoine par le mont Pindus. Les plus puissans de ses peuples étaient les Molosses. Les rois d'Epire prétendaient descendre de Pyrrhus, fils d'Achille, qui était venu s'établir dans ce pays. Ils s'appelaient *Eacides*, du nom d'Eacus, grand-père d'Achille. La généalogie des rois de cet empire est fort obscure. C'est ce qui fait que je me borne à écrire l'histoire du prince qui s'est le plus distingué, et dont la connaissance peut être d'une grande utilité. Le lecteur comprend d'avance que je veux parler du grand Pyrrhus.

Origine et enfance de Pyrrhus. *Plut. in Pyr.* p. 383. — Pyrrhus était fils d'Eacide, que les Molosses, dans une révolte, avaient chassé du trône. Ce ne fut point sans peine que Pyrrhus, encore à la mamelle, fut sauvé des mains des révoltés qui le poursuivirent pour l'égorger.

Après diverses aventures, il fut conduit en Illyrie à la cour du roi Glaucias, qui le prit sous sa protection. Cassandre, mortel ennemi d'Eacide, pressa le roi d'Illyrie de lui remettre entre les mains ce jeune prince, lui offrant deux cents talens. Mais Glaucias eut horreur d'une telle proposition ; et dès que le jeune Pyrrhus eut atteint l'âge de douze ans, il le remena lui-même en Epire avec une puissante armée, et le rétablit dans ses Etats.

A l'âge de dix-sept ans, se croyant assez affermi sur le trône, il quitta sa ville capitale, et alla faire un voyage en Illyrie, pour se trouver aux noces d'un des fils de Glaucias, avec lesquels il avait été élevé. Les Molosses, profitant de son absence, se révoltèrent encore, chassèrent tous ses amis, pillèrent ses biens, et se donnèrent à Néoptolème son grand-oncle. Pyrrhus, ayant ainsi perdu son royaume, et se voyant dénué de tout secours, se retira auprès de Démétrius, qui avait épousé sa sœur Déidamie. Il se trouva à la bataille d'Ipsus, et s'y distingua parmi les plus braves. Démétrius ayant été défait, il ne l'abandonna pas. Il lui conserva les villes grecques qu'il lui avait confiées ; et quand Démétrius eut fait la paix avec Ptolémée, Pyrrhus alla pour lui en otage en Egypte.

Pendant qu'il fut à la cour de Ptolémée Soter, il se distingua dans les chasses et dans tous les exercices, et donna des preuves de sa force, de son adresse et de sa grande patience dans tous les travaux. Il ne fut pas long-temps à cette cour, sans s'apercevoir que, de toutes les femmes de Ptolémée, Bérénice était celle qui avait le plus de pouvoir sur l'esprit du prince, et qui surpassait toutes les autres en finesse et en prudence. Il s'attacha à elle particulièrement, et lui fai-

Il est dépouillé de ses Etats.

Il se retire en Egypte où il épouse Antigone, fille de la reine Bérénice.

sait assidûment sa cour. Car, déjà habile politique, il n'oubliait rien pour gagner l'amitié de ceux de qui dépendait sa fortune , et
pour s'insinuer auprès des personnes qui pouvaient lui être utiles. Ses manières nobles et
prévenantes lui acquirent l'estime et le cœur
de Ptolémée , jusqu'au point de lui donner
en mariage Antigone, fille de Bérénice , sa
femme favorite, préférablement à beaucoup
d'autres jeunes princes qui la demandaient.

Il remonte sur le trône.
An. M. 3707.
Av. J.C. 297.

Quand Pyrrhus eut épousé Antigone, la reine
eut assez de crédit sur l'esprit de son mari ,
pour faire accorder à son gendre une flotte
et de l'argent , qui lui servirent à rentrer
dans ses Etats. Voilà par où commença la
fortune d'un prince exilé , qui a passé pour
le plus grand capitaine de son siècle. Et il
faut avouer que toutes les démarches de sa
jeunesse annonçaient un rare mérite, et donnaient de grandes espérances pour l'avenir.
Dans le différent d'Antipater et d'Alexandre,
fils de Cassandre, pour la succession au trône de Macédoine, Pyrrhus fut appelé par
Alexandre , pour venir l'aider à terminer la
querelle qui le divisait d'avec son frère. Le
roi d'Epire entra en Macédoine, soumit plusieurs villes, en retint une partie pour le prix
du secours, avec le droit d'arbitrage; et après

An. M. 3710.
Av. J.C. 294
Plutarc. in
Demet p.905.

avoir réconcilié les deux frères , il se retira.
Sept ans après il entra dans la ligue de Ptolémée, de Lysimaque et de Séleucus , contre
Démétrius son beau-frère, qui s'était rendu
maître de la Macédoine, par un meurtre exé-
crable qu'il avait commis en la personne d'A-
lexandre, légitime possesseur. Il entra aussi-

tôt en campagne ; et avant que Démétrius ,
qui était alors en Grèce, pût se rendre en
Macédoine, Pyrrhus lui avait déjà enlevé Bérée , une des plus considérables villes de son
royaume, où il trouva les femmes , les enfans et les effets de la plupart des soldats de
Démétrius. La nouvelle de cette prise causa
un désordre général dans l'armée; elle se mu-
tina, abandonna Démétrius, et entra au service de Pyrrhus, qu'elle proclama roi de Macédoine.

*Il est pro-
clamé roi de
Macédoine.
An. M. 3717.
Av. J. C. 287.*

Les Macédoniens le mettaient beaucoup au-
dessus de Démétrius , non-seulement pour la
douceur de ses mœurs, et pour sa probité ,
mais même pour le mérite guerrier. Il les
avait battus dans quelques occasions ; mais
ils ne lui savaient pas si mauvais gré de leur
défaite, qu'ils admiraient son courage. Ils
disaient que les autres princes n'imitaient
Alexandre que par la pourpre de leurs habits , par le nombre de leurs gardes , par l'af-
fectation de pencher le cou comme lui , et
par une manière de parler fière et hautaine ;
que Pyrrhus était le seul qui le représentait
par ses grandes et louables qualités.

Il n'était pas lui-même exempt d'une ridi-
cule vanité sur l'article de la ressemblance
avec Alexandre pour les traits du visage ;
mais la réponse naïve d'une femme l'en dé-
trompa : voici comment cela arriva. Dans la
persuasion où était le roi d'Epire qu'il ressemblait à Alexandre , il fit apporter les portraits de Philippe , d'Alexandre, de Perdiccas , de Cassandre et de quelques autres princes. Ensuite il demanda à une dame de La-

*Lucian. adv
in doct. pag.
552.*

rissa, chez qui il était logé, **auquel de ces
princes elle trouvait qu'il ressemblât.** La dame refusa long-temps de répondre. Enfin, pressée de le faire, elle lui dit qu'il n'avait ni l'air ni la figure d'aucun de ceux dont elle voyait les portraits, mais qu'il ressemblait parfaitement à *Batrachion* : c'était un cuisinier fort connu dans la ville. Cette réponse ne dut pas lui plaire. Quoi qu'il en soit, les Macédoniens croyaient revoir en lui un autre Alexandre, et ne trouvaient personne qu'ils pussent comparer à Pyrrhus.

*Plut. in Pyr.
p. 389.*

Lysimaque, étant survenu dans le moment que Pyrrhus venait d'être proclamé roi de Macédoine, prétendit qu'il n'avait pas moins contribué que lui à la défaite de Démétrius, et que, par conséquent, il devait avoir sa part du royaume de Macédoine. Pyrrhus, qui ne comptait pas beaucoup sur la fidélité des Macédoniens, donna les mains aux prétentions de Lysimaque. Ainsi, ils partagèrent entre eux les villes et les provinces. Pyrrhus, trouvant les Macédoniens plus souples et plus soumis, quand il les menait à la guerre, que lorsqu'ils étaient en paix, et n'étant pas lui-même d'un naturel fort tranquille, et qui pût long-temps supporter le repos, faisait tous les jours de nouvelles entreprises, sans beaucoup ménager ni ses sujets ni ses alliés ; ce qui aliéna de lui un peu les esprits. Lysimaque, instruit de l'indisposition des troupes contre Pyrrhus, en profita pour les aigrir encore davantage par ses émissaires. La plupart des Macédoniens furent entraînés ; et Pyrrhus, qui craignait les suites de cette désertion, se retira avec ses Epirotes et les troupes de ses alliés. Il perdit ainsi la Macédoine de la même manière qu'il l'avait gagnée.

Le retour de Pyrrhus en Epire, depuis qu'il avait absolument abandonné la Macédoine, le mettait en état de mener une vie tranquille au milieu de ses sujets, et de goûter les douceurs de la paix en gouvernant sagement ses peuples. Mais Pyrrhus n'était pas d'un caractère à vivre dans le repos. Il lui fallait de l'action et du mouvement, et il ne pouvait s'empêcher d'en donner aux autres. Les habitans de Tarente, qui étaient en guerre avec les Romains, lui en présentèrent une belle occasion. Ils envoyèrent une célèbre ambassade avec de magnifiques présens. Les ambassadeurs avaient ordre de lui dire, qu'ils n'avaient besoin que d'un capitaine sage, expérimenté et de réputation, et qu'avec les troupes des alliés, ils mettraient sur pied une armée de vingt mille chevaux, et de trois cent cinquante mille hommes de pied. On juge aisément comment Pyrrhus reçut une proposition si flatteuse pour lui, et si conforme à son caractère.

Expédition de Pyrrhus en Italie.
An. M. 3724.
Av. J.C. 280.
Plut. in Pyr.
P. 390.
Justin. .18.
c. 1. 2.

Après avoir fait tous les préparatifs nécessaires pour cette guerre, il envoya d'abord l'orateur Cinéas à Tarente, avec trois mille hommes de pied; puis il embarqua sur des vaisseaux de transport, qui lui étaient venus d'Italie, vingt éléphans, trois mille chevaux, vingt mille hommes d'infanterie, deux mille archers, et cinq cents frondeurs. Tout étant prêt, il fit voile. Dès qu'il eut gagné la pleine mer, il s'éleva un vent de nord si impétueux, qu'il fut obligé de céder à sa violence et de se laisser entraîner. Il courut un très-grand danger. Sa galère fut si battue par la proue, qu'elle était sur le point de s'entre-ouvrir. Dans cette extrémité, Pyrrhus, ne balança point, il se jeta dans la mer. Ses amis et ses gardes s'y jetèrent après lui, faisant à l'envi tous leurs efforts pour le secourir et pour le sauver. Enfin, après avoir lutté une partie de la nuit contre les vents et les vagues, il fut jeté le lendemain sur le rivage, le corps extrêmement faible et abattu, mais sans avoir rien perdu de ce courage, toujours grand et toujours invincible, qui seul l'empêchait de succomber. Après avoir rassemblé ceux de sa suite qui s'étaient échappés du naufrage, il marcha avec eux à Tarente.

Lorsque Pyrrhus fut arrivé dans cette ville, il fut étrangement surpris d'en trouver les habitans occupés de leurs plaisirs, et s'y livrant sans ménagement et sans interruption. Il dissimula d'abord sa surprise jusqu'à ce qu'il eût des nouvelles que ses vaisseaux étaient sauvés, et que la plus grande partie de son armée l'eût rejoint. Alors il parla et agit en maître. Il commença par fermer tous les lieux d'exercices, supprimer les festins, les spectacles et les assemblées de nouvellistes. Il fit prendre les armes à ceux qui étaient en âge de servir ; et dans les montres et les revues, il se rendit sévère et inexorable pour tous ceux qui y manquaient. De cette sorte, il eut bientôt rétabli le bon ordre et la disci-

pline,

pliné, et formé de bons soldats. Dans ce temps-là, il reçut la nouvelle que le consul Lévinus s'avançait contre lui avec une puissante armée. Il se mit alors en campagne avec le peu de troupes qu'il avait, n'ayant pas encore reçu le secours des alliés. Il envoya devant un héraut aux Romains pour leur demander si, avant que de commencer la guerre, ils ne voudraient pas consentir à terminer à l'amiable les différens qu'ils avaient avec les Grecs d'Italie, en le prenant pour juge et pour arbitre. Le consul Lévinus répondit au héraut, *Que les Romains ne prenaient point Pyrrhus pour arbitre, et ne le craignaient point pour ennemi.*

Après cette réponse, Pyrrhus s'avança, et alla camper sur la rivière de Siris. Quand il vit la contenance et le bon ordre des troupes romaines qui étaient campées de l'autre côté de la rivière, et la bonne assiette de leur camp, il en fut étonné ; et s'adressant à Mégaclès, un de ses amis, qui se trouva auprès de lui : *Cette ordonnance des Barbares, dit-il, n'est nullement barbare : nous verrons si le reste y répondra.*

Déjà inquiet du succès de l'avenir, il résolut d'attendre l'arrivée de ses alliés, se contentant de faire avancer un corps de troupes pour disputer le passage aux Romains, au cas qu'ils entreprissent de le tenter ; mais il n'était plus temps, les Romains avaient déjà passé la rivière, et le corps avancé de Pyrrhus courut risque d'être enveloppé. Il fut contraint de regagner avec précipitation le gros de l'armée. Quand le roi vit les Romains

Il bat les Romains.
An. M. 3724.
Av. J.C. 280.

en deçà de la rivière marcher contre lui en belle ordonnance, alors il serra ses rangs, et commença l'attaque. Il se livra au combat sans s'épargner, faisant la fonction de soldat, mais sans perdre de vue celle de général ; et au milieu des plus grands dangers, il conservait tout son sang-froid, et donnait ses ordres comme s'il eût été loin du péril. Le combat fut très-opiniâtre, et la victoire long-temps douteuse. On dit que les uns et les autres plièrent sept fois, et revinrent sept fois à la charge. Enfin elle se déclara en faveur de Pyrrhus. Il mit les Romains en fuite, en fit un grand carnage, et s'empara du camp, qu'il trouva abandonné. Denys d'Halicarnasse fait monter la perte des Romains à près de quinze mille hommes, et à treize mille du côté de Pyrrhus. D'autres historiens diminuent la perte de part et d'autre.

Un échec si considérable ne fut pas capable d'abattre le courage des Romains. Ils ne pensèrent qu'à se préparer à une seconde action. Cette grandeur d'ame surprit et effraya Pyrrhus, tout victorieux qu'il était. C'est pourquoi il jugea à propos de leur envoyer le premier une ambassade, pour les sonder, et voir s'ils ne voudraient pas entendre à quelque voie d'accommodement. Le sénat, d'un commun accord, et d'une voix unanime, répondit à Cinéas, son ambassadeur, que Pyrrhus commençât par sortir de l'Italie, qu'alors, s'il voulait, il envoyât demander la paix ; mais que tant qu'il serait en armes dans leur pays, les Romains lui feraient la guerre

de toutes leurs forces, quand même il aurait
battu dix mille Lévinus.

Quand Cinéas fut de retour à Tarente, il
fit au roi un fidèle rapport de tout ce qu'il
avait vu et appris à Rome, et lui dit entre
autres choses, *Que le sénat lui avait paru
une assemblée de plusieurs rois.* Noble et
juste idée de cet auguste corps ! Et sur la
grande quantité d'habitans dont il avait vu
leurs villes et leurs campagnes peuplées, il lui
dit : *Qu'il craignait beaucoup que Pyrrhus ne combattît contre une hydre.* En
effet, Lévinus avait déjà levé une nouvelle
armée deux fois plus nombreuse que la première, et il laissait encore à Rome une infinité d'hommes capables de porter les armes,
et de faire plusieurs armées aussi puissantes
que celle qu'il venait de lever.

Le retour de Cinéas à Tarente fut suivi de
près de l'arrivée des ambassadeurs que les Romains envoyaient à Pyrrhus, du nombre desquels était Fabricius. Cette ambassade n'eut
pas un meilleur succès à Tarente que la première à Rome. Pyrrhus, informé du mérite
de Fabricius, et connaissant par lui-même
tout ce qu'il valait, voulut se l'attacher. Il
employa inutilement les plus belles promesses, l'or et l'argent, et tout ce qui est capable de faire impression sur le cœur, et de
séduire un mortel. Fabricius demeura toujours incorruptible. Il était persuadé qu'il y
avait plus de gloire et de grandeur d'ame à
pouvoir mépriser tout l'or du roi, qu'à régner (1).

(1) Fabricius Pyrrhi regis aurum repulit, majusque

Le prince voulant encore faire une avance auprès des Romains pour obtenir la paix, en leur renvoyant les prisonniers qu'il avait faits, les confia à Fabricius ; et pour lui marquer plus particulièrement son estime, il déclara qu'il ne les confiait qu'à lui, à condition que, si le sénat ne voulait pas faire la paix, ces prisonniers lui seraient renvoyés, après qu'ils auraient embrassé leurs parens et leurs amis, et qu'ils auraient célébré les saturnales. Ils lui furent en effet renvoyés après la fête, le sénat ayant ordonné peine de mort contre quiconque demeurerait, et ne se rendrait pas auprès de Pyrrhus.

L'année suivante, Fabricius ayant pris le commandement de l'armée, un inconnu vint à lui dans son camp, et lui rendit une lettre du médecin du roi, qui lui offrait d'empoisonner Pyrrhus, si les Romains lui promettaient une récompense proportionnée à la grandeur du service qu'il leur rendrait. Fabricius, qui conservait toujours le même fonds de probité et de justice, au milieu de la guerre, fut frappé d'une juste horreur à une telle proposition. Après en avoir conféré avec son collègue, il écrivit promptement à Pyrrhus, pour l'avertir de se précautionner contre cette noire perfidie. Sa lettre était conçue en ces termes :

CAÏUS FABRICIUS ET QUINTUS ÉMILIUS, consuls,

AU ROI PYRRHUS, Salut.

« Il paraît que vous vous connaissez mal
» en amis et en ennemis, et vous en tombe-

regno judicavit regias opes posse contemnere.*Sen.ep.* 120.

» rez d'accord, quand vous aurez lu la lettre
» qu'on nous a écrite. Car vous verrez que
» vous faites la guerre à des gens de bien et
» d'honneur, et que vous donnez votre con-
» fiance à des méchans et à des perfides. Ce
» n'est pas tant pour l'amour de vous, que
» nous vous donnons cet avis, que pour l'a-
» mour de nous-mêmes, afin que votre mort
» ne donne point une occasion de nous calom-
» nier, et que l'on ne croie pas que nous
» avons eu recours à la trahison, parce que
» nous désespérions de terminer heureuse-
» ment cette guerre par notre courage. »

Pyrrhus ayant reçu cette lettre et bien avé-
ré le fait, fit punir son médecin ; et pour témoigner à Fabricius sa reconnaissance, il
renvoya au consul tous les prisonniers sans
rançon. Les Romains, qui ne voulaient ni
accepter une grâce de leur ennemi, ni recevoir
une récompense pour n'avoir pas commis
contre lui la plus abominable des injustices,
ne refusèrent pas les prisonniers ; mais ils lui
renvoyèrent un pareil nombre de Tarentins
et de Samnites. Du reste, ils ne voulurent
point entendre parler de paix, que Pyrrhus
n'eût préalablement évacué l'Italie, et ne se
fût retiré dans l'Epire. Cependant, comme
les affaires du roi demandaient un second
combat, il assembla son armée, se mit en
marche, et attaqua les Romains près de la
ville d'Asculum.

Le combat fut rude et opiniâtre, et la victoire douteuse jusqu'à la fin. Pyrrhus, d'a-
bord ayant été poussé dans des lieux impraticables à la cavalerie, perdit beaucoup de

Il remporte un second avantage sur les Romains.

monde. Mais s'étant enfin tiré de ce terrain désavantageux, et ayant gagné la plaine, il fit usage de ses éléphans avec beaucoup de succès. Comme il trouva une vive résistance, le carnage fut grand, il fut lui-même blessé dans la mêlée. Les deux armées, acharnées l'une contre l'autre, firent des efforts extraordinaires de courage, et ne cessèrent de combattre que lorsque la nuit les sépara. Les Romains se retirèrent les premiers, et gagnèrent leur camp qui était fort proche. La perte fut à peu près égale, et monta en tout des deux côtés à quinze mille hommes. L'avantage néanmoins parut rester du côté de Pyrrhus, qui était demeuré le dernier sur le champ de bataille. Quelqu'un le félicitant sur sa victoire, il répondit : *Si nous en remportons encore une pareille, nous sommes perdus sans ressource.*

Plut. in Pyrrh.p.397. Justin l. 18. c. 2. An. M. 3726. Av. J.C 278.

Pendant qu'il s'occupait des tristes pensées de son peu de succès, ne se voyant presque plus aucun moyen de soutenir glorieusement une si grande entreprise, ni aucune voie pour s'en retirer honorablement, un rayon d'espérance et de bonne fortune ranima son courage. Il arriva des députés de Sicile, qui vinrent lui remettre entre les mains Syracuse, Agrigente et la ville des Léontins, et le prier de venir chasser les Carthaginois

Il passe en Sicile, et en fait la conquête.

de leur île, et la délivrer des tyrans. Il saisit cette occasion, passa au plus tôt en Sicile, et se rendit maître de Syracuse, qui lui fut livrée par le gouverneur. Les manières honnêtes et prévenantes qu'il employa dans les commencemens lui gagnèrent tous les cœurs, ce qui lui facilita extrêmement la conquête de l'île. Il ruina la domination des Carthaginois, et les réduisit à la seule ville de Lilybée.

Des progrès si rapides enflèrent de telle sorte le cœur de Pyrrhus, qu'il changea sa douce domination en une violente tyrannie. Ce changement de conduite de sa part, changea aussi tous les esprits, les aliéna, et mit tout le monde contre lui. La mort injuste et cruelle des deux premiers citoyens de Syracuse, qui avaient été les principaux instrumens de ses progrès dans cette île, acheva de le rendre odieux et insupportable aux Siciliens. Dans le temps qu'il ne voyait que révoltes contre lui, et que nouvelles entreprises, il lui vint à propos des lettres d'Italie, qui lui marquaient le pressant besoin qu'avaient ses alliés de son secours, pour pouvoir se soutenir contre les ennemis. Ce fut pour lui un prétexte honnête pour sortir de Sicile, et pour faire croire que ce n'était ni une fuite, ni un abandonnement de l'île comme s'il eût désespéré d'y réussir. Quand il se fut embarqué, il tourna ses yeux vers la Sicile, et dit, en s'écriant, à ceux qui étaient autour de lui : *Ah ! le beau champ de bataille que nous laissons là aux Carthaginois et aux Romains.* Après son départ, l'île retourna à ses anciens maîtres. Ainsi, il la perdit avec autant de rapidité qu'il l'avait conquise.

Dès que Pyrrhus fut arrivé en Italie, il marcha à grandes journées contre les Romains qui étaient campés dans le pays des

Samnites. Il voulut surprendre Manlius, l'un
des consuls ; mais il fut découvert. Le général romain sortit au-devant de lui en bon ordre, le battit, et remporta enfin une victoire
pleine et entière, qui valut en un sens aux
Romains la conquête de toutes les nations.

C'est ainsi que Pyrrhus se vit déchu de ses
magnifiques espérances sur l'Italie et la Sicile, après avoir employé à toutes ces guerres
six années complètes, et ruiné entièrement
ses affaires. La manie qu'il avait de courir
après ce qu'il n'avait pas, l'empêchait de conserver ce qu'il avait. C'est pourquoi Antigone Gonatas le comparait à un homme qui
a le dé heureux, mais qui case mal. Il repassa en Epire avec huit mille hommes de pied
et cinq cents chevaux ; et comme il n'avait
point de fonds pour faire subsister ses troupes, il cherchait la guerre pour fournir à
leur entretien. Il se jeta dans la Macédoine,
marcha contre Antigone, le défit, le mit
en fuite, et lui débaucha toute son armée,
qui vint se rendre à lui. Après ce combat,
qui enfla extrêmement son courage, il reprit
toutes les villes de Macédoine. Quoique ses
affaires ne fussent pas dans un degré de consistance et de fermeté qui dût lui mettre l'esprit en repos, il se livra encore à de nouvelles espérances et à de nouvelles entreprises.
Cléonyme, pour se venger de l'injustice de
ses citoyens, qui l'avaient privé du trône auquel il avait un droit légitime, et de l'infidé-
lité de sa femme, qui l'avait abandonné pour
se livrer à un autre qu'elle aimait, mena
Pyrrhus contre Sparte, avec une armée de

Il repasse
en Epire.
Plut. in
Pyrrh. p. 400.
Pausan. l. 1.
c. 23.
Justin. l. 25.
c. 3.
An. M. 3730.
Av. J.C. 274.

vingt mille hommes d'infanterie, deux mille chevaux et vingt-quatre éléphans.

L'arrivée de Pyrrhus devant Sparte, jeta le trouble et l'alarme dans tous les cœurs. Cléonyme voulait que Pyrrhus l'attaquât sans différer un moment, pour profiter du trouble où étaient les habitans, qui ne s'attendaient à rien moins qu'à un siége, et de l'absence du roi Aréus, qui était allé en Crète au secours des Gortyniens. Mais Pyrrhus, qui comptait la prise de cette ville sûre et immanquable, remit l'attaque au lendemain. Ce délai sauva Sparte, et montra qu'il est des momens favorables et décisifs qu'il faut saisir et qui ne reviennent plus. En effet, les Spartiates profitèrent de la nuit pour se retrancher et se mettre en état de défense.

Dès que le jour parut, Pyrrhus se mit en mouvement pour se rendre maître de la ville; mais le moment favorable était passé. Le roi sentit alors, mais trop tard, que l'avis de Cléonyme était le seul qu'il aurait dû suivre. Il essaya cependant de forcer la place. L'attaque fut des plus vives, et la résistance des assiégés ne fut pas moins opiniâtre. La nuit sépara les combattans et mit fin à l'attaque, qui recommença le lendemain dès la pointe du jour. Les Lacédémoniens se défendirent avec un nouveau courage et une nouvelle ardeur. Pyrrhus se flattant que les Lacédémoniens, qui avaient perdu beaucoup de monde, et qui étaient presque tous blessés, prendraient le parti de se rendre, fit cesser le combat. En effet, la ville était réduite aux abois, et paraissait hors d'état de pouvoir sou-

Il tente de surprendre Sparte.
An. M. 3732.
Av. J.C. 272.

tenir une nouvelle attaque. Dans ce moment, où tout était désespéré, un des généraux d'Antigone leur amena de Corinthe un corps assez considérable de troupes étrangères. A peine furent-elles entrées dans la ville, qu'on vit arriver de Crète le roi Aréus avec deux mille hommes de pied.

Ces deux renforts arrivés à Sparte dans le même jour, ne firent qu'animer davantage Pyrrhus, et rallumer son ambition. Il attaqua de nouveau la place ; et après quelques essais, comme il vit qu'il n'en remportait que des blessures, il renonça à son entreprise, et se mit à ravager le plat-pays dans la résolution d'y passer l'hiver. Mais une nouvelle lueur d'espérance l'appela à Argos. Pendant qu'il était en marche pour se rendre à cette ville, le roi Aréus lui dressa plusieurs embuscades dans le chemin, et lui tailla en pièces les Gaulois et les Molosses, qui faisaient son arrière-garde. Ptolémée son fils périt dans une de ces rencontres, et toutes les troupes se débandèrent et prirent la fuite.

Pyrrhus ayant appris cette triste nouvelle, mena promptement sa cavalerie des Molosses contre la cavalerie de Lacédémone, qui poursuivait aveuglément les fuyards. Il en fit un grand carnage. Toujours intrépide et terrible dans les batailles, animé par la douleur de la perte de son fils, et par le désir de le venger, il se surpassa lui-même; et par sa force et son audace, il effaça tout ce qu'il avait fait dans les autres combats. Il tua de sa propre main Evalcus, général de la cavalerie de Sparte, et fit un carnage horrible de tous les Lacédémoniens qui défendaient leur général. Après avoir comme célébré par ce grand combat, les funérailles de son fils, et avoir soulagé en quelque sorte son affliction, en assouvissant sa colère et sa vengeance dans le sang de ceux qui avaient tué Ptolémée, il continua sa route. Lorsqu'il fut arrivé devant Argos, il dépêcha un héraut à Antigone, qui était campé sur les hauteurs, pour lui offrir de vider la querelle par un combat singulier. Antigone se contenta de répondre: *Que si Pyrrhus était las de vivre, il trouverait bien des chemins pour courir à la mort.*

Sur la prière que la ville d'Argos fit faire aux deux rois par ses ambassadeurs, de se retirer et de permettre que leur ville ne fût assujettie à aucun d'eux, mais qu'elle demeurât amie de l'un et de l'autre, Antigone s'y rendit volontiers, et donna aux Argiens son fils en otage. Pyrrhus promit aussi de se retirer; mais comme il ne donnait aucun gage de sa parole, il fut soupçonné de mauvaise foi. Et ce n'était point sans fondement. La nuit venue, il s'approcha des murailles, et ayant trouvé une porte ouverte par Aristéas qui l'avait fait venir, il fit entrer une partie de ses troupes, et eut le temps de se saisir de la place, avant que d'être aperçu.

Il surprend la ville d'Argos.

Les Argiens, voyant l'ennemi dans leur ville, courent à la forteresse, et se retirent dans les lieux les plus avantageux pour s'y défendre. Ils députèrent vers Antigone pour le presser de venir à leur secours Celui-ci se mit en marche sans délai, et fit entrer dans

la ville son fils avec ses officiers et ses meilleures troupes. En même temps arriva aussi
dans Argos le roi Aréus avec mille Crétois,
et ceux des Spartiates qui avaient pu faire
le plus de diligence. Quand le jour parut,
Pyrrhus fut fort surpris de voir la citadelle
remplie d'ennemis. Pour lors perdant toute
espérance, il ne songea plus qu'à se retirer.
Dans sa retraite, pendant que la place put
lui donner du terrain, il fit bonne contenance; mais quand il fut dans la rue étroite qui
conduisait à la porte, la confusion qui était
déjà fort grande, augmenta infiniment par
l'arrivée des troupes que son fils, sur un mal
entendu, amenait à son secours, et par la
chute d'un éléphant, qui tenait la porte com·
me fermée; de sorte qu'on ne pouvait plus
ni avancer ni reculer.

Pyrrhus, voyant l'agitation de ses gens
poussés et repoussés, se jette au milieu des
ennemis qui le poursuivaient. Comme il com-
battait en désespéré, un des ennemis l'approcha, et lui donna un grand coup de jave-
line au travers de la cuirasse. La blessure ne
fut ni grande ni dangereuse. Pyrrhus tourne
aussitôt contre celui qui l'avait frappé. C'é-
tait un simple soldat, fils d'une pauvre femme d'Argos même. Cette mère regardait le
combat de dessus le toit d'une maison, comme toutes les autres femmes. Voyant le danger de son fils, et saisie de frayeur pour lui,
elle prit à deux mains une grosse tuile, et la
jeta sur Pyrrhus. Elle lui tomba justement
sur la tête; et le casque n'ayant pu parer le
coup, dans le moment il perdit connaissan-

ce ; ses mains lâchèrent les rênes, et il tomba de son cheval sans être remarqué de personne. Mais bientôt après un soldat le reconnut et l'acheva en lui coupant la tête.

Alcinoé, fils d'Antigone, ayant pris cette tête, poussa à toute bride vers son père, et la jeta à ses pieds. Il en fut fort mal reçu, comme faisant un personnage indigne de son rang. Antigone fit rendre des honneurs magnifiques au roi. Après s'être rendu maître du camp et de l'armée de Pyrrhus, il traita avec beaucoup de bonté et de générosité Hélénus son fils, aussi-bien que tous ses amis, et les renvoya en Epire. Hélénus monta sur le trône de son père, et régna après lui quelque temps en Epire, qui fut dans la suite réunie à l'empire romain, lorsque la Macédoine fut réduite en province romaine.

On ne peut, sans injustice, refuser de reconnaître dans Pyrrhus plusieurs grandes qualités. Il était d'un caractère doux, affable, et d'un accès facile à tout le monde. Il était reconnaissant des services qu'on lui rendait, et était prompt et ardent à les récompenser. Il pardonnait aisément les fautes que l'on commettait à son égard, et ne punissait qu'à regret. De jeunes officiers dans le vin avaient fait de lui des plaisanteries offensantes; l'ayant su, il les fit venir, et leur demanda s'il était vrai qu'ils eussent ainsi parlé : *Oui, seigneur*, répondit l'un d'entre eux, *et nous en aurions bien dit davantage, si le vin ne nous eût manqué.* Cette plaisanterie, qui marquait de l'ingénuité et de l'esprit, le fit rire, et il les renvoya.

Le témoignage glorieux qu'on dit lui avoir
été rendu par Annibal, l'homme du monde
le plus capable de juger sainement du mérite guerrier, ne permet pas de refuser à Pyrrhus le titre de grand capitaine. Personne
en effet ne savait mieux que lui prendre ses
postes, ranger ses troupes, gagner le cœur
des hommes et se les attacher. Jamais con-
quérant n'a montré plus de valeur, plus de
courage et plus d'audace. En le voyant dans
les combats, on croyait voir la vivacité, l'in-
trépidité, et cette ardeur martiale d'Alexandre. Toutes ces grandes qualités n'empêchent
point qu'on ne puisse reprocher avec justice
à Pyrrhus plusieurs défauts essentiels dans
ee qui fait le grand capitaine. Il s'exposait
sans ménagement comme un simple soldat,
et comme un aventurier. Il n'avait aucune
règle dans ses entreprises, et s'y livrait aveuglément, sans jamais consulter les règles de
la prudence, par tempérament, par passion,
et par impuissance de se tenir en repos. Il
n'avait point de consistance dans ses desseins, et changeait de vues et de résolution
avec une légèreté qui marquait peu de jugement.

On ne peut certainement lui accorder les
qualités d'un bon roi, qui aime véritablement
ses peuples, qui fait consister son courage à
les défendre, son bonheur à les rendre heureux, et sa gloire à leur procurer une paix
tranquille et assurée. Violent, inquiet, impétueux, il fallait qu'il fût toujours en mouvement, et qu'il y mît les autres. Toujours errant, et courant de côté et d'autre, et allant

chercher de contrée en contrée un bonheur qui le fuyait, et qu'il ne rencontrait nulle part. Un tel caractère approche fort d'un héros de roman, et d'un chercheur d'aventures ; mais il n'a jamais fait célui d'un grand roi et d'un bon roi.

***

CHAPITRE II.

Histoire du royaume de Pont.

LE royaume de Pont, dans l'Asie mineure, était un démembrement ancien de la monarchie des Perses, que Darius, fils d'Hystaspe, au rapport de quelques historiens, avait fait en faveur d'Artabaze, fils d'un des seigneurs persans qui avaient conspiré contre les mages, et l'avaient placé lui-même sur le trône de Perse. Mais plusieurs raisons portent à croire que cet Artabaze était fils de Darius, le même qui est nommé Artabazane, concurrent de Xerxès pour la couronne de Perse, et qui fut fait roi de Pont, pour le consoler de la préférence qu'on avait donnée à Xerxès sur lui. Sa postérité a joui de ce royaume pendant dix-sept générations, qui sont l'espace de quatre cent quarante-neuf ans. Elle a donné à cet État seize rois, dont le dernier est Mithridate-le-Grand, surnommé *Eupator*, qui s'est rendu si célèbre par les guerres qu'il soutint en différens temps contre les Romains, pendant près de trente ans.

Origine du royaume de Pont
An M. 3490.
Av J.C. 514.

Ce prince, dont je rapporterai l'histoire en abrégé, succéda à son père Mithridate, surnommé Evergète, et n'avait que douze ans

Mithridate-le-Grand monte sur le trône.

An. M. 3881.
Av. J.C. 123.
*Appian. in
Memnon. Mi-
thridat. in
Excerptis.
Photii. c. 32.*

lorsqu'il monta sur le trône. Il commença son règne par faire mourir sa mère et son frère, et la suite ne répondit que trop à ce commencement cruel et barbare. On ne sait rien des premières années de son règne, si ce n'est qu'il corrompit, à force d'argent, un des généraux romains pour se faire céder en propre la Phrygie. Il ne retint pas fort long-temps cette province. Les Romains l'en dépouillèrent bientôt après, ce qui commença à l'indisposer contre eux.

An. M. 3913.
Av. J C. 91.
Il s'empare
de la Cappa-
doce.

Ariarathe, roi de Cappadoce, étant mort, Mithridate qui l'avait fait assassiner, voulut profiter de sa succession pour agrandir ses Etats. Pour cela, il tua le fils aîné d'Ariarathe, chassa le second, s'empara de la Cappadoce, et mit sur le trône un de ses enfans encore jeune, à qui il donna le nom d'Ariarathe.

Justin l. 38.
c. 1 et 2.
Plut. in Syl.
p. 453.

Mais peu de temps après, Sylla mettant en exécution, par la force des armes, un décret du sénat, chassa ce jeune prince, et établit sur le trône de Cappadoce Ariobarzane, que la nation, conformément au décret de Rome, s'était choisi pour roi. Mithridate n'osa pour lors s'opposer à l'entreprise de Sylla ; mais dissimulant le chagrin que lui causait la conduite des Romains, il pensa dès lors à s'en venger. Il se fortifia par de bonnes alliances, et entre autres par celle de Tigrane, roi d'Arménie, qui était son gendre, et un prince très-puissant. Mithridate l'engagea à entrer dans ses vues et dans son projet contre les Romains.

Rupture
entre Mithri-

La première entreprise et le premier acte d'hostilité vinrent de la part de Tigrane. Ce prince dépouilla Ariobarzane de la Cappadoce, dont les Romains l'avaient mis en possession, et y rétablit Ariarathe, fils de Mithridate. Mais ce jeune prince fut une seconde fois dépouillé de son royaume, et Ariobarzane rétabli par la force des Romains. Nicomède, roi de Bithynie, à la sollicitation des Romains, fit une irruption sur les terres de Mithridate, ravagea tout le plat-pays jusqu'à la ville d'Amastris, et revint chez lui, chargé d'un riche butin. Le roi de Pont, qui n'ignorait pas par le conseil de qui le roi de Bithynie avait fait cette irruption dans ses Etats, et qui aurait pu aisément la repousser, ne fit aucun mouvement. Il était bien aise de mettre les Romains dans leur tort, et d'avoir un juste sujet de leur déclarer la guerre. Il commença par des remontrances qu'il fit faire à leurs généraux et à leurs ambassadeurs ; mais comme la réponse vague qu'on fit à ses propositions ne le satisfit point, il marcha incontinent contre la Cappadoce, chassa de nouveau Ariobarzane, et mit pour la troisième fois sur le trône son fils Ariarathe. La rupture éclata pour lors entre les deux peuples.

Les généraux romains n'attendirent pas, pour marcher contre Mithridate, qu'il leur vînt des ordres de Rome. Ils formèrent trois armées des troupes qu'ils avaient en différens endroits de l'Asie mineure. Chacune était composée de quatre mille hommes en y comprenant la cavalerie. Les commandans étaient L. Cassius, Manlius Aquilius et Q. Oppius. Ils firent la guerre avec tant de négligence

et si peu de conduite, qu'ils furent tous trois
battus en différentes occasions , et leurs armées ruinées. Aquilius et Oppius furent même faits prisonniers. Mithridate les traita avec
toutes sortes d'insultes et les fit périr au milieu des tourmens. Il renvoya chez eux tous
les Grecs qu'il avait faits prisonniers, et leur
fournit même des vivres pour leur voyage.
Cette action de bonté lui ouvrit toutes les
portes des villes. On venait de toutes parts à
sa rencontre avec des cris de joie. On l'appelait le conservateur, le père des peuples ,
le libérateur de l'Asie, et on lui donnait tous
les noms par lesquels on désigne Bacchus, et
il paraît qu'il les méritait à juste titre; car il
passait pour le prince de son temps qui buvait le plus et qui portait le vin mieux que
personne; qualité dont il se vantait avec com-
plaisance, et qu'il croyait lui faire beaucoup
d'honneur. Le fruit de ces premières victoires fut la conquête de la Bithynie entière ,
de la Phrygie, de la Mysie, de la Lysie , de
la Pamphylie, de la Paphlagonie et de plusieurs autres provinces.

Mithridate considérant que les Romains,
et en général tous les Italiens qui se trouvaient dans l'Asie mineure, ne manqueraient
pas d'y ménager sourdement des intrigues
fort contraires à ses intérêts, si on les y laissait demeurer, envoya d'Ephèse où il était ,
des ordres secrets à tous les gouverneurs des
provinces et à tous les magistrats des villes
de toute l'Asie mineure, d'en faire un massacre général, dans un même jour qu'il leur
marqua. L'exécution de ces ordres barbares

porta la désolation dans toutes ces provinces. Il y eut quatre-vingt mille Romains ou Italiens égorgés dans cette boucherie. Quelques-uns même en font monter le nombre à près d'une fois autant. Lorsqu'il fut maître de l'Asie mineure, il envoya en Grèce, Archélaüs, l'un de ses généraux, avec une armée de six-vingt mille hommes. Ce général prit Athènes et la choisit pour sa résidence. Pendant le séjour qu'il y fit, il engagea dans les intérêts de son maître la plupart des villes et des Etats de la Grèce. Voilà en quel état Sylla trouva les affaires quand il fut chargé de la guerre contre Mithridate.

A l'arrivée de Sylla, toutes les villes lui ouvrirent leurs portes, à l'exception d'Athènes, qui, se trouvant au pouvoir du général de Mithridate, fut obligée malgré elle-même de résister. Le général romain en forma le siége, qui l'arrêta long-temps. Il n'est pas aisé de dire si l'attaque fut plus vive, et poussée avec plus de vigueur que la défense ne fut opiniâtre; car, de part et d'autre, on fit paraître un courage et une constance incroyables. Les sorties étaient fréquentes, et accompagnées de combats presque dans les formes, où le carnage était grand et la perte ordinairement assez égale des deux côtés. Il y a même apparence que Sylla aurait échoué, et qu'il aurait été forcé de lever honteusement le siége et de se retirer, sans la trahison de deux esclaves athéniens qui étaient dans le Pyrée, et qui donnaient avis de tout aux ennemis par le moyen de balles de plomb, sur lesquelles ils écrivaient tout ce qui se passait au

Sylla est chargé de la guerre contre Mithridate.
An. M. 3917.
Av. J. C. 87.

dedans , et qu'ils jetaient aux Romains avec des frondes. Ainsi, quelques sages mesures que prit Archélaüs, qui défendait le Pyrée, rien ne lui réussissait. Enfin, Sylla se rendit maître de la ville, et la livra au pillage. Le carnage fut horrible. Le jour même, il assiégea la citadelle, où Aristion et ceux qui s'y étaient réfugiés, furent bientôt contraints de se rendre, pressés par la faim et par la soif (1). Peu de jours après, Sylla se rendit maître du Pyrée, dont il brûla toutes les fortifications.

Sylla gagne deux grandes batailles. *An. M. 3918.* *Av.J. C. 86.* La campagne suivante fut fatale aux armes de Mithridate. Il perdit deux grandes batailles, l'une auprès de Chéronée et l'autre dans les plaines d'Archomène. Ces victoires faisaient d'autant plus d'honneur à Sylla, que son armée était très-peu nombreuse, et ne passait pas quinze mille hommes ; au lieu que les troupes des ennemis étaient de plus de cent mille. Ils perdirent dans ces deux batailles la plus grande et la meilleure partie de leurs troupes. Du côté des Romains la perte fut très-petite. La nouvelle de ces deux défaites jeta Mithridate dans une grande consternation. Cependant comme ce prince était d'un caractère fécond en ressources, il ne perdit pas courage, et songea à réparer ces pertes en faisant de nouvelles levées.

Plut. in Syl. p. 466. Appian. p. 204. Il ne fut pas plus heureux lui-même en Asie que ses généraux ne l'avaient été dans la Grèce. Fimbria, qui y commandait une armée romaine, battit le reste de ses meil-

(1) La famine était si grande, qu'on avait vendu le boisseau d'orge jusqu'à mille drachmes (cinq cents livres).

leures troupes. Il poursuivit les fuyards jusqu'aux portes de Pergame où résidait Mithridate, et l'obligea d'en sortir lui-même et de se retirer à Pitane, place maritime de la Troade. Fimbria l'y poursuivit et investit la place par terre. Si Lucullus, qui croisait la mer avec la flotte romaine, avait voulu seconder Fimbria, on aurait pu se saisir de la personne de Mithridate, et terminer heureusement une guerre si importante et qui leur coûta dans la suite bien cher. Mais Lucullus n'était pas ami de Fimbria, et il ne voulut point se mêler de ce qui le regardait. Il n'est que trop ordinaire dans les Etats où la mésintelligence règne entre les ministres et les généraux d'armée, de voir les uns et les autres négliger le bien public, de peur de contribuer à la gloire de leurs rivaux.

Pendant que Sylla remportait de grands avantages dans la Grèce, la faction qui lui était opposée, et qui pour lors était toute puissante à Rome, l'avait fait déclarer ennemi de la république. Le général romain se trouva fort embarrassé. D'un côté, il aurait désiré de voler au secours de sa patrie, qui était dans un pitoyable état; de l'autre, il ne pouvait se résoudre à laisser imparfaite par son départ, une guerre aussi grande et aussi importante que celle de Mithridate. L'ardent désir qu'il avait d'aller porter un prompt secours à sa patrie, lui fit donc prêter l'oreille à un accommodement que Mithridate lui fit proposer; mais cependant, sans rien faire d'indigne de la grandeur romaine. Il donna la loi en vainqueur, et pro-

Il accorde la paix à Mithridate, et termine cette première guerre.
An. M. 3910.
Av. J. C. 84.

posa en maître les conditions de paix. Le roi
de Pont voulut avoir une conférence avec le
général romain. L'entrevue se fit à Dardane
dans la Troade. Mithridate accepta les conditions, et fut déclaré ami et allié du peuple
romain. Ainsi fut terminée la première guerre contre Mithridate, qui avait duré quatre
ans, pendant lesquels Sylla recouvra la Grèce, la Macédoine, l'Ionie, l'Asie, et plusieurs
autres provinces dont Mithridate s'était em-
paré, et contraignit ce prince de se renfermer dans les bornes du royaume de ses pères.

Sylla condamna l'Asie à payer en commun
vingt mille talens, et outre cette imposition,
il foula extrêmement les particuliers, en abandonnant leurs maisons à l'insolence et à l'a-
vidité des gens de guerre qu'il logea chez eux,
et qui vivaient à discrétion comme dans des
villes conquises. Après avoir ainsi châtié l'A-
sie, il partit d'Ephèse avec tous ses vaisseaux,
et le troisième jour, il arriva dans le port du
Pyrée. S'étant fait initier aux mystères, il
prit pour lui la bibliothèque d'Apellicon (1),
où étaient les ouvrages d'Aristote, et en en-
richit celle qu'il avait à Rome.

Depuis le départ de Sylla, Mithridate étant
retourné dans le Pont, tourna ses armes contre ceux de la Colchide et du Bosphore, qui
s'étaient révoltés contre lui. Les premiers de-
mandèrent son fils pour roi; et l'ayant obtenu, ils rentrèrent aussitôt dans l'obéissance.
Le roi, attribuant cette soumission aux intrigues de son fils, en prit de l'ombrage; et
l'ayant fait venir, il le chargea de chaînes

Plut. in Syl.
p. 468.

(1) C'était un riche Athénien très-curieux en livres.

d'or, et peu après il le fit mourir. Voilà de quel excès est capable l'esprit de domination. Tout est pour lui matière de soupçons et de défiances; et un prince qui s'y livre est toujours prêt à renoncer aux sentimens de la nature pour sacrifier à sa jalousie ce qu'il a de plus cher au monde.

Mithridate, qui regardait la paix qu'il avait faite avec Sylla, comme honteuse et désavantageuse, prépara une grosse flotte et une nombreuse armée pour se mettre en campagne, quand l'occasion s'en présenterait. Elle ne tarda pas long-temps. Muréna, général pour les Romains en Asie, qui souhaitait avec passion d'obtenir l'honneur du triomphe, la lui fit naître. Ce général fit une irruption dans la Cappadoce, et se rendit maître de Comane, ville la plus puissante du royaume. Mithridate en porta d'abord ses plaintes au commandant romain, et ensuite à Sylla et au sénat; mais il n'eut aucune satisfaction ni d'un côté ni d'un autre; Mithridate alors se mit en campagne, livra bataille à Muréna, le défit, et l'obligea de se retirer en Phrygie, après avoir fait une très-grande perte. Sylla, qui venait d'être nommé dictateur, ne pouvant plus souffrir que, contre le traité qu'il avait fait avec le roi, on continuât encore de l'inquiéter, envoya Gabinius vers Muréna, pour lui ordonner de laisser ce prince en repos. Muréna obéit. Ainsi finit la seconde guerre contre Mithridate, qui n'avait pas duré trois ans. Muréna, de retour à Rome, reçut l'honneur du triomphe qu'il n'avait pas trop mérité.

Seconde guerre contre Mithridate.
An. M. 3921.
Av. J.C. 83.
Appian. p. 213. 216.

An. M. 3923.
Av. J.C. 81.

Mithridate
se prépare à
la guerre.
*Plut. in
Sertor. p.580.
An. M. 3928.
Av. J. C. 76.
Appian. p.
216 et 217.*

La réputation extraordinaire de Sertorius, qui suscitait de terribles affaires aux Romains dans l'Espagne, fit naître à Mithridate la pensée de lui envoyer une ambassade pour l'engager à joindre ensemble leurs forces contre leur ennemi commun. Il y eut effectivement un traité fait et juré entre eux, qui portait que Mithridate aurait la Bithynie et la Cappadoce; que pour cet effet Sertorius lui enverrait des troupes et un de ses capitaines pour les commander; et que de son côté, Mithridate donnerait à Sertorius trois mille talens comptant et quarante galères. Sertorius lui envoya Marcus Marius, un des sénateurs bannis de Rome. Ce nouveau général commença sa campagne par décharger, au nom de Sertorius, la plupart des villes des taxes exorbitantes dont Sylla les avait accablées. Une conduite si modérée et si avantageuse au peuple, lui ouvrit les portes des villes sans le secours des armes; et le nom seul de Sertorius faisait plus de conquêtes que toutes les forces de Mithridate ; mais comme toutes ces conquêtes ne tournaient pas au profit de ce prince, et que, contre la teneur du traité conclu avec Sertorius, les Romains lui avaient enlevé la Bithynie, et en avaient fait une province romaine, Mithridate crut devoir prendre d'autres arrangemens dont les suites pussent tourner à son avantage.

La mort de Sylla, et les troubles qui agitaient alors la république, parurent au roi de Pont une conjoncture favorable pour rentrer dans les conquêtes qu'il avait cédées. Après avoir fait de grands préparatifs de guerre, re, tant sur terre que sur mer, il commença par s'emparer de la Paphlagonie et de la Bithynie. L'Asie mineure, foulée par l'exaction des partisans et des usuriers romains, et cherchant à se délivrer de leur oppression, se déclara pour lui une seconde fois. Telle fut la cause de la troisième guerre mithridatique, qui dura près de douze ans.

On envoya contre lui les deux consuls Luculle et Cotta. Celui-ci devança son collègue, et arriva le premier. Il voulut profiter de l'absence de Luculle pour faire quelque action d'éclat, et l'empêcher d'y avoir part. Il se prépara donc à combattre Mithridate ; mais il fut battu par terre et par mer, perdit dans le combat naval soixante vaisseaux avec tout leur équipage, et dans le combat de terre quatre mille hommes de ses meilleures troupes. Il fut obligé de se retirer à Chalcédoine, sans avoir eu d'autres secours à espérer que celui qu'il plairait à son collègue de lui donner. Luculle ayant appris sa défaite, alla promptement le secourir, et le fit avec tout le succès qu'il pouvait attendre.

Troisième guerre contre Mithridate. An. M. 3929. Av. J. C. ;5. Appian. bel. Mithrid. p. 175.

Mithridate, animé par le double avantage qu'il venait de remporter sur les Romains, entreprit le siége de Cyzique. Cette ville lui ouvrait un passage de la Bithynie dans l'Asie mineure, qui lui aurait été très-avantageux pour y porter la guerre avec toute la sûreté et la facilité possibles. C'est pour cela qu'il voulait s'en rendre maître. Il l'assiégea et l'investit par terre avec trois cent mille hommes, et par mer avec quatre cents vaisseaux. Luculle l'y suivit de près, et se posta sur une

Luculle est envoyé contre Mithridate. Plut. in Lucul. p. 497.

hauteur très-avantageuse, qui lui donnait le moyen de couper les convois aux ennemis, et de faciliter les siens. Le siége fut long, et poussé avec la dernière vigueur. La résistan- ce ne fut pas moins vigoureuse. Luculle usa de tant d'habileté pour couper les vivres aux ennemis, qu'il réduisit cette armée innombrable à une extrême famine, et c'est ce qui sauva la ville. Le roi fut enfin obligé de lever le siége, et de se retirer honteusement de devant Cyzique, après y avoir passé près de deux ans. Luculle poursuivit l'armée, et l'ayant atteinte auprès du Granique, il en tua vingt mille hommes sur la place, et fit une infinité de prisonniers.

Après ce nouveau succès, Luculle ramassa des vaisseaux pour composer une flotte. Ensuite il poursuivit les deux que Mithridate avait laissées dans l'Hellespont, les battit dans deux combats, dans un temps où les flottes ennemies ne songeaient à rien moins qu'à faire voile pour l'Italie, et à porter l'alarme et le ravage jusques aux portes de Rome. Il leur tua presque tout leur monde, et prit leurs trois généraux. Après avoir dégagé les côtes par ces deux victoires, il tourna ses armes vers le continent, réduisit premièrement la Bithynie, puis la Paphlagonie, marcha ensuite jusque dans le Pont, et porta la guerre jusque dans le sein même des États du roi.

Quand Luculle y arriva, il travaillait à de nouvelles levées pour se défendre contre cette attaque qu'il avait bien prévue. Lorsque tout fut prêt, il se mit en campagne de fort bonne heure au printemps, et alla camper dans la plaine de Cabires, où le général romain vint le joindre. Mithridate eut l'avantage en deux occasions; mais à la troisième il fut entièrement défait, et obligé de prendre la fuite, sans avoir un seul écuyer ni un seul valet qui fût resté auprès de lui, ni même un seul cheval. Les Romains auraient pu se saisir de sa personne; mais l'avarice des soldats, qui s'amusaient à recueillir les richesses que le roi avait exprès répandues dans tous les chemins, leur fit manquer une proie qu'ils poursuivaient depuis si long-temps avec tant de travaux et de dangers, et priva le consul de ce qui devait faire le prix de toutes ses victoires.

Après cette défaite des ennemis, Luculle prit la ville de Cabires et plusieurs autres places et châteaux, où il trouva de grandes richesses et un grand nombre de prisonniers à qui il donna la liberté. Parmi ces prisonniers, étaient plusieurs parens du roi, et une princesse nommée Nyssa, sa propre sœur. Ce fut pour elle un grand bonheur d'être prise; car les autres sœurs de ce prince et ses femmes qu'on avait envoyées plus loin du danger, et qui se croyaient en sûreté et en repos, périrent toutes misérablement, Mithridate leur ayant envoyé dans la suite l'ordre de mourir. Ces morts affligèrent extrêmement Luculle, qui était d'un caractère doux et humain. Il passa outre, et continua de poursuivre Mithridate; mais ayant appris qu'il avait quatre journées sur lui, et qu'il avait pris le chemin de l'Arménie, pour se retirer chez son gendre Tigrane, il s'en retourna sur ses pas, et envoya Claudius Appius à Tigrane pour

Il règle les affaires d'A-sie.

lui redemander Mithridate; ensuite il tourna sa marche vers la province d'Asie, que les traitans et les usuriers tenaient dans une affreuse oppression. Il s'appliqua à procurer du soulagement à cette malheureuse province. Il réprima l'injustice et la dureté des traitans, qui ne manquèrent pas de jeter les hauts cris; mais Luculle méprisa leurs clameurs, avec une fermeté d'autant plus admirable, qu'elle est plus rare, et qu'il la crut nécessaire pour arrêter la cruelle avidité de ces sangsues du peuple.

Ambassade des Romains vers Tigrane.
An. M. 3934.
Av. J.C. 70.
Plut, in
Lucul.p.504.

Cependant Tigrane, vers lequel Luculle avait envoyé un ambassadeur pour lui redemander Mithridate, outré de la liberté du Romain, et peu content du simple titre de roi que le consul lui donnait dans sa lettre (car il prenait celui de roi des rois), répondit que Mithridate était le père de Cléopâtre sa femme; que son union avec lui était trop étroite pour pouvoir le livrer au triomphe du consul ; et que si les Romains étaient assez injustes pour lui faire la guerre, il saurait bien se défendre et les en faire repentir. Dans la lettre qu'il écrivit au consul, il mit simplement à Luculle, sans y ajouter le titre ordinaire d'*imperator*, ou autre semblable qu'on donnait aux généraux romains.

Luculle déclare la guerre à Tigrane.

Sur le rapport de l'ambassadeur, Luculle déclara la guerre à Tigrane, et retourna en diligence dans le Pont pour la commencer. Ayant laissé six mille hommes pour garder le pays, il partit à la tête de douze mille hommes de pied et de trois mille de cavalerie. Il avançait toujours dans les Etats de ce prince, et touchait déjà, pour ainsi dire, aux portes de son palais, sans que Tigrane en voulût rien croire. Il marcha droit à Tigranocerte, prit ses quartiers autour de la place, et en forma le siége. Tigrane ne put souffrir cette hardiesse du général romain ; et malgré le conseil de Mithridate, qui était alors dans le Pont occupé à lever des troupes, et de tout ce qu'il y avait de gens sensés auprès de lui, qui l'exhortaient à ne point hasarder le combat, et à se servir seulement de sa cavalerie pour couper les vivres aux Romains, il marcha avec toutes ses forces contre eux. Il disait à ses amis qu'il n'y avait qu'une seule chose qui le fâchait, c'est qu'il n'allait avoir à faire que contre Luculle seul, et non contre tous les généraux romains ensemble. Il mesurait l'espérance du succès sur le nombre de ses troupes. Son armée, en effet, tant infanterie que cavalerie, passait deux cent mille hommes.

Quand il eut passé le mont Taurus, et que Luculle connut son approche, il alla au-devant de lui avec sa petite armée, et se campa dans la plaine, ayant une grosse rivière devant lui. Cette poignée d'hommes excita la risée de Tigrane, et fournit à ses flatteurs matière de plaisanterie. Le roi lui-même, voulant paraître agréable et fin railleur, dit en cette occasion ce bon mot qui a été si fort relevé : *S'ils viennent comme ambassadeurs, ils sont beaucoup ; mais s'ils viennent comme ennemis, ils sont bien peu.* Le lendemain, Luculle fit sortir son armée des retranchemens pour passer la rivière,

Bon mot
de Tigrane.

et aller droit aux barbares ; alors Tigrane, revenant à peine à lui-même comme d'une longue ivresse, s'écria par deux ou trois fois : *Quoi ! ces gens-là viennent à nous ?* Comme Lucullle se mettait en état de passer la rivière, quelques-uns des officiers généraux l'avertirent d'éviter d'en venir aux mains ce jour-là, comme étant un de ces jours malheureux que les Romains appelaient noirs ; c'était le 6 d'octobre. Lucullle leur fit alors cette réponse, qui est devenue si célèbre : *J'en ferai*, dit-il, *un jour blanc, et je le rendrai heureux aux Romains.*

Après que Lucullle eut fait passer la rivière à ses troupes, il attaqua les ennemis, qui s'étaient rangés en bataille avec assez de désordre et de confusion. L'action ne fut ni vive ni opiniâtre, et la victoire ne fut pas douteuse, la plus grande partie des troupes du roi ayant pris la fuite sans avoir rendu le moindre combat. Tigrane, ce roi si pompeux et si brave en paroles, n'eut pas le courage d'attendre le choc des deux armées ; il prit lâchement la fuite, et abandonna honteusement son armée dès le commencement de l'action. On dit que dans cette déroute, il périt du côté des ennemis plus de cent mille hommes de pied ; que presque toute leur cavalerie fut mise en pièces; et que du côté des Romains il n'y eut que cinq morts et cent blessés.

Si Lucullle eût poursuivi Tigrane après sa victoire, sans lui donner le temps de lever de nouvelles troupes, il l'aurait pris ou chassé du pays. On trouva fort mauvais, à l'armée et à Rome, qu'il y eût manqué, et on l'accusa, non de négligence, mais d'avoir voulu par là se rendre nécessaire, et conserver plus long-temps le commandement. Ce fut une des raisons qui indisposèrent les esprits contre lui, et qui firent penser les Romains à lui donner un successeur. Pendant ce délai, Mithridate et Tigrane avaient travaillé sans relâche à lever de nouvelles troupes. Enfin, leur armée se trouva formée : elle était de soixante-dix mille hommes d'élite, que Mithridate avait bien exercés à la manière des Romains. Ce fut vers le milieu de l'été qu'elle se mit en campagne. Ces deux rois avaient soin, à tous les mouvemens qu'ils faisaient, de prendre un bon terrain pour leur camp, et de le bien fortifier pour n'y être pas attaqués par Luculle; et aucun des artifices dont il usa ne put les engager à un combat. Leur dessein était de le miner peu à peu, de lui enlever ses convois, et de l'obliger par là à quitter le pays faute de vivres. Il s'avisa enfin de faire mine d'aller mettre le siége devant la ville d'Artaxate, autrefois capitale d'Arménie, où étaient les femmes, les enfans et les trésors de Tigrane. Cette ruse lui réussit, et l'Arménien sortit en effet de son camp pour rompre son dessein. Il devança le général romain, et se posta devant la rivière d'Arsamia, résolu de lui en disputer le passage. Les Romains passèrent le fleuve, sans être arrêtés par la vue ni par les efforts des ennemis. Il y eut ensuite un grand combat, où les Romains remportèrent encore une pleine victoire. Il se trouva trois rois dans l'armée ennemie, dont aucun ne fit plus mal son devoir que Mithridate; car ne pouvant supporter la vue des légions romaines, dès qu'elles chargèrent, il fut des premiers à prendre la fuite; ce qui jeta si fort l'épouvante dans toute l'armée, qu'elle perdit absolument courage, et ce fut la principale cause de la perte de la bataille.

Mutinerie de l'armée de Luculle. *Dion. Cass. l. 37. p. 3. 7.* Luculle, après cette victoire, voulait continuer sa marche vers Artaxate, mais ses troupes se mutinèrent et refusèrent de le suivre. Il fut obligé de revenir sur ses pas, repassa le mont Taurus, entra dans la Mésopotamie, où il prit la ville de Nisibe, qui était assez forte, et mit ses troupes en quartiers d'hiver. Cependant Mithridate était entré dans le Pont avec quatre mille hommes de ses propres troupes, et quatre mille autres que lui donna Tigrane. Plusieurs habitans du pays se joignirent à lui par haine contre les Romains, et par un reste d'affection pour leur roi.

Mithridate rentre dans ses Etats. Mithridate, soutenu et fortifié par ces nouveaux secours et par les troupes que plusieurs peuples et princes voisins lui envoyèrent, reprit courage, et se vit plus que jamais en état de tenir tête aux Romains. Aussi, non content d'être rétabli dans ses Etats, qu'un moment auparavant il n'osait espérer de pouvoir jamais revoir, il eut la hardiesse d'attaquer les troupes romaines si souvent victorieuses, et battit un corps d'armée commandé par Fabius. Après cette victoire, il en remporta une seconde sur Triarius, le défit, et lui tua sept mille hommes, entre lesquels on comptait cent cinquante centurions et vingt-

An. M. 3937. Av. J.C. 67.

quatre tribuns; ce qui rendit cette perte une des plus grandes que les Romains eussent faites depuis long-temps. L'armée aurait été entièrement défaite sans la blessure que reçut Mithridate, qui alarma extrêmement ses troupes, et laissa aux ennemis le temps de se sauver.

Luculle, en arrivant, trouva les corps morts sur le champ de bataille, et ne les fit pas enterrer; ce qui aigrit encore ses soldats contre lui. L'esprit de révolte alla si loin, qu'ils refusèrent de le suivre contre Mithridate. Ils lui répondirent brutalement, que comme il ne songeait qu'à s'enrichir seul des dépouilles des ennemis, il allât combattre seul contre eux. On ne peut refuser à Luculle la gloire d'avoir été un des plus grands capitaines de son temps, et d'avoir eu presque toutes les qualités qui forment un parfait général d'armée; mais il lui en manquait une, dont le défaut diminuait le mérite de toutes les autres; je veux dire l'art de gagner les cœurs, de se faire aimer de ses troupes: et ce qui montre que la révolte de l'armée venait en partie de sa faute, c'est que sous Pompée elles furent toutes très-soumises. Mithridate profitant de ce désordre, eut le temps de recouvrer son royaume, et de faire de grands ravages dans la Cappadoce.

Dion Cass. L. 35. p 7.

Cependant à Rome on avait nommé de nouveaux consuls, et un nouveau général pour succéder à Luculle, qu'on accusait de traîner la guerre en longueur pour prolonger son commandement. Le nouveau général était Pompée, dont le peuple faisait alors

Pompée est nommé général à la place de Luculle.
An. M. 3938.
Av. J.C. 66.

son idole. On lui donna , par un décret solennel, un pouvoir presque sans bornes. Toutes les armées et les forces avec lesquelles
Luculle avait défait les deux rois Mithridate
et Tigrane, lui furent soumises, et toutes les
provinces de l'Asie attribuées. C'était assujettir à un seul homme tout l'empire romain.
Les nobles et les sénateurs en étaient très-
mortifiés , et auraient bien voulu s'opposer
à ce décret, en regardant ce haut degré de
puissance où on élevait Pompée, comme une
tyrannie déjà formée dans la république ;
mais il n'y avait pas moyen de résister à la
multitude, qui aimait Pompée au delà de toute expression.

La première démarche que fit le nouveau
général , en arrivant dans les provinces de
son gouvernement , fut de défendre qu'on
obéît en quoi que ce fût aux ordres de Luculle. Celui-ci partit pour Rome, où il porta
quantité de livres qu'il avait ramassés dans
ses conquêtes , et dont il forma une bibliothèque qui était ouverte à tous les savans et
à tous les curieux, qu'elle attira chez lui en
grand nombre. On accorda à Luculle l'honneur du triomphe , mais ce ne fut qu'après
de longues contestations. Il fut le premier
qui apporta des cerises à Rome. Ce fruit
avait été jusqu'alors inconnu dans l'Europe;
il fut ainsi appelé du nom de Cérasonte, ville
de Cappadoce, d'où l'on en prit les premiers
plants.

Pompée commença par engager dans le
parti des Romains, Phraate, roi des Parthes.
Il offrit aussi la paix à Mithridate ; mais ce

Plin. l. 15. c. 25. etc.

Ses victoires sur Mithridate.

prince se croyant sûr de l'amitié et de l'assistance de Phraate, n'en voulut point entendre parler. Quand il apprit que Pompée l'avait prévenu, il envoya pour traiter avec lui; mais Pompée ne voulant plus la lui accorder qu'à des conditions peu favorables, le roi ne voulut pas s'y soumettre; et il fallut en venir à une bataille. Elle se donna sur l'Euphrate, et tourna entièrement à l'avantage des Romains, qui firent un carnage horrible des barbares. Il y eut plus de dix mille hommes de tués sur la place, et tout le camp fut pris.

Mithridate, avec huit cents chevaux, s'ouvrit, dès le commencement du combat, un chemin, l'épée à la main, au travers de l'armée romaine, et passa outre; mais ces huit cents chevaux se débandèrent et se dissipèrent bientôt, et il se trouva seul avec trois de ses gens, du nombre desquels était Hypsicratia, une de ses épouses, femme d'un courage mâle et d'une audace guerrière. Ce malheureux fugitif ne vit plus de ressource pour lui que du côté de Tigrane son gendre. Il lui envoya des ambassadeurs pour lui demander la permission de se réfugier chez lui, et du secours pour rétablir ses affaires absolument ruinées. Tigrane fit arrêter ces ambassadeurs, les fit jeter en prison, et mit la tête de son beau-père à prix, promettant cent talens à quiconque pourrait s'en saisir ou le tuer, sous prétexte que c'était Mithridate qui avait fait prendre les armes à son fils contre lui, avec qui il était alors en guerre, mais en effet pour faire sa cour aux Romains.

Plut. in Pomp. p. 636. Appian. p. 242. Dion. Cass. l. 36. 25.

Pompée, après la victoire qu'il venait de remporter, mena son armée dans la grande Arménie, contre Tigrane. Ce prince effrayé de cette nouvelle, et sentant bien qu'il n'était pas en état de résister à une armée si puissante, prit le parti de recourir à la générosité et à la clémence du général romain. Il lui remit entre les mains les ambassadeurs de Mithridate, et les suivit lui-même de fort près. Sans prendre aucune précaution, il entra dans le camp des Romains, et vint mettre sa personne et sa couronne à la discrétion de Pompée et du sénat. Quand il fut assez près de Pompée, il prit son diadème pour le mettre à ses pieds, et allait se prosterner honteusement à terre pour lui embrasser les genoux; mais Pompée courut à lui pour l'en empêcher; et le prenant par la main, il le mena dans sa tente, le fit asseoir auprès de lui à sa droite, et son fils, le jeune Tigrane, à sa gauche, et les fit souper ce soir-là avec lui.

Le lendemain, il prit connaissance des affaires de ce prince. Il le condamna à payer six mille talens aux Romains pour les frais de la guerre qu'il leur avait faite sans sujet, et à leur céder toutes ses conquêtes en deçà de l'Euphrate. L'Arménien fut fort content de ces dispositions, qui lui laissaient encore une couronne. Il paya les six mille talens, et fit outre cela présent à l'armée romaine de cinquante drachmes pour chaque soldat, de mille à chaque centenier, de dix mille à chaque tribun; et par cette libéralité, il obtint le titre d'ami et d'allié du peuple romain.

On lui pardonnerait une telle profusion, s'il ne s'était pas souillé par des bassesses indignes d'un roi.

Pompée, ayant tout réglé en Arménie, marcha vers le nord de ce royaume, à la poursuite de Mithridate. Il battit les Albaniens et les Ibériens, peuples situés entre la mer Caspienne et le Pont-Euxin, qui entreprirent de l'arrêter, et les obligea de demander la paix. Le roi des Ibériens lui envoya un lit, une table et un trône, le tout d'or massif, le priant de recevoir ces présens pour gage de son amitié. Pompée les reçut, les remit entre les mains des trésoriers pour le trésor public. Après avoir fait plusieurs conquêtes, et avoir soumis plusieurs peuples barbares, le général romain, voyant qu'il était impossible de suivre Mithridate dans le pays reculé où il s'était retiré, ramena son armée au Midi. Comme il y avait encore dans le Pont et dans la Cappadoce plusieurs places fortes, dont les gouverneurs étaient attachés à Mithridate, il jugea à propos d'y retourner pour les réduire.

Caine, ou la Ville-Neuve, était la plus forte de toutes, et ce fut celle aussi qui fit le plus de résistance. Pompée la prit, et avec elle tous les trésors de Mithridate. On y trouva des mémoires secrets qu'il avait dressés lui-même. Dans l'un de ces mémoires, il marquait les personnes qu'il avait empoisonnées, entre autres son propre fils Ariarathe. On y trouva aussi ses mémoires de médecine; car, entre les autres qualités extraordinaires de ce prince, il avait celle d'être très-habile dans la médecine. Ce fut lui qui inventa le con-

Plut. in Pomp. p. 637.
Dion. Cass. l. 36. p. 28.
Appian.
An. M. 3939.
Av. J. C. 65.

Plin. l. 25. c. 2.

tre-poison admirable qui porte encore son nom, et dont les médecins se sont si bien trouvés, qu'on l'emploie encore aujourd'hui avec succès.

Vers ce temps-là il vint à Pompée des ambassadeurs de la part de Mithridate, qui était alors dans le royaume de Bosphore. Il demandait la paix aux mêmes conditions qu'on l'avait accordée à Tigrane. Pompée répondit qu'il vînt donc aussi en personne comme avait fait Tigrane. Mithridate ne put consentir à une telle bassesse, et les négociations se rompirent. Le roi se remit à faire des préparatifs de guerre avec autant de vigueur que jamais. Pompée qui en eut avis, jugea à propos de se rendre sur les lieux pour avoir l'œil à tout. Le roi de Pont, qui était inépuisable en ressources, et qui, loin de se laisser déconcerter par les plus grands revers, semblait reprendre un nouveau courage et de nouvelles forces à chaque perte même qu'il faisait, conçut le dessein d'une entreprise bien extraordinaire.

Entreprise hardie de Mithridate.

Dans le temps qu'on le croyait perdu sans retour, il forma le projet de traverser la Pannonie, de passer les Alpes, et d'aller attaquer les Romains dans l'Italie même, comme avait fait Annibal. Il commençait à se mettre en état d'exécuter cette grande entreprise, qui aurait donné bien de l'embarras aux Romains, lorsque son armée, excitée par Pharnace son fils, conspira contre lui, et élut Pharnace pour roi. Alors Mithridate, étant abandonné de tout le monde, et voyant que son fils ne voulait pas même lui permettre de se sauver

Se donne la mort. An. M. 3941. Av J.C. 63.

où il pourrait, se retira dans son appartement; et après avoir donné du poison à ses femmes, à ses concubines , et à celles de ses filles qui étaient alors auprès de lui, il en prit lui-même; mais comme il vit que le poison n'agissait pas assez promptement sur lui, il eut recours à son épée; et comme le coup qu'il se donna ne fut pas suffisant pour le tuer , il fut obligé de prier un soldat gaulois de l'achever. Dion dit que ce fut son propre fils qui le tua.

Mithridate avait régné soixante ans, et en avait vécu soixante-douze. Sa grande peur était de tomber entre les mains des Romains, et d'être mené en triomphe. Pour prévenir ce malheur, il portait toujours sur lui du poison, afin de leur échapper par cette voie, s'il ne trouvait point d'autre ressource. L'appréhension qu'il eut que son fils ne le livrât à Pompée, lui fit prendre la funeste résolution qu'il exécuta avec tant de promptitude. On dit communément que ce qui empêcha que le poison ne fît son effet sur lui, était qu'il avait pris tant de contre-poison que son tempérament en était devenu à l'épreuve du poison. Mais on prétend que c'est une erreur, et qu'il est impossible de trouver un remède qui puisse produire un tel effet.

Telle fut la fin de Mithridate, prince (1) , dit un historien, dont il est difficile de se taire, et dont il est encore plus difficile de

(1) Vir, neque silendus, neque dicendus sine curâ : bello acerrimus, virtute eximius : aliquandò fortuná , semper animo maximus : consiliis dux , miles manu : odio in Romanos Annibal. *Vell. Paterc. l. 2. c. 18.*

parler ; plein de vivacité dans les guerres, distingué par son courage, très-grand quelquefois par les faveurs de la fortune, et toujours par la fermeté inébranlable de son ame ; véritablement général par la prudence et le conseil, soldat par les coups de mains hardis et périlleux ; un second Annibal par sa haine contre les Romains. Cicéron dit de lui, qu'après Alexandre c'est le plus grand des rois : *Ille rex post Alexandrum maximus.* Il est bien certain que les Romains n'ont jamais eu de pareil roi en tête. On ne peut donc nier qu'il ait eu de grandes qualités. Mais quand on lui en supposerait encore de plus brillantes, de plus grandes et en plus grand nombre, son nom ne peut être qu'en horreur, quand on considère les meurtres et les parricides sans nombre dont il a souillé son règne, et cette cruauté barbare qui ne respecta ni mère, ni femmes, ni enfans, ni amis, et qui sacrifia tout à ses soupçons et à son ambition.

FIN DU QUATRIÈME VOLUME.

TABLE
DU QUATRIÈME VOLUME.

—

LIVRE SEIZIÈME.

HISTOIRE DES SUCCESSEURS D'ALEXANDRE.

LIVRE DIX-SEPTIÈME.

SUITE DE L'HISTOIRE DES SUCCESSEURS D'ALEXANDRE. DU ROYAUME D'EGYPTE.

LIVRE DIX-HUITIÈME.

HISTOIRE DES ROIS DE SYRIE, DEPUIS LA BATAILLE D'IPSUS.

LIVRE DIX-NEUVIÈME.

HISTOIRE DES ROIS DE MACÉDOINE ET DE LA GRÈCE DEPUIS LA BATAILLE D'IPSUS.

LIVRE VINGTIÈME.

FIN DE LA TABLE DU QUATRIÈME VOLUME.